teach®
yourself

ukrainian
olena bekh
and
james dingley

teach yourself

70 1978 2008

celebrate
with us

Launched in 1938, the **teach yourself** series grew rapidly in response to the world's wartime needs. Loved and trusted by over 50 million readers, the series has continued to respond to society's changing interests and passions and now, 70 years on, includes over 500 titles, from Arabic and Beekeeping to Yoga and Zulu. What would you like to learn?

be where you want to be with **teach yourself**

For UK order enquiries: please contact Bookpoint Ltd, 130 Milton Park, Abingdon, Oxon OX14 4SB. Telephone: +44 (0) 1235 827720. Fax: +44 (0) 1235 400454. Lines are open 09.00–17.00, Monday to Saturday, with a 24-hour message answering service. Details about our titles and how to order are available at www.teachyourself.co.uk

For USA order enquiries: please contact McGraw-Hill Customer Services, PO Box 545, Blacklick, OH 43004-0545, USA. Telephone: 1-800-722-4726. Fax: 1-614-755-5645.

For Canada order enquiries: please contact McGraw-Hill Ryerson Ltd, 300 Water St, Whitby, Ontario L1N 9B6, Canada. Telephone: 905 430 5000. Fax: 905 430 5020.

Long renowned as the authoritative source for self-guided learning – with more than 50 million copies sold worldwide – the **teach yourself** series includes over 500 titles in the fields of languages, crafts, hobbies, business, computing and education.

British Library Cataloguing in Publication Data: a catalogue record for this title is available from the British Library.

Library of Congress Catalog Card Number: on file.

First published in UK 1997 by Hodder Education, part of Hachette Livre UK, 338 Euston Road, London, NW1 3BH.

First published in US 1997 by The McGraw-Hill Companies, Inc.

This edition published 2003.

The **teach yourself** name is a registered trade mark of Hodder Headline.

Typeset by Transet Limited, Coventry, England.
Printed in Great Britain for Hodder Education, an Hachette Livre UK Company, 338 Euston Road, London NW1 3BH, by CPI Cox & Wyman, Reading, Berkshire RG1 8EX.

The publisher has used its best endeavours to ensure that the URLs for external websites referred to in this book are correct and active at the time of going to press. However, the publisher and the author have no responsibility for the websites and can make no guarantee that a site will remain live or that the content will remain relevant, decent or appropriate.

Hachette Livre UK's policy is to use papers that are natural, renewable and recyclable products and made from wood grown in sustainable forests. The logging and manufacturing processes are expected to conform to the environmental regulations of the country of origin.

Impression number   10 9
Year   2010 2009

CONTENTS

INTRODUCTION

Ukraine is one of the new countries on the map of Europe, but the language and history of the people who live there can be traced back at least as far as the tenth century, when Kyiv (still better known as Kiev) was already a well-established meeting place of trade routes and nations. In Ukraine it is possible to hear Bulgarian, Greek, Hungarian, Polish, Romanian, Romany, Russian and Yiddish. One language however unites all the people of Ukraine – Ukrainian, the sole official language of the Ukrainian state. Incidentally, Ukrainian forms of names of towns and rivers will be used throughout the book – hence Kyiv (Kiev), L'viv (Lvov, Lwów, Lemberg), Odesa (Odessa), Dnipro (Dnieper).

There are many reasons for learning Ukrainian. Intellectual curiosity about the language and culture of a 'new' European people is certainly one. At a more immediately practical level Ukraine is still waiting to be discovered as a tourist country. As Ukraine becomes stronger economically, the need will grow for foreign businessmen to have some idea of the language in order to do business there. Whatever the reason, we hope that you will enjoy the flavour of the Ukrainian language as much as you will enjoy the rich flavours of Ukrainian cooking.

How to use the book

The book is divided into eighteen units. With one exception, each unit contains dialogues, grammar notes under the heading 'How the language works' and illustrative material to back up what you have learned. Exercises of various types will give you a chance to test your knowledge.

We are convinced that the best way to learn Ukrainian is to acquire as soon as possible the ability to read, however slowly and painstakingly at first, dialogues and texts that we hope are both interesting and lively, even to the point of being far-fetched! The tapes provide an extra opportunity to hear the material and practise your own spoken Ukrainian. The first half of the book contains units that may seem to contain an alarming amount of grammar. Don't panic – it doesn't all need to be learned at once! The information is there for continuous reference.

We hope to have succeeded in presenting the kind of Ukrainian that will be accepted and understood anywhere in Ukraine. Once you have completed the 18 units, you will have a solid foundation on which to develop your knowledge. Ukrainians will be delighted that you have taken the trouble to learn something of their language.

In *Teach Yourself Ukrainian* you will meet a number of characters closely connected with Ukraine. Stephen Taylor is the director of Hermes Clothing. He is interested in business opportunities in Ukraine and has already started to learn Ukrainian. His friend, Taras Koval, an Englishman with a Ukrainian background, has been teaching him the language, and together they plan a trip to Ukraine which will combine business with pleasure. Taras is married to Vira from Ukraine. Before his trip to Ukraine Stephen makes a useful contact when he meets an English lawyer of Ukrainian extraction, Iuri Morozenko. Stephen's business contacts in Ukraine are Solomiia Koval'chuk, the director of a clothing company in Kyiv, and Ihor Stakhiv, the general manager of the company. You will also meet Ihor's wife Ol'ha and their three children, Natalka, Ostap and Olenka. Taras has a Ukrainian friend, Bohdan. During his trip around Ukraine Stephen meets his old friend, Andrew, an American journalist.

—— PRONUNCIATION ——

—————— Alphabet ——————

You will first have to learn to recognise the Cyrillic alphabet which the Ukrainians use, and the sounds for which the letters stand. The Cyrillic alphabet has a long history and is closely linked to the spread of Orthodox Christianity. Other languages that use the Cyrillic alphabet are Belarusian, Russian and Serbian.

The Ukrainian alphabet has thirty three letters in all.

The first group of letters includes those which are either identical or nearly so in both shape and sound, and those which are identical in shape to their English counterparts but represent an entirely different sound:

A [a]	K [k]	C [s]
B [v or w]	M [m]	T [t]
E [e]	O [o]	У [oo]
И [i]	P [r]	X [kh]
I [ee]	H [n]	

Letters and sounds in Ukrainian

Ukrainian words

Letters		English equivalent		Word	Transcription	Translation
Printed	Written	Sound	Word			
А а	*Я а*	a	b<u>u</u>s	автомобіль	[awtomobil']	*car*
В в	*В в*	v/w*	<u>v</u>eal	вікно́	[veeknó]	*window*
			<u>w</u>ill	вчо́ра	[wchóra]	*yesterday*
				любо́в	[l'oobów]	*love*
Е е	*Є е*	e	<u>l</u>et	де́рево	[dérevo]	*tree*
И и	*И и*	i	b<u>i</u>t	кни́га	[kníha]	*book*
І і	*Ј і*	ee	b<u>ea</u>t	кві́тка	[kveétka]	*flower*
К к	*К к*	k	<u>k</u>itten	кіт	[keet]	*cat*
М м	*М м*	m	<u>m</u>ore	мо́ре	[móre]	*sea*
Н н	*Н н*	n	<u>n</u>et	не́бо	[nébo]	*sky*
О о	*О о*	o	p<u>o</u>t	олівець	[oleevéts']	*pencil*
П п	*П п*	p	s<u>p</u>it	папі́р	[papeér]	*paper*
Р р	*Р р*	r	<u>r</u>oof	ру́чка	[roóchka]	*pen*
С с	*С с*	s	<u>s</u>ell	село́	[seló]	*village*
Т т	*Т т*	t	<u>t</u>art	та́то	[táto]	*daddy*
У у	*У у*	oo/w*	t<u>oo</u>th	зуб	[zoob]	*tooth*
			<u>w</u>ill	учо́ра	[wchóra]	*yesterday*
Х х	*Х х*	kh	lo<u>ch</u>	хло́пчик	[khlópchik]	*boy*

*The letter **в** is pronounced [v] before a vowel, and [w] before a consonant or at the end of a word. Another example: the city of **Львів** in Western Ukraine is pronounced [l'veew].

The letter **у** is pronounced [oo] between consonants, and [w] when it stands at the beginning of a word before a consonant.

You will find that the letters **в** and **у** can be interchanged in the same word (e.g. **вчо́ра** and **учо́ра** above) when they have the same pronounciation [w]. There are certain rules that govern whether you use **в** or **у**; they will be introduced later.

The remaining twenty letters all differ significantly from anything in the English alphabet:

Г [h]	Б [b]	Є [ye]	Ц [ts]
Ґ [g]	Ь [-]	З [z]	Ч [ch]
Д [d]	ф [f]	Ї [yee]	Ш [sh]
Ж [zh]	Ю [yoo]	Й [y]	Щ (shch]
Л [l]			

Letters and sounds in Ukrainian

Ukrainian words

Letters		English equivalent		Word	Transcription	Translation
Printed	Written	Sound	Word			
Б б	*Бб*	b	<u>b</u>ush	брат	[brat]	*brother*
Г г	*Гг*	h	<u>h</u>ow	гáрний	[hárniy]	*beautiful*
Ґ ґ	*Ґґ*	g	<u>g</u>ang	гáнок	[ganok]	*porch*
Д д	*Дд*	d	<u>d</u>o	друг	[drooh]	*friend*
Є є	*Єє*	ye	<u>ye</u>s	Євгéн	[yewhén]	*Eugene*
Ж ж	*Жж*	zh	mea<u>s</u>ure	журналíст	[zhoornal'eést]	*journalist*
З з	*Зз*	z	<u>z</u>oo	зелéний	[zeléniy]	*green*
Ї ї	*Її*	yee	<u>ye</u>ast	їжа	[yeézha]	*food*
Й й	*Йй*	y	bo<u>y</u>	чóрний	[chórniy]	*black*
Л л	*Лл*	l	<u>l</u>amp	лáмпа	[lámpa]	*lamp*
Ф ф	*Фф*	f	<u>ph</u>oto	фóто	[fóto]	*photograph*
Ц ц	*Цц*	ts	<u>ts</u>ar	цéрква	[tsérkva]	*church*
Ч ч	*Чч*	ch	<u>church</u>	чоловíк	[cholovík]	*man, husband*
Ш ш	*Шш*	sh	<u>sh</u>ine	шáпка	[shápka]	*hat*
Щ щ	*Щщ*	shch	<u>fresh cheese</u>	кущ	[kooshch]	*bush*
Ь ь	*ь*			низькúй	[niz'kíy]	*low*
Ю ю	*Юю*	yoo	<u>you</u>th	юнáк	[yoonák]	*young man*
Я я	*Яя*	ya	<u>ya</u>rd	яблуко	[yáblooko]	*apple*

Note on transcription: Letters within square brackets will always represent a transcription of the Ukrainian Cyrillic letters into the closest English equivalents that are given in this list. You will sometimes see combinations of letters in the transciption of Ukrainian words that represent quite a different sound from that which the same letters would stand for in an English word. The Ukrainian word **гай** [hay] means 'grove of trees'. The sequence [ay] has more or less the same sound as the letters 'ie' in 'lie' or 'y' in 'my'.

Stress

The stressed part of the word will also be marked in transcription by an accent mark [´] over the vowel that bears the stress. Remember that the double letters [oo] and [ee] in transcription represent one sound. The stress mark will appear on the second letter, e.g. **ручка** [roóchka]. You have to learn the stress position of each new word in Ukrainian; there are no rules to help, unfortunately!

Consonants and vowels

We can now divide the alphabet into **consonants**:

Бб, Вв, Гг, Ґг, Дд, Жж, Зз, Йй, Кк, Лл, Мм, Нн, Пп, Рр, Сс, Тт, Фф, Хх, Цц, Чч, Шш, Щщ

and **vowels**:

Аа, Ее, Єє, Ии, Іі, Її, Оо, Уу, Юю, Яя

Note that the letters **Э, Ï, Ю, Я**, listed as vowels above, in fact stand for the consonant **Й** followed by the vowels **Е, І, У, А**. In other words these letters stand for two sounds.

Here is the complete Ukrainian alphabet:

Аа Бб Вв Гг Ґг Дд Ее Єє Жж Зз Ии Іі Її Йй
Кк Лл Мм Нн Оо Пп Рр Сс Тт Уу Фф Хх
Цц Чч Шш Щщ Ьь Юю Яя

Notes:

1 The letter **Щ** stands for a combination of two sounds: **Ш** + **Ч**. Conversely there are some combinations of two letters that actually stand for one sound:

ДЖ for the 'j' sound in 'jam', e.g. **я ходжу́** [ya khojoó] (*I go*);

ДЗ for the 'dz' sound that can be heard at the end of the word 'buds', e.g. **дзе́ркало** [dzérkalo] (*mirror*).

2 You can see that several of the letters have exactly the same shape in both capital and small forms, e.g. **Вв, Кк, Мм, Нн, Тт**, in contrast to letters in the English alphabet which look like them, e.g. *Bb, Kk, Mm, Hh, Tt*. This similarity is preserved in some of the handwritten forms as well, for example:

PRINTED		HANDWRITTEN	
capital	small	capital	small
В	в	$\mathcal{B}$	$\textit{b}$
К	к	$\mathcal{K}$	k
М	м	$\mathcal{M}$	$\mathcal{M}$
Н	н	$\mathcal{H}$	$\mathcal{H}$
Т	т	$\mathcal{T}$	m

Examples: квíтка   *квíтка*

кіт   *кіт*

вікно́   *вікно*

3 Look at the handwritten forms of the letters **Л, М, Я** when they are joined to preceding letters.

PRINTED		HANDWRITTEN	
capital	small	capital	small
Л	л	$\mathcal{L}$	$\mathcal{L}$
М	м	$\mathcal{M}$	$\mathcal{M}$
Я	я	$\mathcal{Я}$	$\mathcal{я}$

Here are some examples of these letters in various combinations; note the hook before the handwritten forms:

олівець *олівець*   земля *земля*
зелений *зелений*   лампа *лампа*

| **Земля** [zeml'á] | *the planet Earth* | **земля** [zeml'á] | *ground* |

You will see that the handwritten form of the letter **Л** has exactly the same height as the corresponding handwritten forms of **а, г, е, ж, и, м,** etc.

Make sure that you differentiate **М** and **Т** in handwriting, e.g.

PRINTED	HANDWRITTEN
мáма	*мама*
тáто	*тато*

| **мáма** [máma] | *mum* |

The 'soft sign'

As we said earlier, there are thirty three letters in the Ukrainian alphabet. However, if you count the number of letters that represent consonants and vowels, you will find only thirty two. There is one letter – **ь** – that has no sound value of its own, but which has a direct effect on the pronunciation of the consonant that stands before it.

Consonants

Consonants can be pronounced either **hard** or **soft**. Take the Ukrainian letter **т**; if you pronounce it with the tip of your tongue against your top teeth, you produce the **hard** sound. If you try to pronounce the same sound with the tip of your tongue against the palate, you will automatically produce the **soft** sound. Try the same thing with some other Ukrainian consonants: **л, ц, н**. First try to say the hard sound followed by the vowel **а**: **та – ла – ца – на**.

Now try the **soft** equivalent with the same vowel sound, but look at how we write them together: **тя – ля – ця – ня**.

тя – ля – ця – ня

The difference between hard and soft consonants can also occur at the end of words or in front of another consonant inside a word. Try to pronounce the vowel **a** before the hard consonants: **ат – ал – ац – ан**. Now look at how we write the soft equivalent; try to read the following sequences: **ать – аль – аць – ань**.

ать - аль - аць - ань

The letter **ь** is called the '**soft sign**'; it has no sound of its own, but is used to show that the consonant that stands before it is a soft one. The letter will be represented in transcription by an **inverted comma** ['].

Just to make matters more complicated the soft sign normally appears as an ordinary apostrophe ['] or as an acute accent [´] or is omitted entirely when Ukrainian words (most frequently, placenames and personal names) are written in the Latin alphabet. The female first name **Ольга** will appear as [ól'ha] as a guide to understanding the Ukrainian letters in this chapter, but would normally be written as Ol'ha, Ol´ha or Olha. The city of **Львів** appeas as [l'veew] in our transcription system in this chapter, but normally looks like L'viv, L´viv or Lviv. In later units, when the transcription system is no longer being used, you will find Ol'ha and L'viv.

Here are some examples of actual Ukrainian words:

день [den']	*day*	*день*
учи́тель [wchítel']	*teacher*	*учитель*
до́нька [dón'ka]	*daughter*	*донька*
низьки́й [niz'kíy]	*low*	*низький*

Note that the handwritten form of the soft sign looks something like the English 'b', but has a shorter downward stroke.

Vowels

Let's look again at the vowel letters that denote sounds beginning with **й** [y]: **я** [ya], **ю** [yoo], **є** [ye], **ї** [yee]. When we read the letters in the alphabet, they denote two sounds: [y] followed by a vowel. This combination of sounds occurs very frequently in Ukrainian words:

я́блуко [yáblooko] *apple* Євге́н [yewhén] *Eugene*
юна́к [yoonák] *young man* ї́жа [yéezha] *food*

Three of these letters (я, ю, є) can also be used to show that a consonant occurring before them is to be pronounced soft, e.g. тя [t'a], лю [l'oo], не [n'e]. As you can see, the [y] sound before the vowel [a, oo, e] disappears.

Now let's have some more practice:

який [yakíy] *what kind of?*	любóв [l'oobów] *love*
Юрій [yoóreey] *George*	цирк [tsirk] *circus*
лялька [l'ál'ka] *doll*	лáмпа [lámpa] *lamp*

The letter ï is best described as lazy; it can only stand for the sounds [y] + [ee].

Let's go over this ground again. How do we know when to read the letters я, ю, є as two sounds when they occur inside a word, and when to read them as one?

They are read as two sounds when they occur after a vowel, e.g. поéзія [poézeeya] (*poetry*), шия [sheéya] (*neck*). We also read them as two sounds when between a consonant and one of the letters я, ю, є, ï you see an apostrophe ['] (not the reverse one ['] that we are using in the transcription to denote soft consonants!). This denotes that the consonant is to be pronounced 'hard' with a following clear 'y' sound before the vowel. Here are some examples:

ім'я [eemyá]	*name*
здорóв'я [zdoróvya]	*health*
прем'éра [premyéra]	*first night of a play*
інтерв'ю [eentervyoó]	*interview*

Now let's look at how these letters work together to form words. In Ukrainian we say most words just as we write them, and write them just as we say them. This phonetic principle in Ukrainian works most of the time.

Pronunciation exercises

Remember that the stress marks are intended as a guide to help you with pronunciation. They are not used in everyday printed texts, and you do not need to write them except as a means of helping you memorise the position of the stress in each new word that you meet.

1 Reading practice
  (*a*) The first group of letters are close to their English counterparts in both shape and the sound that they represent.

A	E	З	I	К	М	О	С	Т

Аа	[a]		Ее	[e in let]
Зз	[z]		Іі	[ee]
Кк	[k]		Мм	[m]
Оо	[o]		Сс	[s]
Тт	[t]			

замо́к
міст
мі́сто
сім
кіт

(b) This second group contains letters some of which look like English letters but in fact represent different sounds.

В	Д	И	Н	Р	У	Х

Вв	[v, w]		Дд	[d]
Ии	[i]		Нн	[n]
Рр	[r]		Уу	[oo]
Хх	[kh]			

Ри́нок
рис
ка́ва
ві́сім
тури́ст
рука́
ніс
ву́хо

(c) This third group contains letters that are quite unlike anything in the English alphabet.

Б	Г	Ґ	Є	Ж	Ї	Й	Л	П	Ф	Ц	Ч	Ш	Щ	Ю	Я

Бб	[b]		Гг	[h in how]
Ґґ	[g in gang]		Єє	[ye in yellow]
Жж	[zh]		Її	[yee]
Йй	[y]		Лл	[l]
Пп	[p]		Фф	[f]
Цц	[ts]		Чч	[ch]
Шш	[sh]		Щщ	[shch]
Юю	[yoo]		Яя	[ya]

You have now seen all the letters of the Ukrainian alphabet several times over! Here are some lists of words for you to

— **11** —

practise. How many can you understand already? The first group is the easiest; the third group may require some guesswork.

(d)

бар	банк	факс	о́фіс	му́зика	такси́
акто́р	метро́	ма́ма	ві́за	сестра́	те́ніс

(e)

бага́ж	бі́знес	бізнесме́н	балко́н	баскетбо́л	інфе́кція
клі́мат	телефо́н	гольф	план	калькуля́тор	фо́то
вокза́л	троле́йбус	лимо́н	шокола́д	журналі́ст	календа́р

(f)

компа́нія	дире́ктор	ка́ртка	інститу́т	університе́т	папі́р
комп'ю́тер	Аме́рика	рестора́н	па́спорт	гара́ж	міні́стр
партне́р	адре́са	но́мер	аеропо́рт	докуме́нт	авто́бус
день	еконо́міка	іде́я	інтерв'ю́	коме́рція	америка́нець
креди́т	ла́мпа	лі́фт	стоп	сигаре́та	молоко́
бана́н	суп	со́ус	вино́	соси́ска	вермішє́ль

2 Reading and writing practice

(a) Now practise the handwritten forms of the Ukrainian alphabet. You have seen these words already.

Example: Друг *Друг*   Фо́то *Фото*

село́	ді́вчина	вікно́	ла́мпа
кущ	ля́лька	га́нок	папі́р
я́блуко	пое́зія	кіт	ї́жа
цирк	любо́в	кві́тка	де́рево
Ю́рій	мо́ре		

(b) Here are some names of towns and rivers in Ukraine. Some you may have heard of, others may be completely new. Practise reading and writing the names.

(i) *towns and cities*

Ки́їв	Льві́в	Оде́са	Я́лта
Полта́ва	У́жгород	Черка́си	Ха́рків
Черні́гів	Чорно́биль	Луцьк	Жито́мир
Ві́нниця	Терно́піль	Севасто́поль	Сімферо́поль

(ii) *rivers*

Дніпро́	Буг	Доне́ць	Дністер

1
ДОБРЍДЕНЬ! ЯК ВА́ШЕ ІМ'Я́?

Hello! What's your name?

In this unit you will learn:

- how to introduce yourself
- how to introduce members of your family
- how to greet people
- how to identify objects (e.g. 'this is my house')
- how to ask simple questions using question words
- how to ask someone what their name is

Діало́г 1 (*Dialogue 1*)

Taras has invited Stephen to his home.

Тара́с До́брий день, Сті́вене!* Про́шу захо́дити.
Сті́вен Добри́день, Тара́се!* Як спра́ви?
Тара́с Дя́кую, до́бре. А як ти?
Сті́вен Дя́кую, непога́но.
Тара́с Сіда́й, будь ла́ска.
Сті́вен Ду́же дя́кую.

до́брий день	*hello/how do you do?* (lit. good day)
добри́день	*hello/how do you do?*
про́шу захо́дити	*please come in* (lit. [I] ask [you] to come in)
як спра́ви?	*how are things?* (lit. how things?)
дя́кую	*thank you* (lit. [I] thank)
до́бре	*fine*

а як ти?	*and you?* (lit. and how [are] you?)
непогáно	*not bad*
сідáй	*sit down*
будь лáска	*please*
дýже дя́кую	*thank you very much* (lit. very [much] [I] thank)

*Special forms of the names **Стíвен** and **Тарáс**, used when addressing people: see unit 11.

Later that evening Taras shows Stephen a photograph of his family in Ukraine. **Микóла** is a Ukrainian male name; **Марíя** and **Оксáна** are female ones.

Here is a picture of Taras' family with a friend.

Це – Оксáна   Це – Микóла   Це – Éндрю

Це – я   Це – М

Діалóг 2 (*Dialogue 2*)

Тарáс   Це – мій брат. Йогó звуть Микóла. Він актóр.
Стíвен   А хто це?
Тарáс   Це – моя́ сестрá. Її ім'я́ Оксáна.
Стíвен   Якá її профéсія?

Тарас	Вона́ музика́нт.
Стівен	А це твоя́ ма́ма?
Тарас	Так. Її звуть Марі́я. Вона́ матема́тик.
Стівен	А то також твій брат?
Тарас	Ні. То мій друг Е́ндрю.
Стівен	Він украї́нець?
Тарас	Ні. Він не украї́нець. Він америка́нець.
Стівен	А його́ профе́сія?
Тарас	Він журналі́ст. А це – я.

це	*this*
мій	*my*
його́ звуть	*his name is* (lit. him [they] call)
він	*he*
акто́р	*actor*
а	*and, but*
хто	*who*
моя́	*my*
сестра́	*sister*
її́	*her*
яка́	*what*
вона́	*she*
музика́нт	*musician*
твоя́	*your*
так	*yes*
її́ зву́ть	*her name is* (lit. her [they] call)
матема́тик	*mathematician*
то	*that*
тако́ж	*also, too, as well*
ні	*no*
не	*not*
Е́ндрю	*Andrew*
украї́нець	(lit.) *a Ukrainian man*
він украї́нець?	*is he Ukrainian?/a Ukrainian?*
америка́нець	(lit.) *an American*
профе́сія	*profession*

(*a*) Пра́вда чи непра́вда? (*True or false?*)
Answer in Ukrainian.

1 Це моя́ сестра́ Окса́на. Вона́ журналі́ст.
2 Це мій брат Мико́ла. Він акто́р.

3 Це моя мáма. Її ім'я Марíя.
4 Це мій друг Éндрю. Він украïнець.

(b) Answer the following questions in English.

1 How does Stephen answer the question 'How are you?'
2 Who are the people on the photo?
3 What is the name of Taras' brother?
4 What is his mother's profession?

Як функціонýє мóва
How the language works

1 'The' and 'a' in Ukrainian

There are no definite ('the') or indefinite ('a') articles in Ukrainian.

2 'Is' in Ukrainian

As you can see from the sentences in the dialogue, you do not need a word for 'is' in sentences like 'This is my brother. He is an actor.' There will be more about this in the next unit.

3 Asking simple questions

In Ukrainian the words for the statement **він украïнець** (*he is Ukrainian*) and the question **він украïнець?** (*is he Ukrainian?*) occur in the same order. In print the question is obviously marked by the question mark. In speech the intonation makes all the difference. In a question the voice rises and falls on the word that is important for the question:

Він **украïнець?**   *Is he **Ukrainian**?*

Ukrainian makes frequent use of the little word **a** to introduce questions, e.g. from the dialogues **a ти?** (*and you?*) **a хто це?** (*and who's this?*) **a це твоя мáма?** (*is that your mother?*) **a то такóж твій брат?** (*and is that also your brother?*) **a йогó профéсія?** (*and [what is] his profession?*).

It is used to change the flow of the conversation, and to seek new information. It can sometimes be translated into English as 'and' or 'so' at the beginning of the sentence.

It can also occur at the beginning of a statement, e.g. **а це я** (*and that's me*).

4 Nouns

A noun is a word that refers to a person, e.g. *boy* – **хло́пчик**, *sister* – **сестра́**, *journalist* – **журналі́ст**, an object e.g. *car* – **автомобі́ль**, *church* – **це́рква**, *photograph* – **фо́то**, or abstract concept, e.g. *day* – **день**, *love* – **любо́в**, *health* – **здоро́в'я**.

5 Gender

Look at the final letters of the words in these columns:

він	вона́	воно́
син	до́нька	не́бо
брат	сестра́	мо́ре
цирк	ла́мпа	вікно́

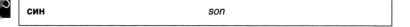

син	*son*

The words **він**, **син**, **брат** are masculine in gender; **вона́**, **до́нька**, **сестра́** are feminine. The nouns denote either male (**син**, **брат**) or female (**до́нька**, **сестра́**) human beings; the gender of the Ukrainian nouns therefore depends upon the sex of the person. **Не́бо**, **мо́ре** and **вікно́** all denote objects and are therefore neuter in gender. So what about **цирк** and **ла́мпа**? After all they both denote objects, but have not been included in the list of neuter nouns.

The issue here is that in Ukrainian gender is a grammatical principle that is not restricted to the sex distinctions of the natural world. Gender is assigned largely on the basis of the final letter of the noun in question. If you look again at the list above, you will see that masculine nouns end in a consonant, feminine nouns end in **-a**, neuter nouns end in **-o** or **-e**. 'Ending in a consonant' also covers those nouns that end in a consonant followed by the 'soft sign', e.g. **олівець**. Feminine nouns can also end in **-я**, e.g. **киця**.

The personal pronoun **він** can replace any noun of masculine gender, and **вона** any noun of feminine gender; **воно** refers only to nouns of neuter gender.

Note: Some nouns ending in a soft consonant or **ч, ж, ш** are in fact feminine. Some nouns ending in **-я** are neuter. You have already seen one such neuter noun in this unit – **ім'я** (*name*). When such problem nouns occur in the dialogues the gender will be given in the word-lists: (m), (f), or (n).

6 Adjectives

An adjective is a word used to describe a noun. Adjectives can denote the quality of an object (good, bad, beautiful, small, blue) or what the object is made of (wooden, woollen).

Adjectives change their form according to the gender of the noun they accompany. Look at the following examples:

Masculine	Feminine	Neuter
який	**яка?**	**яке?**
гáрний будинок	гáрна дівчина	гáрне нéбо
зелéний олівéць	зелéна лáмпа	зелéне пóле
синій олівéць	синя лáмпа	сине нéбо

пóле	*field*
синій	*dark blue, navy*

You can see that masculine adjectives end in a vowel and a consonant (**ий** or **ій**), feminine adjectives in **a** or **я**, neuter adjectives in **e** or **є**. The adjective endings **ий** (m), **a** (f), and **e** (n) are called hard; the adjective endings **ій** (m), **я** (f), and **є** (n) are called soft. Two examples:

hard endings: дóбрий, дóбра, дóбре
soft endings: синій, синя, сине

As a rule adjectives stand before the nouns which they accompany, as in the sentence:

Це га́рна ді́вчина.	This is a beautiful girl.

The words **га́рна ді́вчина** (*a/the beautiful girl*) by themselves are only part of a sentence. See what happens when the adjective comes after the noun, e.g.

Ді́вчина га́рна.	The girl is beautiful.

7 Pronouns

Personal pronouns

A personal pronoun is a word that replaces a noun, for example:

This is my son. **He** is an actor.	Це мій син. **Він** акто́р.
This is my daughter. **She** is a musician.	Це моя́ до́нька. **Вона́** музика́нт.

Here are all the personal pronouns of Ukrainian. The first person pronouns refer to the speaker(s), the second person refers to the person(s) being spoken to, the third person refers to the person(s) or thing(s) being spoken about.

	Singular		Plural	
First person:	я	I	ми	we
Second person:	ти	you	ви	you
Third person:	він	he		
	вона́	she	вони́	they
	воно́	it		

There is no distinction for gender in the third-person plural personal pronoun **вони**.

Demonstrative pronouns

The words 'this', 'that' are called demonstrative pronouns. There will be more about these words in a later unit. For the time being simply note: **це** – 'this is', **то** – 'that is'.

Possessive pronouns

The possessive pronouns are:

мій *my, mine*
твій *your, yours*

чий *whose*
який *what kind of?*

You saw two examples involving the word **мій** in the dialogue:

| мій брат | *my brother* |
| мій друг | *my friend* |

You have already seen that the word for 'my' changes its form with feminine nouns:

| моя сестра́ | *my sister* |
| моя ма́ма | *my mother* |

The word will also change its form with neuter nouns:

| моє́ ім'я́ | *my name* |
| моє́ село́ | *my village* |

The word for 'your' changes in the same way: **твій, твоя́, твоє́**. The question word 'whose?' also changes like this: **чий?, чия́?, чиє́?**.

чий?	**чия́?**	**чиє́?**
мій брат	моя сестра́	моє́ ім'я́

| Чий це автомобі́ль? *Whose car [is] this?* | Це мій *It['s] mine.* |
| Чия́ то кни́га? *Whose book [is] that?* | Не моя́ *[It's] not mine.* |

Now look at the following examples:

мій автомобі́ль *my car*

| Це мій автомобі́ль. *This is my car.* | Автомобі́ль мій. *The car is mine.* |

As you can see, Ukrainian uses the same word **мій** for 'my' and 'mine'. The same applies to **твій**.

твоє́ я́блуко *your apple*

| Це твоє́ я́блуко. *This is your apple.* | Я́блуко твоє́. *The apple is yours.* |

> ## Cultural note: 'you' – Ви or ти?
>
> Use the personal pronoun **ти** when addressing one person whom you know well, e.g. a relative or a close friend (like the French *tu*). **Ви** is used when talking to several people or as a polite form of address to one person whom you do not know very well, e.g. in official situations, in talking to older persons, those who occupy a senior position, etc. In writing the pronoun **ви**, when used as a polite form of address to one person, has a capital letter: **Ви**. The corresponding possessive pronouns are **твій (твоя, твоє)** and **Ваш (Ваша, Ваше)**.
>
> When meeting a Ukrainian for the first time it is always advisable to use **Ви** and **Ваш**.

8 Case

Nouns, pronouns and adjectives change their endings for number and case. The case of a noun is determined by its function in the sentence. Nouns and pronouns are listed in wordlists and dictionaries in the nominative or 'naming' case. It most frequently occurs as the subject of a sentence, or as the description of the subject, e.g. **Я – англієць, Оксана – музикант**, where the personal pronoun and all the nouns are in the nominative case. Adjectives are listed in the form of the masculine nominative singular.

9 Asking questions with question words хто? що?

хто?	*who?*
що?	*what?*

We can make simple questions by adding question words:

Хто це?	*Who is this?*
Що то?	*What is that?*

10 How to say what your name is

Моє ім'я Тарас.	*My (first) name is Taras.*
Моє прізвище Коваль.	*My surname is Koval.*

It is possible to say the same thing in the following way:

Мене́ звуть Тара́с Ко́валь. *My name is Taras Koval.*

звуть – [they] call

The words **Мене́ звуть** literally mean 'me [they] call'. Both Ukrainian phrases, **Моє́ ім'я́** and **Мене́ звуть**, are the equivalent of the English 'my name is'.

Моє́ ім'я́ ... Моє́ прі́звище ... Мене́ звуть ...

11 How to ask what someone's name is

(*a*) informal

Як твоє́ ім'я́? *What is your (first) name?* (lit. how [is] your name?)
Як твоє́ прі́звище? *What is your surname?*
Як тебе́ звуть? *What is your name (and surname)?*

(*b*) formal/polite

Як Ва́ше ім'я́? Як Ва́ше прі́звище? Як Вас звуть?

тебе́ (from **ти**)	*you*
вас (from **ви**)	*you*

 ——— **ВПРА́ВИ (*exercises*)** ———

1 Read the dialogue again. Complete the table below by putting a cross (+) in the right box.

	журналі́ст	музика́нт	акто́р	математик
Марі́я				
Е́ндрю				
Мико́ла				
Окса́на				

2 Now answer a few questions following the examples:

| Хто це? | Це брат. |
| Хто то? | То сестра́. |

| Що це? | Це кві́тка. |
| Що то? | То вікно́. |

(друг, учи́тель, ма́ма, хло́пчик, ля́лька, чолові́к, ла́мпа, де́рево, ді́вчинка, га́нок, мо́ре)

3 Now some questions, saying 'yes' or 'no' in Ukrainian.
Example: Це автомобі́ль? – Ні, це де́рево. (*No, it's a tree*).

(*a*)	Це чолові́к?	(*Yes, it's a ...*)
(*b*)	Це кни́га?	(*Yes, it's a ...*)
(*c*)	То кві́тка?	(*No, it's a doll.*)
(*d*)	То ру́чка?	(*No, it's a bush.*)
(*e*)	Це хло́пчик?	(*Yes, it's a ...*)
(*f*)	То це́рква?	(*Yes, it's a ...*)
(*e*)	Це я́блуко?	(*No, it's a pencil.*)

4 (a) Name these people (choose their names from the list below).
    (b) Imagine that you are meeting these people. How would you ask each of them what their names and professions are, and how might they reply?

| (i) | Окса́на Вели́чко | (iii) | Е́ндрю Кро́сбі |
| (ii) | Марі́я Ко́валь | (iv) | Сті́вен Те́йлор |

5 Write out the following nouns in three columns, according to their gender. At the same time check that you know what they mean.

| *Masculine* | *Feminine* | *Neuter* |
| чоловік | жінка | сонце |

сонце, чоловік, жінка, дерево, ганок, вікно, квітка, кіт, небо, хлопчик, кущ, автомобіль, будинок, дівчинка, яблуко, юнак, їжа, друг, книга, море, олівець, папір, ручка, фото, церква, шапка, лялька, цирк, лампа, журналіст, сестра

6 Choose the right form of the adjective to go with the nouns in the list below.

Example: **Брат високий**

Брат	(високий, висока, високе)
Квітка	(гарний, гарна, гарне)
Ручка	(мій, моя, моє)
Яблуко	(зелений, зелена, зелене)
Село	(красивий, красива, красиве)

великий	*big, great, large*
красивий	*beautiful, handsome*
цікавий	*interesting*
теплий	*warm*
високий	*tall, high*
маленький	*little, small*
стілець (m)	*chair*

7 Answer the following questions, using adjectives from the list above:

Example: Який це будинок?   Це великий будинок.

Яке це яблуко?	Це (*small*)
Яка це квітка?	Це (*beautiful*)
Яка це шапка?	Це (*warm*)
Яке це дерево?	Це (*tall, high*)
Яка це книга?	Це (*interesting*)

8 Now do the reverse! Form simple questions from the sentences below:

Example: **Чий це стілéць?**   Це мій стілéць.

(a) _____?   Це моя лялька.

(b) _____?   Це мій олівéць.

(c) _____?   Це моé яблуко.

(d) _____?   Це моя книга.

(e) _____?   Це моé фóто.

(f) _____?   Це мій кіт.

9 Find the correct answer from the list on the right.

Це висóке дéрево?	Так, це гáрна дівчина.
Це гáрна дівчина?	Так, це тéпле мóре.
Це тéпле мóре?	Ні, це зелéний папір.
Це велúкий будúнок?	Ні, це низькúй кущ.
Це чóрний папір?	Ні, це малéнький будúнок.
Це висóкий кущ?	Так, це висóке дéрево.

(a) You are in Kyiv. At a reception you are asked what your name is. What are the words that you are likely to hear? How will you respond?

(b) You are showing some photographs to a Ukrainian friend. Your friend asks if one of the people on the photo is your brother. What does s/he actually say? You reply that it is not your brother – it is a friend. How will you phrase your reply in Ukrainian?

2
ДУЖЕ ПРИЄМНО З
–ВА́МИ ПОЗНАЙО́МИТИСЯ–

Very nice to meet you

In this unit you will learn:

- how to make a simple description of a room
- how to say you like something
- what to say when someone is introduced to you
- the names of some countries and nationalities
- something about the plural

―――――――――― Діало́г 1 ――――――――――

The next evening Taras again invites Stephen to his home to meet his wife and to discuss some business questions.

Тара́с	Приві́т, Сті́вене!
Сті́вен	До́брий ве́чір. Як життя́?
Тара́с	Норма́льно, дя́кую. Ві́ро, познайо́мся: це мій друг Сті́вен.
Сті́вен	Сті́вен Те́йлор.
Ві́ра	Ду́же приє́мно, Ві́ра. Перепро́шую, як Ва́ше прі́звище?
Сті́вен	Те́йлор. Я англі́єць.
Ві́ра	Ду́же ра́да з Ва́ми познайо́митися. Тара́се, запро́шуй дру́га до віта́льні.
Тара́с	Сті́вене, заходь, будь ла́ска. Про́шу сіда́ти.
Сті́вен	Дя́кую. Це ду́же га́рна, сві́тла кімна́та. Тут вели́кі ві́кна, м'які́, зру́чні ме́блі. Як тут за́тишно!
Тара́с	Ми ма́ємо не ду́же вели́кий буди́нок, але́ ми його́ ду́же лю́бимо.

Стíвен Ти мáєш сад?

Тарáс Так. Я мáю гáрний сад. Хóчеш подиви́тися?

Стíвен О, це вели́кий сад. Менí ду́же подóбаються ці зелéні кущí та яскрáві кві́ти. І тут такí висóкі дерéва. Вони́, мáбуть, ду́же старí?

Тарáс Так. Ти знáєш, Стíвене, сьогóдні не ду́же тéплий день. Тут прохолóдно. Ходíмо до кімнáти.

приві́т!	*hi!*
вéчір	*evening*
як життя́?	*how's life?*
життя́ (n)	*life*
нормáльно	*OK*
познайóмся: це мій друг	*meet my friend.* (lit. get acquainted: this is my friend)
ду́же приє́мно	*nice to meet you*
перепрóшую	*excuse me/I beg your pardon*
ду́же рáда з Вáми познайóмитися	*I am very pleased to meet you* (lit. [I am] very glad with you to get acquainted)
запрóшуй дру́га	*invite [your] friend*
до вітáльні	*to the living-room*
вітáльня	*living-room*
захóдь	*come in*
прóшу сідáти	*please sit down*
сві́тла (m. nom. sg.: **сві́тлий**)	*bright* (feminine form)
кімнáта	*room*
тут	*here*
м'якí (m. nom. sg.: **м'яки́й**)	*soft* (plural form)
зручні́ (m. nom. sg.: **зручни́й**)	*comfortble* (plural form)
мéблі	*furniture* (plural form)
зáтишно	*[it is] cosy*
як тут зáтишно!	*how cosy it is here*
ми мáємо	*we have*
алé	*but, however*
ми йогó ду́же лю́бимо	*we love it very much*
ти мáєш	*you have*
сад	*garden*
я мáю	*I have*
хóчеш подиви́тися?	*[do you] want to have a look?*
менí (ду́же) подóбаються	*I like (very much)*
ці	*these*
та	*and*
яскрáві (m. nom. sg.: **яскрáвий**)	*brightly-coloured* (plural form)
такí (m. nom. sg.: **таки́й**)	*such* (plural form)
мáбуть	*perhaps, maybe*
старí (m. nom. sg.: **стари́й**)	*old* (plural form)

знáєш	[you] know
сьогóдні	today
прохолóдно	[it is] cool, chilly
ходíмо	let's go
до кімнáти	to/into the room

(a) Прáвда чи непрáвда? *Answer in Ukrainian*

1 Стíвен Тéйлор – украї́нець.
2 Тут велúкі вíкна.
3 Тарáс мáє гáрний сад.
4 Сьогóдні дýже тéплий день.

(b) Answer the following questions in English

1 How does Taras introduce Stephen to Vira? Repeat the phrase.
2 Which room in Taras' house is very beautiful?
3 What do we know about the trees in Taras' garden?
4 Why do Taras and Stephen decide to go back into the house?

──── Як функціонýє мóва ────

1 'Singular' and 'plural'

Nouns, pronouns, adjectives and verbs in Ukrainian change their endings according to the role they play in each sentence. You have already seen how adjectives change their endings to 'agree with' the gender of the noun with which they occur.

The endings also tell us about the **number** of the noun (and adjective, if there is one) in question; the singular number is used to refer to one person or object, the plural number to refer to more than one.

Some nouns in Ukrainian, like **мéблі** in this dialogue, exist only in the plural form. Such words will be specially marked in the wordlists.

The wordlist for the dialogue in this unit gives adjectives in the form in which they occur there, and also in the form in which they occur in dictionaries.

2 How is the plural formed?

In this unit you have already seen several plural forms of nouns and adjectives:

зелені кущі   великі вікна
яскраві квіти   високі дерева

Most Ukrainian masculine and feminine nouns in the plural have one of the endings **и, і, ї**. Which one depends on the ending in the singular. Look at these examples:

кімнати (кімната)   учителі (учитель)
сади (сад)   гаї (гай)
кущі (кущ)   шиї (шия)
землі (земля)

(*a*) Masculine and feminine nouns:

- If the last consonant in the noun is hard, use **и** (**кімната, сад**).
- If the last consonant in the noun is soft (i.e. is followed by the 'soft sign' or the letters **я, ю**, or **є**, which show that the preceding consonant is soft) or one of the following letters **ж, ч, ш, щ, ц**, use **і** (**кущ, вітальня, учитель**).
- If the last letter of the noun is **й** (**гай**) or **я** (**шия**) after a vowel, substitute **ї** for that letter.

Note: Two nouns that you have already met form their plurals in a somewhat irregular way. Make special note of:

друг – друзі   квітка – квіти

Some nouns lose a vowel when forming the nominative plural, e.g.:

англієць – англійці   будинок – будинки
стілець – стільці   ґанок – ґанки
олівець – олівці   день – дні

Such words will always be indicated in the wordlists.

(*b*) Neuter nouns:

Neuter nouns ending in **-о** in the singular always end in **-а** in the nominative plural. Those neuter nouns which have an **-е** ending in the singular change that ending to **а** or **я** (i.e.: **a** after a hard consonant, **я** after a soft consonant or **р**):

ві́кна (вікно́) сéла (село́)
дерéва (дéрево) моря́ (мóре)
прı́звища (прı́звище)

The neuter noun **ім'я́** requires special attention. Its nominative plural is **імена́**.

3 Making adjectives plural

The plural ending for both hard and soft adjectives is the same, irrespective of the gender of the following noun: **-і**

hard		soft	
м'якı́й	м'якı́	сı́ній	сı́ні
гáрний	гáрні		
дóбрий	дóбрі		

4 'My', 'your', 'our' in the plural

Here are the forms of the possessive pronouns 'my' and 'your':

мій, моя́, моє́	моı́
твій, твоя́, твоє́	твоı́
ваш, вáша, вáше	вáші

Note: The forms of **наш** (*our*) are like those of **ваш**.

5 Number and numbers

Learning about the plural naturally leads into counting. The numbers 1-4 in Ukrainian are:

1	оди́н (*m*), одна́ (*f*), одне́ (*n*)
2	два (*m & n*), дві (*f*)
3	три (*all genders*)
4	чоти́ри (*all genders*)

- **Одйн/однá/однé** is followed by the nominative singular:

  одйн стілéць   однá кімнáта   однé вікнó

- **Два/двí – чотйри** are followed by the nominative plural:

  два стільцí/двí кімнáти   три братú   чотйри вікнá

Діалóг 2

Now for a chance to check your knowledge so far:

A chance meeting in the street. Taras accidentally touches the handbag of a lady who is walking towards him hand in hand with a tall man.

Тарáс	О! ...Лíдо, якá зýстріч! Вúбач, будь лáска!
Лíда	Дóбрий вéчір, Тарáсе! Познайóмся: це мій чоловíк, Володúмир.
Тарáс	Дуже рáдий познайóмитися. Тарáс.
Володúмир	(*shakes Taras' hand*) Перепрóшую, як Вáше ім'я?
Тарáс	Тарáс. Тарáс Кóваль.
Володúмир	Дýже приéмно.
Лíда	Як твоí спрáви?
Тарáс	Непогáно. А як ви?
Лíда	Дýже дóбре. Сьогóдні дýже гáрний, тéплий день і ми гуляємо.
Тарáс	Ну, дóбре, щаслúво...
Лíда	Тарáсе... Слýхай, подзвонú колú-нéбудь. Ось наш телефóн. Ми запрóшуємо в гóсті.
Володúмир	Так, подзвонíть неодмíнно!
Тарáс	Чудóво. Дякую.

зýстріч (f)	meeting
якá зýстріч!	what a meeting!
вúбач, будь лáска	please excuse me
ми гуляємо	we're out for a walk (inf. **гуляти**)
щаслúво	cheerio! good luck!
слýхай!	listen!
подзвонú колú-нéбудь	phone [us] sometime (inf. **подзвонúти**)
ми запрóшуємо в гóсті	we invite [you] to visit us
подзвонíть неодмíнно!	phone [us] without fail!

7   What is a verb?

Verbs denote an action (Stephen *runs* fast; she *is reading* a book), or a mental process (Taras *thinks* logically), or a state (Vera *is* my sister). They also denote when the action takes place. **Tense** means the time of the action to which the verb refers: **past**, **present** or **future**. Ukrainian verbs have separate forms for each of the three tenses. In this unit you will learn the forms of the **present tense**.

8   The verb 'to be'

Це – мій брат Микóла.	*This is my brother Mykola.*
То – мій друг Éндрю.	*That is my friend Andrew.*

These sentences can also be expressed in a slightly different way:

Це є мій брат Микóла.	*This is my brother Mykola.*
То є мій друг Éндрю.	*That is my friend Andrew.*

The word є ('is' or 'are') is not compulsory – you can either use it or leave it out in sentences like this.

First person:	**я є**	**ми є**	*I am*	*we are*	
Second person:	**ти є**	**ви є**	*you are*	*you are*	
Third person:	**він є**		*he is*		
	вонá є	**вони́ є**	*she is*	*they are*	
	воно́ є		*it is*		

9   There is/there are

Тут вели́кі ві́кна, м'які́,	*There are large windows and*
зру́чні мéблі.	*soft, comfortable furniture here.*

Sentences with 'there is, there are' in English usually denote the location of person or objects, e.g. 'there are two girls here' 'there is a letter on the table'. In Ukrainian there is no equivalent phrase for 'there is/there are' and the location comes at the beginning of the sentence.

Тут висóкі дерéва.	*There are tall trees here.*
Тут вели́кі ві́кна.	*There are large windows here.*
У віта́льні м'які́, зручні́	*There is soft, comfortable*
мéблі.	*furniture in the living room.*

10   It is

Тут за́тишно.	*It is cosy here.*
Сього́дні прохоло́дно.	*It is chilly today.*
Ду́же приє́мно з ва́ми познайо́митися.	*It is very nice to meet you.*

Ukrainian does not use a word for 'it' in sentences like this where the pronoun 'it' does not seem to refer to a noun. After all, you cannot ask 'What is chilly today?' and expect to get a reasonable answer!

11   Adverbs

An adverb describes how an action is performed, e.g. 'he can run *fast*', 'Stephen speaks Ukrainian *well*'. Many adverbs in English end in *-ly*, e.g. neatly, beautifully, thoughtfully. In Ukrainian adverbs can be formed from adjectives by replacing the **-ий** ending of the masculine nominative singular with **-о**, e.g.

приє́мний	*pleasant*	приє́мно	*pleasantly*
га́рний	*beautiful*	га́рно	*beautifully*

A few adverbs end in **-е**, e.g.

до́брий	*good*	до́бре	*well*

Words like **за́тишно** (*it is cosy*), **прохоло́дно** (*it is cool*) (see section 10 above) are also adverbs in form, and are formed from adjectives in exactly the same way:

Га́рно, що Ви тут.	*It's fine that you're here.*
Те́пло сього́дні.	*It's warm today.*

12   Verbs – the dictionary form

Every verb has a base form used for dictionaries called an infinitive. Most Ukrainian verbs have infinitives ending in **-ти**. You have already met a few:

про́шу захо́ди**ти** / про́шу сіда́**ти**

The equivalent form in English is 'to come in', 'to sit down'.

Some special forms of the infinitive

You have also seen two infinitives (**познайо́митися**, **подиви́тися**) which are slightly different because they end in **-ся**.

See what a change in meaning it can make

дозво́льте познайо́мити...	*let [me] introduce (somebody)*
дозво́льте познайо́митися	*let [me] introduce myself*

дозво́льте	*let [me]*

The suffix **-ся** can come after any personal form of the verb, as well as the infinitive, e.g.

Мені́ подо́баються кві́ти. *I like the flowers* (lit. the flowers please me).

There will be more about **-ся** in unit 5.

Note: The inifinitive of the verb 'to be' is **бу́ти**.

13 The present tense of verbs

Ukrainian verbs are divided into two **conjugation** patterns. The word conjugation refers to the form of the personal endings. The significant feature of the first conjugation is the letter **-e** (after a consonant) or **-є** (after a vowel) in the second and third persons of the singular and the first and second persons of the plural. For example, the verb **ма́ти** (*to have*):

First person:	я ма́ю	ми ма́ємо
Second person:	ти ма́єш	ви ма́єте
Third person:	він ма́є	
	вона́ ма́є	вони́ ма́ють
	воно́ ма́є	

Here are some first conjugation verbs in the present tense:

	зна́ти (to know)	сіда́ти (to sit down)	запро́шувати (to invite)	дя́кувати (to thank)
I	зна́ю	сіда́ю	запро́шую	дя́кую
you	зна́єш	сіда́єш	запро́шуєш	дя́куєш
he/she/it	зна́є	сіда́є	запро́шує	дя́кує
we	зна́ємо	сіда́ємо	запро́шуємо	дя́куємо
you	зна́єте	сіда́єте	запро́шуєте	дя́куєте
they	зна́ють	сіда́ють	запро́шують	дя́кують

Verbs like **ма́ти**, **зна́ти** and **сіда́ти** are completely regular; you can deduce the forms of the present tense from the infinitive. However, you can see from the last two verbs that the infinitives contain a syllable (**-ва-**) which is not present in the other forms given here. (**Перепро́шувати** has forms exactly like those of **запро́шувати**.) This is why all verbs will be listed in the infinitive and the forms of the first and second persons singular when necessary, because from those forms all other forms of the present tense can be deduced.

14 Giving orders and making requests

The verb forms **познайо́мся**, **запро́шуй**, **захо́дь**, **подзвони́/подзвоні́ть** are called **imperatives**. They denote orders, requests or invitations: **захо́дь, будь ла́ска** (*come in, please*).

15 Asking questions without question words

Question words are words like 'who, what, whose, how' – **хто, що, чий, як**. Questions without a question word (unit 1) are formed in writing simply by adding a question mark or by rising intonation in speech.

However frequent use is made of a little word **чи** followed by the question itself.

Чи він англі́єць?	*Is he English?* (lit. [is] he [an] Englishman?)
Чи ти ма́єш сад?	*Do you have a garden?*
Чи ти хо́чеш подиви́тися?	*Do you want to have a look?*

16 How to:

(*a*) greet people in Ukrainian

time of day	*formal*		*informal*
6:00–12:00	Доброго ра́нку!	*good morning*	Приві́т! *Hi! (at any*
12:00–18:00	До́брий день!	*good afternoon/*	*time)*
		day	
18:00–22:00	До́брий ве́чір!	*good evening*	

(*b*) ask: How are things?

● Questions

Як спра́ви?	*How are things?*
Як життя́?	*How's life?*
Як чолові́к/дружи́на?	*How's the husband/the wife?*
Як ді́ти?	*How are the children?*

● Possible replies

Дя́кую, ...	*Thanks, ...*
чудо́во	*great! fine!*
ду́же до́бре	*very good*
до́бре	*good*
непога́но	*not bad*
норма́льно	*OK*
так собі́	*so-so*
не ду́же до́бре	*not very good*
пога́но	*bad, rotten*
жахли́во	*absolutely awful*

(*c*) introduce yourself and other people

Дозво́льте відрекомендува́тися:	Я – Сті́вен.
Дозво́льте познайо́митися:	Мене́ звуть Сті́вен.
	Моє́ ім'я́ Сті́вен.
	Моє́ прі́звище Те́йлор.

In informal situations when addressing one person and introducing someone, you can say:

Познайо́мся: це Сті́вен.

When introducing yourself in a very informal situation, you can say:

Приві́т: я Сті́вен.   *Hi! I [am] Stephen.*

but be very sure. This way of introducing yourself is extremely casual!

When being introduced to someone for the first time you shake hands and say: **Ду́же приє́мно** and name yourself, e.g. **Я Петро́ Гнатю́к**, or **Ду́же ра́дий** (m)/**ра́да** (f) **з ва́ми познайо́митися**.

Here are some phrases for introducing other people:

Дозво́льте предста́вити:	Це Джон.
Дозво́льте відрекомендува́ти:	Це мій друг Джим.
Дозво́льте познайо́мити:	Це моя́ по́друга Марі́я.
Познайо́мтеся:	Це Марі́я.

(*d*) say: Here is...

Ось телефо́н. Ось наш буди́нок.
Ось мій автомобі́ль/Ось моя́ маши́на

(*e*) identify some countries and nationalities

краї́на (*country*)	націона́льність (*nationality*)	
	(*m*)	(*f*)
Украї́на (*Ukraine*)	украї́нець	украї́нка
Аме́рика (*America*)	америка́нець	америка́нка
Німе́ччина (*Germany*)	ні́мець	німке́ня
Кана́да (*Canada*)	канаді́єць	канаді́йка
Росі́я (*Russia*)	росі́янин	росі́янка
А́нглія (*England/Great Britain*)	англі́єць	англі́йка
Фра́нція (*France*)	францу́з	францу́женка
Іта́лія (*Italy*)	італі́єць	італі́йка
Іспа́нія (*Spain*)	іспа́нець	іспа́нка
Австра́лія (*Australia*)	австралі́єць	австралі́йка
Япо́нія (*Japan*)	япо́нець	япо́нка

Note:

- the word for 'foreigner': **інозе́мець** (m), **інозе́мка** (f)
- All the masculine nouns in the above list ending in -**ець** or -**єць** lose their final vowel when forming the nominative plural, e.g.

іспа́**нець**	іспа́**нці**	япо́**нець**	япо́**нці**
англі́**єць**	англі́**йці**	італі́**єць**	італі́**йці**

- The nominative plural of **росі́янин** is exceptional: **росі́яни**.

——————————— **Вправи** ——————————

1 Add the necessary pronoun, **ти** or **ви**.

   (*a*) ... сідáєш.
   (*b*) ... мáєте сад?
   (*c*) ... знáєш Стíвена?

Now make the **ви** form in those sentences where there are **ти** forms now, and *vice versa*.

2 You are acting as interpreter between a visitor who does not speak Ukrainian and your Ukrainian host who does not speak English. Put the visitor's remarks into Ukrainian, and the host's replies into English.

Example

Visitor	*This is a bright room.* **Це свíтла кімнáта.**
Host	**Так, кімнáта дýже свíтла.** *Yes, the room is very bright.*
Visitor	*What room is that?*
Host	Там вітáльня.
Visitor	*It's very cosy!*
Host	Так, тут м'якí, зручнí мéблі.
Visitor	*Is this your garden? It's big!*
Host	Так, це мій сад. Він дýже гáрний.

3 Put the infinitives in brackets into the correct form required by the personal pronoun in each sentence.

   (*a*) Я (**мáти**) зручнúй будúнок.
   (*b*) Він (**сідáти**) у крíсло.
   (*c*) Ми (**запрóшувати**) до вітáльні.
   (*d*) Ти (**знáти**), де Тарáс?

4 Make complete sentences out of the following words.

   (*a*) друг, це, мій.
   (*b*) англíйка, вонá.
   (*c*) мáє, будúнок, велúкий, він.
   (*d*) вітáльні, запрóшуємо, до.
   (*e*) Марíя, канадíйка.

5 Answer the following questions in Ukrainian with 'yes' or 'no' as required, using the words in brackets as a guide.

Example: Чи Стíвен американець? (*Englishman*) Ні, він англíєць.

(*a*) Чи це вітáльня? (*living room*) ...
(*b*) Чи це Вíра? (*Oksana*) ...
(*c*) Чи тут велúкі вíкна? (*little windows*) ...
(*d*) Чи це Ваш брат Микóла? (*my friend Andrew*) ...

6 Identify the nationality in each of the following sentences according to the example.

Example: Peter comes from England. Він англíєць.

(*a*) *This musician comes from Germany.* Він ... .
(*b*) *My wife comes from Italy.* Вонá ... .
(*c*) *This is a journalist from Spain.* Він ... .
(*d*) *You come from Russia.* Ти ... .
(*e*) *I am from Ukraine.* Я ... .
(*f*) *This person is from Australia.* Вонá ... .

7 Give Ukrainian equivalents of the English phrases in the following dialogue:

Тарáс	Привíт!
Стíвен	*Hello! Please come in.*
Тарáс	Як спрáви?
Стíвен	*Thank you, fine. And you?*
Тарáс	Дякую, непогáно.
Стíвен	*Please sit down.*
Тарáс	Дякую. Як тут зáтишно.

8 Complete the following dialogue by translating the English words in brackets into Ukrainian:

Олéг Добрúдень, як (*life*)?

Микóла (*OK*), дя́кую. А як ти?

Олéг (*Absolutely awful*). Познайóмся, (*this is my wife*) Тетя́на. Тетя́но, це мій (*friend*).

Тетя́на (*Very*) приéмно (*with you*) познайóмитися. (*I beg your pardon*), як Вáше (*first name*)?

Микóла Микóла.

Олéг (*Please sit down*).

Микóла (*Thank you*).

Тетя́на Ви украї́нець?

Микóла Ні, я італíєць, (*my mother is Ukrainian*). Її звуть Марíя. (*Your house is very beautiful.*) Як тут (*cosy*).

Олéг (*Yes*), цей будúнок (*is very old*), алé (*comfortable*). (*We have*) зручні, світлі (*rooms*), гáрний (*garden*).

3

СТІВЕНЕ, ВИ МА́ЄТЕ СІМ'Ю́?

Stephen, do you have a family?

In this unit you will learn how to:

- offer things
- say please and thanks
- talk about your family
- say goodbye

Діало́г 1

Same evening in Taras' house in London. Conversation over coffee.

Тара́с	Ти хо́чеш пи́ти чай чи ка́ву?
Стівен	Ка́ву, будь ла́ска.
Віра	Цу́кор?
Стівен	Ні, дя́кую.
Тара́с	Я пам'ята́ю, ти не лю́биш цу́кру. Бери́, будь ла́ска, тісте́чка, їж пе́чиво.
Віра	(*offers cakes*) Про́шу, пригоща́йтеся.
Стівен	Дя́кую. О, це ду́же сма́чно. Я люблю́ тісте́чка.
Тара́с	Чи тобі́ нали́ти ще ка́ви?
Стівен	Так, про́шу. Ду́же до́бра ка́ва.

хо́чеш	(inf.: **хоті́ти**; 1st person **хо́чу**)	*you want*
пи́ти (п'ю, п'єш)		*to drink*
чай		*tea*
чи		(here:) *or*

ка́ву (nom.: **ка́ва**)	*coffee*
цу́кор	*sugar*
пам'ята́ю (inf.: **пам'ята́ти**)	*I remember*
ти не лю́биш цу́кру	*You don't like sugar*
бери́ (inf.: **бра́ти; беру́, бере́ш**)	*take!*
ті́стечка (sg.: **ті́стечко**)	*(fancy) cakes*
їж (inf.: **ї́сти;** present tense: **їм, їси́, їсть; їмо́, їсте́, їдя́ть**)	*eat!*
пе́чиво	*biscuits*
пригоща́йтеся (inf.: **пригоща́тися**)	*help yourself!*
сма́чно	*[it is] tasty*
Чи тобі́ нали́ти ще ка́ви?	*Shall [I] pour you out some more coffee?*

 ——— # Як функціону́є мо́ва ———

1 *More orders and requests*

This dialogue introduces more imperative forms. The form of the imperative depends on the pronoun that would be used when speaking to that person, **ти** or **ви**. Here are both forms of the imperatives that you have seen so far:

ти (*singular – informal*)	**ви** (*plural or formal singular*)
бер-**и́**	бер-**і́ть**
їж	ї́ж-те
запро́шу-**й**	запро́шу-**й**-те
захо́дь	захо́дь-те
знайо́м-ся	знайо́м-те-ся
подзвон-**и́**	подзвон-**і́**-ть
пригоща́-**й**-ся	пригоща́-**й**-те-ся

Note: The hyphens are there to help you see how the words are built up. The rules for forming the imperative are given in unit 18. All new imperative forms occurring in the texts will be given in the wordlists.

The object of a sentence (accusative case)

The accusative case is primarily used as the case of the direct object, i.e. the form for the word that is at the 'receiving end' of the action of the subject:

Запро́шуй дру́га.	Ти не лю́биш цу́кор.
Ти ма́єш сад?	Бери́ тісте́чка.
Ти хо́чеш пи́ти чай?	Їж пе́чиво.
Ти хо́чеш пи́ти ка́ву?	Я люблю́ тісте́чка.

The masculine singular nouns сад, чай, цу́кор do not change their form; in other words their accusative singular form is exactly the same as the 'dictionary form', the nominative singular. The same is true of the neuter singular noun пе́чиво; the accusative neuter plural noun тісте́чка is also identical to the nominative plural.

However two nouns have changed in form:

Запро́шуй дру́га.	*Invite [your] friend.*
(nom. sg.: друг)	
Ти хо́чеш пи́ти ка́ву?	*Do you want to drink coffee?*
(nom. sg.: ка́ва)	

Ка́ва is a feminine noun; all feminine nouns ending in **-а** in the nominature singular change the **-а** to **-у** in the accusative singular. **Друг**, however, is a masculine singular noun, and yet it behaves differently from the other masculine nouns in the list.

1 Animacy

We need to look at the meaning of the word друг, 'friend', i.e. a male human being. The idea of animacy is of great importance in Ukrainian grammar. When it comes to forming the accusative singular, masculine nouns in the singular are divided into animate and inanimate. Animate nouns cover all the animal kingdom, including male human beings; in the accusative singular they add **-а** to the form of the nominative singular. Masculine nouns referring to objects and abstract concepts are all inanimate. Animacy is also important in the plural of feminine nouns denoting human beings and animals.

2 Endings of the accusative case – nouns

The following tables will give you an overview of the endings for the nominative and accusative cases in both the singular and plural:

(*a*) Masculine inanimate nouns

Nom. S. Acc. S.	па́спорт па́спорт	буди́нок буди́нок	оліве́ць оліве́ць
Nom Pl. Acc. Pl.	паспорти́ паспорти́	буди́нки буди́нки	олівці́ олівці́

(*b*) Masculine animate nouns

Nom. S. Acc. S.	брат бра́та	друг дру́га	учи́тель учи́теля	англі́єць англі́йця	росія́нин росія́нина
Nom Pl. Acc. Pl.	брати́ брати́в	дру́зі дру́зів	учителі́ учителі́в	англі́йці англі́йців	росія́ни росія́н

(*c*) Feminine inanimate nouns

Nom. S. Acc. S.	кни́га кни́гу	ву́лиця ву́лицю	зу́стріч зу́стріч
Nom Pl. Acc. Pl.	кни́ги кни́ги	ву́лиці ву́лиці	зу́стрічі зу́стрічі

(*d*) Feminine animate nouns

Nom. S. Acc. S.	сестра́ сестру́	япо́нка япо́нку	англі́йка англі́йку	ки́ця ки́цю
Nom Pl. Acc. Pl.	се́стри сесте́р	япо́нки япо́нок	англі́йки англі́йок	ки́ці киць

(*e*) Neuter nouns

Nom. S. Acc. S.	де́рево де́рево	прі́звище прі́звище	мо́ре мо́ре	життя́ життя́	ім'я́ ім'я́
Nom Pl. Acc. Pl.	дере́ва дере́ва	прі́звища прі́звища	моря́ моря́	життя́ життя́	імена́ імена́

Note:

- All inanimate nouns of whatever gender share endings for the nominative and accusative cases in the plural.

- Masculine and feminine animate nouns in the plural have different endings for the accusative case. In fact it would be more accurate to say that feminine nouns in this case have no endings at all! The **-a** that marks the nominative singular ending of a feminine noun is dropped; in the case of **сестра́**, **япо́нка** and **англі́йка** this would lead to a cluster of consonants at the end of the word. In such circumstances a vowel is inserted between the consonants: **-o-** or occasionally **-e-**.

- Masculine animate nouns have a quite different ending in the accusative plural: **-ів**. Nouns like **росія́нин** behave somewhat differently; the nominative plural form is shorter, and the accusative plural has no ending at all, like feminine nouns.

- Proper names (words like **Ю́рій**) are also nouns and have case endings. Of course, they are animate (**Я зна́ю Тара́са**). **Мико́ла**, although a male name, ends in **-a**, and so declines like a feminine noun – hence **Я зна́ю Мико́лу**.

(Revise the sections on hardness and softness of consonants in the Introduction and section (2) in unit 2.

3 The accusative case – personal pronouns

	Nom.	*Acc.*	*Nom.*	*Acc.*
First person:	я	мене́	ми	нас
Second person:	ти	тебе́	ви	вас
Third person: (m)	він	його́		
(f)	вона́	її	вони́	їх
(n)	воно́	його́		

Reminder: The third person pronouns make no gender distinction in the plural.

4 Endings of the accusative case – adjectives

The tables that follow give the endings of both the nominative and accusative cases.

(a) with animate nouns

Hard endings

	Nom. S.	Acc. S.	Nom. Pl.	Acc. Pl
M.	добрий	доброго	добрі	добрих
F.	добра	добру	добрі	добрих

Soft endings

	Nom. S.	Acc. S.	Nom. Pl.	Acc. Pl
M.	синій	синього	сині	синіх
F.	синя	синю	сині	синіх

(b) with inanimate nouns

Hard endings

	Nom. S.	Acc. S.	Nom. Pl.	Acc. Pl
M.	добрий	добрий	добрі	добрі
F.	добра	добру	добрі	добрі
N.	добре	добре	добрі	добрі

Soft endings

	Nom. S.	Acc. S.	Nom. Pl.	Acc. Pl
M.	синій	синій	сині	сині
F.	синя	синю	сині	сині
N.	синє	синє	сині	сині

Діалóг 2

The conversation over coffee and cakes continues:

Віра	Стівене, ви маєте сім'ю?
Стівен	Я неодружений. У мене є батьки в Шотландії. Мама пенсіонерка, а тато працює в банку. Ще я маю бабусю. А Ваші батьки у Великобританії?
Віра	Ні. Вони в Україні. Мама й тато живуть у Чернігові, а тітка в Києві.
Стівен	Я ще не дуже добре знаю українські міста. Перепрошую, чи ви не знаєте, котра година?
Віра	Дев'ята. Ви поспішаєте?
Стівен	Так, трошки. Я вже маю йти додому. Дуже дякую за гостинність.
Тарас	Приходь іще.
Стівен	До побачення!
Віра	На все добре!
Тарас	Па!

(не)одружений	*(un)married*
у мене є	*I have*
батьки	*parents*
в Шотландії (nom.: **Шотландія**)	*in Scotland*
пенсіонерка	*pensioner* (f)
працює (inf.: **працювати**)	*works*
в банку (nom.: **банк**)	*in a bank*
ще (here:)	*also, as well*
бабусю (nom.: **бабуся**)	*granny*
живуть (inf.: **жити; живу, живеш**)	*[they] live*
в Чернігові (nom.: **Чернігхв**)	*in Chernihiv*
тітка	*aunt*
в Києві (nom.: **Київ**)	*in Kyiv*
міста (nom.: **місто**)	*towns*
котра година?	*what time is it?* (lit. which hour?)
дев'ята (m. nom. sg.: **дев'ятий**)	*nine o'clock* (lit. ninth)
Ви поспішаєте? (inf.: **поспішати**)	*are you in a hurry?*
трошки	*a little*
маю (inf.: **мати**)	(here:) *have to, must, should*
іти (here: **йти** after a word ending in a vowel) **(іду, ідеш)**	*to go*
додому	*home*
дякую за гостинність	*thanks for the hospitality*
приходь іще!	*come again!*
(**іще** = **ще** after a word ending in a consonant)	
до побачення	*goodbye*
на все добре	*all the best*
па	*bye-bye*

Here are some questions on both dialogues:

(*a*) Пра́вда чи непра́вда? Answer in Ukrainian.

1 Сті́вен лю́бить ті́стечка.
2 Тара́с і Ві́ра живу́ть у Полта́ві.
3 Сті́вен до́бре зна́є украї́нські міста́.
4 Ві́ра поспіша́є додо́му.

(*b*) Answer the following questions in English.

1 What kind of drink does Stephen choose?
2 Is Stephen married?
3 Where do Vira's parents live?
4 At what time does Stephen have to go home?

 ——————— Як функціону́є мо́ва ———————

3 Prepositons

A preposition is a word that, together with the endings of nouns, pronouns and adjectives, helps to relate words to each other in a sentence. Examples of English prepositions are 'about, into, for'.

So far you have seen the Ukrainian prepositons з and до: **я ду́же ра́дий з ва́ми познайо́митися** (*I am very pleased to get acquainted with you*); **запро́шуй до віта́льні** (*invite (him) into the living room*); **ході́мо до кімна́ти** (*let's go to the room*), but for the time being just learn the whole phrase, because different cases are involved.

Here are some prepositions which are followed by a noun or pronoun in the accusative case:

(*a*) **у/в** (*to, into*)

Окса́на сіда́є в автомобі́ль.	*Oksana gets* (lit. sits down) *into the car.*
(*on*) (with days of the week)	
Я не працю́ю в суббо́ту.	*I don't work on Saturday.*

Note: the preposition **у/в** is followed by a different case in some phrases in the dialogue; it has a different meaning there (*in*) and is followed by a different case (the locative) that will be dealt with later. For the time being learn the phrases in which this case occurs, e.g. **в Шотля́ндії, в ба́нку**.

(*b*) **на** (*to*)

Я йду́ на робо́ту.	*I am going to work.*
Я і́ду на вокза́л.	*I am travelling to the station.*

The difference in usage (with the accusative case) between the prepositions **у/в** and **на** in the meaning 'to' is best left to experience! Just note the phrases where each preposition occurs.

(*c*) **про** (*about*)

Я зна́ю про фі́рму «Ге́рмес-Кло́зінг».	*I know about the Hermes Clothing firm.*

(*d*) **за** (*for*, after **дя́кую**)

Дя́кую за кві́ти.	*Thanks for the flowers.*

субо́та	*Saturday*	**вокза́л**	*station*
робо́та	*work*		

4 Another use for чи

You have already seen that **чи** introduces a question without a question word (as in **Чи він англі́єць?**). It can also be used to mean 'or', as in **Він англі́єць чи украї́нець?**

5 Having and having to

у ме́не є	*I have*

Stephen uses both ways of saying 'to have' in Ukrainian in the space of a few lines. You saw the verb **ма́ти** in the previous unit; it corresponds exactly in form to the English verb.

The other construction (**у ме́не є**) is a very common way of expressing possession. It will be explained in detail in unit 5. For now compare the two ways in which Stephen can say that he has a granny:

Я ма́ю бабу́сю   (*accusative case – granny is the object*)
У ме́не є бабу́ся   (*nominative case – granny is the subject*)

In the phrase **ма́ю йти́ додо́му** we see a form of the verb **ма́ти** followed by an infinitive in the sense of 'I **have to** go home'.

6 Ки́їв *and* Черні́гів

The capital city of Ukraine is called **Ки́їв**, but when we are actually in Kyiv, we are **у Ки́єві**. Similarly with **Черні́гів** – when there, we are **у Черні́гові**. This **alternation of vowels** (**і** with **о** or **е**, **ї** with **є**) within words is an important feature of Ukrainian.

You have already seen that **мій** and **твій** change to **моя́/твоя́**, **моє́/твоє́**, **мої́/твої́**.

The words in which this alternation occurs will be specially marked in the wordlists in the following way: (alt. **і/о**), (alt. **і/е**) or (alt. **ї/є**). There will be more on this in unit 12.

7 *Start to talk about your family!*

First, a few new words:

роди́на	*(extended) family* (i.e. not only you, your husband/wife and children, but grandchildren, grandparents, aunts, uncles, etc.)
діду́сь	*granddad*
замі́жня	*married (a woman to a man)*
Note: because of the meaning, this adjective is always in the feminine gender! Note also that it has a soft ending.	
дя́дько (m)	*uncle*
дити́на (pl.: **ді́ти**)	*child*
ону́к	*grandson*
ону́чка	*granddaughter*
племі́нник	*nephew*
племі́нниця	*niece*
дружи́на	*wife*
жі́нка	*woman, wife* (colloquial)

Now for some sample sentences:

Чи Ви ма́єте сім'ю́?
Так, я ма́ю дружи́ну (чолові́ка), си́на й до́ньку.

Ні, я неодру́жений (незамі́жня).

Чи у Вас є ді́ти?
У ме́не є син/до́нька.
У ме́не є сини́/три до́ньки

Чи у те́бе є діду́сь?
Так. Він ду́же стари́й. А ще я ма́ю бабу́сю.

Де живе́ твоя́ роди́на?
У ме́не є батьки́ в Шотла́ндії. Ма́ма пенсіоне́рка, а та́то працю́є в ба́нку.

8 How to offer things and what to say in reply

(a) *Formal:*

Ви хо́чете чай чи ка́ву?	Про́шу, ка́ву.
Ви хо́чете пи́ти чай чи ка́ву?	Чай, будь ла́ска.
Бері́ть, будь ла́ска, ті́стечка.	Дя́кую.
Ї́жте, будь ла́ска, пе́чиво.	Дя́кую, я не хо́чу.
Вам нали́ти ще ка́ви?	Так, про́шу.

(b) *Informal:*

Ка́ва?	Так, про́шу.
Чай?	Ні, ка́ва.
Цу́кор?	Ні, дя́кую.
Будь ла́ска, бери́ ті́стечка.	
Ї́ж пе́чиво.	
Ще ка́ви?	

9 Please and thanks

Always use a polite **Про́шу!** or **Будь ла́ска!** (*please*) when making a request and follow up with **Дя́кую** (*thank you*). When you thank somebody for something, you will hear **Про́шу!** in response. You should do the same when someone thanks you.

10 It's time to say goodbye

До поба́чення!　　　　　*Goodbye*
　(the most commonly used phrase: lit. till next meeting)

До зу́стрічі!	*See you!*
До ве́чора!	*See you tonight!*
До за́втра!	*See you tomorrow!*
Щасли́во!	*Good luck! Cheerio!*

Some very informal phrases:

Бува́й (*to one person*)/	
Бува́йте (*plural*)	*Bye for now!*
Па!	*Bye-bye*

Впра́ви

1 Divide the following sentences into two columns:

(*a*) where **ма́ти** means 'to have';
(*b*) where **ма́ти** means 'to have to', 'must'

Я ма́ю сад.
Я ма́ю йти́.
Він ма́є поспіша́ти.
Ти ма́єш ка́ву.
Ти ма́єш чита́ти кни́гу.
Ти ма́єш телефо́н.

2 Insert the correct form of one of the following verbs: **ї́сти, пи́ти, бра́ти, жи́ти** according to the sense:

Сті́вен ... ті́стечка.
Ти ... ка́ву?
Він ... у Ки́єві.
Ми ... чай.

(*Note:* the forms can be worked out from the information in the wordlist.)

3 Complete the sentences by putting the words in the right-hand column into the accusative case:

	ді́вчина
Тара́с зна́є	кни́га
	мі́сто
	англі́єць
	украї́нець

4 Here are some dialogues to be reconstructed entirely in Ukrainian:

(*a*) Reply to the questions in Ukrainian:

Host	Ти хо́чеш чай чи ка́ву?
You	Coffee, please.
Host	Вам нали́ти ще ка́ви?
You	Yes, please.
Host	Цу́кор?
You	No, thanks.
Host	Бери́, будь ла́ска, ті́стечка.
You	Thanks very much, I like cakes.
Host	Про́шу.
You	Thank you. It's very tasty.
Host	Тобі́ ще ка́ви?
You	Yes, please. It's very good coffee.

(*b*) Provide your part of this dialogue in Ukrainian:

You	Excuse me, what's the time?
Host	Дев'я́та.
You	Thanks.
Host	Ви поспіша́єте?
You	Yes. I am in a great hurry. I have to go home.
Host	До зу́стрічі.
You	Many thanks for your hospitality. Goodbye.

5 Complete the sentences, using the correct endings of the accusative case.

		M	N	F
Я їду	на	(вокза́л)	(мо́ре)	(робо́та)
Я чита́ю	про	(бі́знес)	(життя́)	(сім'я́)
Я зна́ю		(Ки́їв)	(мі́сто)	(Украї́на)
Я ма́ю		(автомобі́ль)	(я́блуко)	(кни́га)
Я ма́ю		(дя́дько)		(ті́тка)

6 Talk about your family! **У Вас є сім'я?**

Try a variety of answers, using the phrase **У мене є**:

(*a*) I have a brother and two sisters.
(*b*) I have three grandsons.
(*c*) I have a husband/wife.

Now use the phrase **Я маю**:

(*d*) I have a husband/wife.
(*e*) I have a grandson.
(*f*) I have my parents in Scotland.

4

«АЛЛО́! Я ТЕЛЕФОНУ́Ю З ЛО́НДОНА...»

"Hallo! I am calling from London..."

In this unit you will learn:

- how to make a telephone conversation
- how to say what is possible and what is necessary
- something about Ukrainian surnames

Діало́г

Stephen is on the phone to his Ukrainian partners. Here is his conversation:

Сті́вен	Алло́? До́брий день.
Секрета́рка	Добри́день.
Сті́вен	Це Вас турбу́є Сті́вен Те́йлор.
Секрета́рка	Перепро́шую?
Сті́вен	Моє́ прі́звище Те́йлор. Чи мо́жна попроси́ти до телефо́ну па́ні Маля́рчук?
Секрета́рка	Одну́ хвили́ночку, па́не Те́йлор.
Сті́вен	Дя́кую.
(*Pause*)	
Маля́рчук	Алло́, я слу́хаю.
Сті́вен	Па́ні Маля́рчук, це телефону́є Сті́вен Те́йлор з фі́рми «Ге́рмес Кло́зінг».
Маля́рчук	О, до́брий день, Сті́вене. Ду́же ра́да. Де Ви за́раз? Зві́дки Ви телефону́єте?

Стíвен	Я телефонýю з Áнглії, з Лóндона. Мáю до Вас спрáву.
Малярчýк	Слýхаю Вас.
Стíвен	Я хóчу відвíдати Кúїв та íнші містá Украïни. Я не мáю багáто чáсу, але хóчу побýти кíлька днів у Львóві. Чи Ви мóжете замóвити для мéне готéль?
Малярчýк	З приéмністю. Стíвене, Вам трéба офіцíйне запрóшення?
Стíвен	Дýмаю, так.
Малярчýк	Немáє проблéм. Ви мáєте квитóк на літáк до Кúєва?
Стíвен	Так, я вжé замóвив квитóк на Украïнські авіалíнії. Я мáю одéржати вíзу за три дні. Дякую за допомóгу. Я дýже рáдий Вас чýти.
Малярчýк	Дякую за дзвінóк.
Стíвен	До побáчення.
Малярчýк	До зýстрічі.

Note: from now on words will be given in their dictionary form, i.e. nominative singular for nouns, nominative masculine singular for adjectives, infinitive for verbs (plus first and second persons of the singular where these forms cannot be deduced from the infinitive. In this unit only the forms in which the words occur in the dialogue will be added in brackets.)

телефонувáти (here: **телефонýю**)	to telephone
з (preposition + gen.)	from
аллó	Hallo (at the start of a telephone conversation)
турбувáти (here: **турбýє**)	to trouble
це Вас турбýє Стíвен Тéйлор	this is Stephen Taylor troubling you
мóжна	[it is] possible
попросúти	to ask for, to request
пáні	Mrs
однý хвилúночку!	just a moment!
хвилúна	moment, minute
пан	Mr (the form **пáне** is used when addressing someone)
слýхати (here: **слýхаю**)	to listen
це телефонýє Стíвен Тéйлор	this is Stephen Taylor phoning
де?	where?
звíдки?	from where?
відвíдати	to visit
багáто (+ gen.)	much, a lot of

час	*time*
побу́ти	*to spend some time*
кі́лька (+ gen.)	*a few, several*
Львів (here: **у Льво́ві**)	*L'viv* (alt. **і/о**)
замо́вити	*to order, to book, to make a reservation*
готе́ль (m)	*hotel*
приє́мність (f)	*pleasure*
з приє́мністю	*with pleasure*
пробле́ма	*problem*
нема́є пробле́м	*no problem!* (lit. there are no problems)
тре́ба	*[it is] necessary*
офіці́йний (here: **офіці́йне**)	*official*
запро́шення (n)	*invitation*
ду́маю, так	*I think so* (lit. I think yes)
літа́к	*plane*
квито́к *на* **літа́к** *до* **Ки́єва**	*ticket for the plane to Kyiv*
вже	*already*
я вже́ замо́вив квито́к	*I have already ordered the ticket*
авіалі́нії (pl.)	*airlines*
оде́ржати	*to get, receive*
ві́за (here: **ві́зу**)	*visa*
за три дні	*in three days' time*
допомо́га (here: **допомо́гу**)	*help, assistance*
чу́ти	*to hear*
дзвіно́к	*(telephone) call*

(*a*) Пра́вда чи непра́вда?

1 Сті́вен телефону́є з Ки́єва.
2 Сті́вен уже замо́вив квито́к на літа́к.
3 Він тако́ж уже́ ма́є ві́зу.
4 Сті́вен хо́че відві́дати Ки́їв.

(*b*) Да́йте відповідь на ці запита́ння англі́йською мо́вою (*Answer these questions in English*)

1 Who is the person Stephen is phoning?
2 Does Stephen have a lot of time for his visit?
3 Does Stephen need a letter of invitation for his forthcoming visit?
4 How does Stephen intend to travel to Ukraine?

——— **Як функціонýє мóва** ———

1 The genitive case

Calling Kyiv from London

The dialogue contains phrases involving two prepositions that are followed by the **genitive case**:

Мóжна попросѝти пáні	*Is it possible to ask Mrs Maliarchuk*
Малярчýк до телефóну?	*[to come] to the telehphone?*

(You have already seen phrases with **до** and the genitive meaning 'to', 'into' in unit 2.)

Я телефонýю з Áнглії,	*I am phoning from England,*
з Лóндона.	*from London.*

The genitive case is used after several prepositions which will be listed later. It is also used after words denoting an unspecified quantity, e.g.

- багáто (*much, many, a lot of*)   багáто книг   *a lot of books*
- мáло (*little, few, not much, not many*) мáло чáсу   *little time*
- кíлька/дéкілька (*several, a few*)   кíлька днів   *a few days*

- and in the plural after the numerals 5–10.

Related to this is the use of the genitive case in a partitive sense, e.g.

налѝти кáви, чáю	*to pour out some coffee, tea*
налѝти багáто кáви, чáю,	*to pour out a lot of coffee, tea*

The genitive case sometimes corresponds to the English -'s/-s' ending, e.g.

Це сестрá Стíвена.	*This is Stephen's sister.*

2 Endings of the genitive case – nouns

Masculine nouns (animate and inanimate)

Nom. S.	пáспорт	будѝнок	олівéць	телефóн
Gen. S.	пáспорта	будѝнку	олівця́	телефóну
Nom Pl.	паспортѝ	будѝнки	олівцí	телефóни
Gen. Pl.	паспортíв	будѝнків	олівцíв	телефóнів

Nom. S.	брат	хло́пчик	друг	учи́тель	англі́єць
Gen. S.	бра́та	хло́пчика	дру́га	учи́теля	англі́йця
Nom Pl.	брати́	хло́пчики	дру́зі	учителі́	англі́йці
Gen. Pl.	браті́в	хло́пчиків	дру́зів	учителі́в	англі́йців

Feminine nouns (animate and inanimate)

Nom. S.	кни́га	ву́лиця	сестра́	компа́нія	зу́стріч
Gen. S.	кни́ги	ву́лиці	сестри́	компа́нії	зу́стрічі
Nom Pl.	кни́ги	ву́лиці	се́стри	компа́нії	зу́стрічі
Gen. Pl.	книг	ву́лиць	сесте́р	компа́ній	зу́стрічей

Neuter nouns

Nom. S.	де́рево	прі́звище	мо́ре	життя́	ім'я́
Gen. S.	де́рева	прі́звища	мо́ря	життя́	іме́ні
Nom Pl.	дере́ва	прі́звища	моря́	життя́	імена́
Gen. Pl.	дере́в	прі́звищ	морі́в	житті́в	іме́н

You can deduce from these tables that the accusative case for animate nouns is the same as the genitive.

Note:

(*a*) Masculine

There are two possible endings, **-a (-я)** or **-y (-ю)**. The rules for determining which ending can be attached to which noun are complex. The vocabulary at the back of the book provides information on the correct genitive singular ending for all masculine nouns that occur in this book.

(*b*) Feminine

There is no ending at all in the genitive plural, except in the case of nouns like **зу́стріч** (which end in a consonant in the nominative singular), where the ending is **-ей**.

(*c*) Neuter

Neuter nouns which have a nominative singular ending in **-e** or **-я** have the same genitive plural endings as masculine nouns. Neuter nouns with a nominative singular ending in **-o** (and some in **-e** like **прі́звище**) are like feminine nouns in that they have no ending at all in the genitive plural.

3 Adjectives – genitive case

Hard endings

	Nom. S.	Gen. S.	Nom. Pl.	Gen. Pl
M.	добрий	доброго	добрі	добрих
F.	добра	доброї	добрі	добрих
N.	добре	доброго	добрі	добрих

Soft endings

	Nom. S.	Gen. S.	Nom. Pl.	Gen. Pl
M.	синій	синього	сині	синіх
F.	синя	синьої	сині	синіх
N.	синє	синього	сині	синіх

4 Personal pronouns – genitive case

	S.	Pl.
First person:	мене	нас
Second person:	тебе	вас
Third person: (m)	його	
(f)	її	їх
(n)	його	

Note:

- There is a stress shift in **мене, тебе** when they are preceded by a preposition: **до мене, до тебе**.

- When the third-person pronouns are preceded by a preposition they change their form: **до нього, у неї, до них**. There is also a stress shift in the singular forms.

5 Possessive pronouns – genitive case

Here are the genitive endings:

	Nom. S.	Gen. S.	Nom. Pl.	Gen. Pl
M.	мій	мого	мої́	мої́х
F.	моя́	моє́ї	мої́	мої́х
N.	моє́	мого	мої́	мої́х

Твій has the same endings as **мій**.

	Nom. S.	Gen. S.	Nom. Pl.	Gen. Pl
M.	наш	на́шого	на́ші	на́ших
F.	на́ша	на́шої	на́ші	на́ших
N.	на́ше	на́шого	на́ші	на́ших

Ваш has the same endings as **наш**.

Refer back to the table of personal pronouns above. The genitive forms of the third-person pronouns, both singular and plural, also fulfil the function of possessive pronouns, e.g.

його́ сестра́	*his sister*
його́ друг	*his friend*
його́ життя́	*his life*
його́ батьки́	*his parents*

As you can see, the word **його́** remains the same, irrespective of the gender or number of the accompanying noun. The same is true of **її** (*her*) and **їx** (*their*).

Note: **Його́** and **її** can also mean 'its' when referring to an inanimate masculine/neuter or feminine noun.

 ———————— **Впра́ва** ————————

This is a description of Stephen's office; it contains a lot of words in the genitive case. Can you spot them all? Check the vocabulary at the back of the book for the meaning of new words. Read the text and then answer the questions on it.

Це кабінет Стівена. Стівен Тейлор – директор великої компанії «Гермес-Клозінг», яка продає модний одяг. Кабінет Стівена великий і світлий. Там багато книг і мало меблів: один стіл, одне крісло, чотири стільці. Стівен має кілька українсько-англійських та англо-українських словників, тому що він часто робить переклади з англійської мови на українську. Стівен має комп'ютер, калькулятор, телефон, автовідповідач, телевізор і настільну лампу. На столі лежить папка для пошти; там є декілька ділових листів, а також приватний лист із Києва від друга. На столі також стоїть фото мами Стівена та його сестри. На стіні – великий календар з України.

(a) Правда чи неправда?

1 Стівен – директор компанії, яка продає меблі.
2 Стівен часто робить переклади з англійської мови на українську.
3 На столі лежить яблуко.
4 У кабінеті Стівена (*in Stephen's office*) є багато меблів.

(b) Дайте відповідь на ці запитання англійською мовою

1 How many armchairs are there in Stephen's office?
2 Why does he need the Ukrainian dictionaries?
3 Who is the private letter from?
4 What is hanging on the wall?

6 *Prepositions with the genitive case*

до	*to/till*	до Києва (*direction – to Kyiv*)
		до міста (*to town*)
		до обіду (*time – 'till lunch'*)

Note: Я маю телефонувати до нього. *I have to phone him.*

| після | *after* | після обіду |

з	*from*	з Ки́єва, з Аме́рики (*direction, e.g. a letter from America*) з дру́гої годи́ни (*time – 'from two o'clock'*)
від	*from*	від бра́та (*a sender, e.g. a letter from my brother*) від Оде́си (*distance, e.g. two hundred kilometres from Odesa*) ліво́руч/право́руч від метро́ (*to the left/right of*)
без	*without*	без я́блук, без ка́ви
для	*for*	для бра́та, для дружи́ни
біля	*by, next to*	біля телефо́ну

Note: **до** (+ genitive) **у/в** (+ accusative) **з** – **від** (+ genitive)

Compare the following sentences:

Я їду в університе́т.	*I am going to the university* (I work there, am a student).
Я їду з університе́ту.	*I am going* (coming) *from the university* (I was there for a specific pupose).
Я їду до університе́ту.	(1) *I am going to the university* (i.e. same meaning as в університе́т). (2) *I am going as far as the university* (but I'm not going to enter the building – perhaps «Університе́т» is the name of a bus stop or metro station).
Я їду від університе́ту.	*I am going* (coming) *from the university* (from outside the building, or from the bus stop or metro station with that name).

The preposition **з** can also take the form **із** or **зі** if:

(*i*) the word it follows ends with more than one consonant, or:

(*ii*) the word before which it stands begins with more than one consonant

| лист із Ки́єва від дру́га | *a letter from Kyiv from my friend, i.e. a letter from my friend in Kyiv* |

7 Numbers 5–10

Число:	Скільки?	Котрий?
5	п'ять	п'ятий
6	шість	шóстий
7	сім	сьóмий
8	вісім	вóсьмий
9	дéв'ять	дев'ятий
10	дéсять	десятий

The numerals answering the question word **скільки?** (*how many?*) (i.e. one, two, three, etc.) are called cardinal numerals. Those which answer the question **котрий?** (*which one?*) (i.e. first, second, third, etc.) are called ordinal numerals.

The ordinal numerals 1st – 4th are:

1st – **пéрший**; *2nd* – **дрýгий**; *3rd* – **трéтій** (soft endings!);
4th – **четвéртий**.

8 Verbs – second conjugation

The second conjugation differs from the first in certain endings:

	singular	*plural*
1	-ю/-у	-имо*
2	-иш*	-ите*
3	-ить*	-ять/-ать

*И is replaced by ї after a vowel or apostrophe.

говорити (*to speak*)		**стояти** (*to stand*)	
1 говорю	говóримо	стою	стоїмó
2 говóриш	говóрите	стоїш	стоїтé
3 говóрить	говóрять	стоїть	стоять

Look at the forms of the first person singular and the third person plural of the following verbs:

любити (to love)		робити	
1 люблю	любимо	роблю	робимо
2 любиш	любите	робиш	робите
3 любить	люблять	робить	роблять

and at the first person singular of **летіти** (to fly):

я лечу́	ми летимо́
ти лети́ш	ви летите́
він	
вона лети́ть	вони летя́ть
воно	

Such changes will be noted in the wordlists in the following way:

люби́ти (люблю́, лю́биш,... лю́блять)
летіти (лечу́, лети́ш)

On the basis of this information it is possible to deduce all the other forms of the present tense.

9 Is it possible?

Чи мо́жна попроси́ти до телефо́ну па́ні Маля́рчук?	[Is it] possible to ask Mrs Maliarchuk to the telephone?

This is the best way of asking for someone on the phone. It also introduces the useful word **мо́жна**, which literally means 'it is possible/permitted/feasible'.

Чи мо́жна захо́дити до кімна́ти?	May I/we come into the room?
Чи мо́жна летіти до Полта́ви?	Can/May I/we fly to Poltava? (Is it possible to...?)
Чи мо́жна зателефонува́ти до Ки́єва?	Can/May I/we phone Kyiv?
Чи мо́жна подиви́тися по́шту?	Can/May I/we have a look at the mail?
(Так,) мо́жна.	Yes, you can/may.
(Ні,) не мо́жна.	No, you can't/may not.

10 Is it necessary?

Вам тре́ба офіці́йне запро́шення?	*Do you need an official invitation?* (lit. Is an official invitation necessary for you?)
Чи тре́ба захо́дити?	*Do I/we need to come in?*
Чи тре́ба леті́ти до Полта́ви?	*Do I/we have to fly to Poltava?* (is it necessary to...?)
Чи тре́ба зателефонува́ти до Ки́єва?	*Do I/we have to phone Kyiv?*
Чи тре́ба подиви́тися по́шту?	*Must I/we have a look at the mail?*
(Так,) тре́ба.	*Yes, you must/have to.*
(Ні,) не тре́ба.	*No, you don't have to.*

Here we have a new form (**вам**) of the pronoun **ви**, which we need in this construction. It is the form of the **dative case**; it will be explained in unit 6. For the time being simply learn the whole phrase.

The word **тре́ба** is colloquial; a more formal equivalent is **потрі́бно**. **Тре́ба** could be replaced in all the examples above by **потрі́бно** with no change in meaning.

11 Mrs Maliarchuk – something on surnames in Ukrainian

Grammatically speaking the verb **попроси́ти** is followed by the **accusative** case. The word **па́ні** (*Mrs*) never changes, and the surname Maliarchuk, although it ends in a consonant, does not change either because it here refers to a woman. Asking for Mr Maliarchuk would be a different matter altogether: **Чи мо́жна попроси́ти па́на Маля́рчука́?**

12 Minutes and moments

Хвили́на is a minute of sixty seconds. The suffix that the receptionist adds, **-очка**, is sometimes called a diminutive suffix. Obviously there is no such thing as a small minute, so 'moment' is the most appropriate translation. She could also have said **одну́ хвили́нку** with no difference in meaning, except perhaps that **хвили́ночка** has a greater 'feel-good factor'. The intention presumably is to make Stephen hope that he really will not have to wait too long! Incidentally she uses the **accusative** case because of the imperative **чека́йте!** (*wait!* – infinitive **чека́ти**) that she assumes will be supplied by the hearer.

Ukrainians make a great deal of use of such suffixes to colour their speech. Attention will be drawn to them whenever they occur in future dialogues.

13 How to join simple sentences together

And, an', 'n'

The use of the Ukrainian words for 'and' **i, й, та**, depends on the sounds that surround them.

(*a*) **i** is used when the preceding word ends and/or the following word starts with a consonant (including those in **я, ю, є, ї**), e.g.

Óфіс Стíвена вели́кий **i** свíтлий. Там бага́то книг **i** ма́ло ме́блів.

(*b*) **й** occurs between vowels/ or after a vowel and before a consonant, e.g.

Ма́ма **й** та́то в Полта́ві; Украї́на **й** А́нглія

(*c*) **та** is used in order to avoid a cluster of two **i** sounds between words, e.g.

зеле́ні кущі́ **та** яскра́ві квíти; Ки́їв **та** і́нші міста́

In formal situations **а тако́ж** can also be translated as 'and':

Там є де́кілька ділови́х листíв, **а тако́ж** прива́тний лист із Ки́єва

'Which' and 'that'

In the dialogue and text you have seen phrases like:

Стíвен Те́йлор – дире́ктор вели́кої компа́нії, **яка́** продає́ мо́дний о́дяг.
Чудо́во, **що** ви дзво́ните.

The words **яка́** and **що** join the two parts of the phrase that are separated in writing by a comma. You have already seen **яка́** before (**який, яка́,** яке́; які́: *what kind of? which?*) It also functions as a **relative pronoun** in Ukrainian. It would be possible to say in English 'Stephen Taylor is the director of a large company. The company makes fashionable clothing.' However, it is more convenient to avoid repetition of the word 'company' and make one sentence by using the relative pronoun 'that' or 'which'. The pronoun is called 'relative' because it relates back to an item already mentioned. The form of **яки́й** preserves the gender of the noun to which it refers (here the noun **компа́нія** is feminine).

Що when it joins two parts of a sentences is the equivalent of English 'that' in sentences like 'He said that he would come tomorrow'. This word is sometimes omitted in English sentences: It's good you're phoning, it's great you called. It is much more unusual to omit the word in Ukrainian.

 ―――――――― **Впра́ви** ――――――――

міністе́рство	*ministry*
парла́мент	*parliament*
о́зеро	*lake*
дискета	*floppy disk*

1 Complete the table, putting the noun in brackets into the correct form of the genitive singular (or plural, after the words **бага́то, ма́ло, скі́льки, п'ять**):

	M	N	F
до	(брат)	(мі́сто)	(Аме́рика)
з	(вокза́л)	(мі́сто)	(робо́та)
пі́сля	(обі́д)	(прі́звище)	(розмо́ва)
без	(цу́кор)	(вікно́)	(сестра́)
для	(друг)	(міністе́рство)	(маши́на)
бі́ля	(банк)	(де́рево)	(ла́мпа)
Буди́нок	(парла́мент)	(міністе́рство)	(фі́рма)
Ча́шка	(чай)	(молоко́)	(ка́ва)
Бага́то			
(ма́ло, скі́льки?)	(словни́к)	(о́зеро)	(спра́ва)

2 Insert the correct form of the Ukrainian word for 'and' (**i, й, та**) in the following sentences:

(*a*) Стíвен мáє комп'ютер ... калькуля́тор.
(*b*) На столí є лáмпа ... автовідповідáч.
(*c*) В óфісі є стіл, стільцí ... íнші мéблі.

3 Insert the necessary preposition (**від, до, після, без, для, у/в**) in the following sentences:

(*a*) ... обíду я íду ... дрýга
(*b*) Я íду ... квиткá.
(*c*) Чоловíк сідáє ... маши́ну.
(*d*) Я працю́ю ... понедíлка.
(*e*) Це лист із Ки́єва ... мáми.
(*f*) Я мáю дискéти ... комп'ютера.

4 Using information from this unit and the previous one, say some things about yourself in Ukrainian.

I live in London. This is my office. The office is large and bright, it has very comfortable furniture. I am the director of a big company. I want to visit Kyiv and other cities of Ukraine. I have already ordered my ticket on Ukrainian Airlines.

I am not married but I have a large family. I have parents in Scotland, five brothers and four sisters. I also have lots of friends.

5 Complete the dialogue by translating the English phrases into Ukrainian.

A Алло́, слу́хаю.
B *Good afternoon. This is (your name) speaking.* Мóжна попроси́ти до телефóну (*the name of the person to whom you wish to speak*)?
A *Just a moment, please. I'm sorry, who is speaking?*
B Це (*your name*).
A Дя́кую.

5

НАМ ТРÉБА ЗАМÓВИТИ ——— НÓМЕР У ГОТÉЛІ ———

We need to book a room in a hotel

In this unit you will learn:

- how to find your way around
- more about numbers
- how to say that you have (or don't have) something
- how to book a hotel room
- how to change money

——————— Діалóг 1 ———————

Solomiia Oleksandrivna Maliarchuk and Ihor Ivanovych Stakhiv, the Kyiv firm «Moda»:

Малярчýк	Íгоре Івáновичу, ми мáємо замóвити готéль для Стíвена Тéйлора.
Стáхів	Колú він прибувáє?
Малярчýк	Двáдцять дев'ятого лúпня, у четвéр.
Стáхів	Гарáзд. Якúй нóмер замóвити? І на скількóх?
Малярчýк	Він прóсить два нóмери «люкс» – для ньóго і для йогó дрýга.
Стáхів	Немáє проблéм. На скíльки днів?
Малярчýк	На сім, до п'ятого сéрпня. Пíсля Кúєва він планýє відвíдати Львів. На жáль, він не мáє чáсу дóвго там бýти.
Стáхів	Соломíє Олександрíвно, на скíльки днів замóвити готéль у Львóві?

Малярчу́к	На два дні: на шо́сте й сьо́ме се́рпня.
Ста́хів	Тако́ж, на двох, так?
Малярчу́к	Так. До ре́чі, Іго́ре Іва́новичу, Сті́вен ціка́виться, чи мо́жна в Украї́ні розрахо́вуватися за това́ри креди́тною ка́рткою, че́ком чи готі́вкою. У Вас є но́мер його́ фа́ксу?
Ста́хів	Так.
Малярчу́к	Да́йте йому́, будь ла́ска, фа́ксом усю́ інформа́цію щодо фіна́нсів і повідо́мте нови́й курс о́бміну валю́ти.
Ста́хів	До́бре.

коли́	when
прибува́ти	to arrive
два́дцять дев'я́того ли́пня, у четве́р	on the twenty ninth of July, **on** Thursday
гара́зд	OK
яки́й но́мер замо́вити?	what kind of room [should I] book?
на скількóх?	for how many people?
проси́ти (прошу́, про́сиш)	to ask for
він про́сить два но́мери	he's asking **for** two rooms
но́мер	hotel room
люкс	de-luxe hotel room or suite
на скі́льки днів [замо́вити готе́ль]?	for how many days [should I] book the hotel?
на сім [днів]	for seven days
до п'я́того се́рпня	**to** the fifth of August
на два дні: на шо́сте й сьо́ме се́рпня	for two days, the sixth and seventh of August
на двох	for two people
до ре́чі	incidentally
ціка́витися	(here:) *to wonder* (lit. to be interested)
розрахо́вуватися	to pay, settle up
това́р	goods
креди́тна ка́ртка	credit card
креди́тною ка́рткою	with a credit card
чек	cheque
че́ком	by cheque
готі́вка	cash
готі́вкою	with cash
да́ти (here: **да́йте** - imperative)	to give
фа́ксом	by fax
уве́сь (here: усю́)	all
інфо́рмація	information
щодо (+ gen.)	as for, as far as ... is/are concerned

фіна́нси	*finances*
повідо́мити (here: **повідо́мте** - imperative)	*to inform*
нови́й	*new*
курс	*exchange rate, course*
о́бмін	*exchange*
валю́та	*currency*

(a) Пра́вда чи непра́вда?

1 Сті́вен прибува́є до Ки́єва 29 ли́пня.

2 І́гор Іва́нович ма́є замо́вити но́мер у готе́лі з два́дцять во́сьмого ли́пня до четве́ртого се́рпня.

3 Сті́вен про́сить оди́н но́мер «люкс».

4 Пі́сля Ки́єва Маляр́чу́к плану́є відві́дати Льві́в.

(b) Да́йте відпові́ді на ці запита́ння англі́йською мо́вою

1 On what day of the week does Stephen arrive in Kyiv?

2 Who is going to accompany Stephen on his trip to Ukraine?

3 For how many days does Stephen need to book a hotel room in L'viv?

4 What kind of information is going to be sent to Stephen by fax?

 ——— Як функціону́є мо́ва ———

1 Expressing possession

In unit 3 Stephen says **У ме́не є батьки́ в Шотла́ндії** and **Я ма́ю бабу́сю**. In the space of a few lines he uses both ways of saying 'I have' in Ukrainian. The verb **ма́ти** is entirely regular, but the other expression is also very common and must be explained in some detail.

У Сті́вена (gen.) є словники́ (nom. pl.)	*Stephen has dictionaries* (lit. in Stephen's possession there are dictionaries).

The possessor goes into the genitive case after the preposition **у/в**, and the possession(s) into the nominative case.

We could say about Stephen:

У Стíвена на робóті є   *Stephen has several dictionaries*
дéкілька словникíв.   *at work.*

2 Negative expressions

The genitive case is used after negated verbs, i.e. verbs preceded by the word **не**, e.g.

Стíвен **мáє** комп'ю́тер.   Стíвен **не мáє** комп'ю́тера.
Я **п'ю** кáву.   Він **не п'є** кáви.

Немáє in the meaning 'there is/are no...' is always written as one word, e.g.

немáє проблéм   *there are no problems*
(contrast: є проблéма!   *there's a problem*)

and what (or who) there isn't goes into the genitive case. Another example:

Стáхів тут?   *Is Stakhiv here?*
Ні, **йогó/Стáхова** тут немáє.   *No, he/Stakhiv isn't here.*

The words **не мáє** are written separately when they mean *doesn't have*.

possession		non-possession	
Gen.	Nom.	Gen.	Gen.
у мéне є	кредúтна кáртка	у мéне немáє	кредúтної кáртки
Nom.	Acc.	Nom.	Gen.
я мáю	кредúтну кáртку	я не мáю	кредúтної кáртки

3 Saying 'yes, I have' and 'no, I don't'

У Вас є нóмер йогó фáксу?

Так. *Yes.*   Ні. *No.*
Так, є. *Yes, I have.*   Ні, немáє. *No, I don't.*
Так, у мéне є нóмер йогó   Ні, у мéне немáє нóмера
фáксу. *Yes, I've got his*   йогó фáксу. *No, I haven't got*
fax number.   *his fax number.*

Чи Ви мáєте нóмер йогó фáксу?

Так. *Yes.*
Так, ма́ю. *Yes, [I] have.*
Так, я ма́ю но́мер його́ фа́ксу. *Yes, I've got his fax number.*

Ні. *No.*
Ні, не ма́ю. *No, I haven't.*
Ні, я не ма́ю но́мера його́ фа́ксу. *No, I haven't got his fax number.*

4   Numerals – 11 upwards

Число:	Скі́льки?	Котри́й?
11	одина́дцять	одина́дцятий
12	двана́дцять	двана́дцятий
13	трина́дцять	трина́дцятий
14	чотирна́дцять	чотирна́дцятий
15	п'ятна́дцять	п'ятна́дцятий
16	шістна́дцять	шістна́дцятий
17	сімна́дцять	сімна́дцятий
18	вісімна́дцять	вісімна́дцятий
19	дев'ятна́дцять	дев'ятна́дцятий
20	два́дцять	двадця́тий
21 ...	два́дцять оди́н	два́дцять пе́рший
30	три́дцять	тридця́тий
40	со́рок	сороко́вий
50	п'ятдеся́т	п'ятдеся́тий
60	шістдеся́т	шістдеся́тий
70	сімдеся́т	сімдеся́тий
80	вісімдеся́т	вісімдеся́тий
90	дев'яно́сто	дев'яно́стий
100	сто	со́тий
101 ...	сто оди́н	сто пе́рший
200	дві́сті	двохсо́тий
300	три́ста	трьохсо́тий
400	чоти́риста	чотирьохсо́тий
500	п'ятсо́т	п'ятисо́тий
600	шістсо́т	шестисо́тий
700	сімсо́т	семисо́тий
800	вісімсо́т	восьмисо́тий
900	дев'ятсо́т	дев'ятисо́тий
1 000	ти́сяча	ти́сячний
2 000	дві ти́сячі	двохти́сячний
5 000	п'ять ти́сяч	п'ятити́сячний
1 000 000	мільйо́н	мільйо́нний
1 000 000 000	мілья́рд	мілья́рдний

Note on pronunciation: The words for 11–19, 20 and 30 all contain -дцять; in pronunciation the д is omitted, e.g. два́(д)цять. In the words for 16, 50 and 60 the letter т between consonants is also omitted in pronunciation, e.g. шіс(т)на́дцять.

A reminder on agreement

Оди́н (одна́, одне́) is **always** followed by the nominative singular, however big the number, e.g.

ти́сяча одна́ **ніч**   *a thousand and one nights*

Два (дві), три and **чоти́ри** are always followed by the nominative plural, e.g.

сорок три листи́   *forty three letters*

Діалог 2

A conversation on a Kyiv street.

Вона́	Рома́не, ході́мо до рестора́ну. Я ду́же хо́чу їсти.
Він	Так, це ду́же до́бра ду́мка. Чека́й, я лише́ ма́ю поміня́ти гро́ші.
Вона́	Тобі́ бага́то тре́ба поміня́ти?
Він	До́ларів п'ятдеся́т, я ду́маю. Ти не зна́єш, яки́й сього́дні курс?
Вона́	Не зна́ю. Тре́ба запита́ти. Он пункт обмі́ну.
Він	Ході́мо. (*To the cashier in the bureau de change*): Ви міня́єте до́лари?
Каси́р	Скі́льки вам потрі́бно поміня́ти?
Він	П'ятдеся́т. У вас є гри́вні?
Каси́р	Так. Де ва́ші до́лари?
Він	Ось, про́шу.
Каси́р	(*counts out the money and passes the* hryvni *across the counter*): Будь ла́ска. Ось квита́нція.
Він	Ну що, ході́мо обі́дати?
Вона́	Так. Я стра́шно хо́чу їсти.

Рома́н	*Roman* (a common Ukrainian male name)
я ду́же хо́чу ї́сти	*I am very hungry* (lit. I very much want to eat)
ду́мка	*idea, thought*
я лише́ ма́ю поміня́ти гро́ші	*I just have to change [some] money*
гро́ші (pl., no sg., gen.: гро́шей)	*money*
до́ларів п'ятдеся́т	*about fifty dollars* (the inversion of the numeral and the noun makes the amount approximate)
тре́ба запита́ти	*You'll have to ask*
пункт обмі́ну	*bureau de change*
каси́р	*cashier*
квита́нція	*receipt*
ну що!	*so alright, then!*
обі́дати	*to have lunch*
стра́шно	*terribly*

Cultural note:

Ukraine introduced its new currency in September 1996: the *hryvnia* – **гри́вня**, gen. pl. **гри́вень**. It is divided into 100 *kopiyky* – **копі́йка** (see Grammar section 5 in this unit). The *hryvnia* replaced the *karbovanets'*: **карбо́ванець**, gen. sg. **карбо́ванця**, sometimes also referred to as the coupon (**купо́н**), at the rate of 100,000 *karbovantsi* = 1 *hryvnia*. The official abbreviation for the *hryvnia* is UAH.

5 Try not to get stressed about stress

You have already seen that it is impossible to predict which syllable in a Ukrainian word will be stressed. There have also been examples of nouns which change the position of their stress in different cases. It is beyond the scope of this book to go into detail on all the ways in which stress position can change; you will find that with practice it is possible to get to grips with stress!

There are, however, some stress problems that require a little explanation at this stage. The word **копі́йка** has nom. pl. **копі́йки́**, gen. pl. **копі́йо́к**. Look what happens when these forms are preceded by a numeral: **дві копі́йки, п'ять копі́йок.**

6 Verbs that end in -ся

Here are some phrases that you saw in unit 2:

Ду́же ра́да з Ва́ми познайо́митися.
Дозво́льте познайо́мити: це Джон.
Дозво́льте відрекомендува́тися: я – Джон.
Дозво́льте відрекомендува́ти: це Джон.

The additional letters -ся form the **reflexive suffix**, meaning that the subject of the verb (usually a person) does the action to himself/herself, e.g.

пригоща́йся   *help yourself*

Compare:

Я не хо́чу турбува́ти дру́га.	*I don't want to worry my friend.*
Я не хо́чу турбува́тися **про** дру́га.	*I don't want to worry [myself] about my friend.*
Я вмива́ю/одяга́ю си́на.	*I am washing my son/getting my son dressed.*
Я вмива́юся/одяга́юся.	*I am getting washed/getting dressed.*

In later units you will see that the addition of -ся gives the meaning 'each other' to some verbs, e.g. **ба́чити** (*to see*) – **ба́читися** (*to see each other*).

Here is the full present tense of both **турбува́ти** and **турбува́тися**:

турбува́ти		турбува́тися	
S.	Pl.	S.	Pl.
1. турбу́ю	турбу́ємо	1. турбу́юся	турбу́ємося
2. турбу́єш	турбу́єте	2. турбу́єшся	турбу́єтеся
3. турбу́є	турбу́ють	3. турбу́ється	турбу́ються

Note the ending of the third-person singular; **all** first conjugation verbs add -ть before -ся.

Note on pronunciation: The second-person singular ending -шся is pronounced [s's'a]; the third-person singular ending -ться is pronounced [ts'ts'a].

The addition of the reflexive suffix -ся can make the difference between a **transitive** and an **intransitive** verb. A transitive verb is one that has an object, e.g. 'I **opened** the door'. An intransitive verb has no object, e.g. 'the door **opened**':

| Я **спини́в** автомобі́ль. | *I stopped the car.* (transitive) |
| Автомобі́ль **спини́вся**. | *The car stopped.* (intransitive) |

There are verbs ending in -**ся** which either

(*a*) do not exist without it, e.g. **подо́батися** (to please), **смія́тися** (to laugh)

or

(*b*) have a completely different meaning when it is added, e.g. **розрахо́вуватися** (*to settle up*), **розрахо́вувати** (*to reckon, take account of, rely on someone*); **народи́ти** (*to give birth*), **народи́тися** (*to be born*).

7 Names in Ukrainian

Ukrainians have three names: surname, first name and patronymic (which tells us the first name of the person's father). This is the usual order in official documents.

(*a*) The surname (**прі́звище**), common to all members of the immediate family, e.g. **Ко́валь, Моро́з**. Surnames like these that end in a consonant have the same form for men and women. They decline when they refer to a man, e.g. (from the dialogue) (**Петра́**) **Малярчука́**, but not when they refer to a woman, (**Соломі́ї**) **Малярчу́к**. By tradition a woman may change her surname to that of her husband upon marriage.

(*b*) The first name (**ім'я́**), given by the parents to the child after birth. Ukrainian has a wealth of 'unofficial' forms of 'official' names, e.g.

Марі́я: Марі́чка, Марі́йка, Мару́ся, Мару́сенька
Петро́: Пе́трик, Петру́сь

These familiar forms are extremely informal, and should therefore never be used in official situations and documents, or in combination with the patronymic:

(*c*) The patronymic (**ім'я́ по ба́тькові**) is formed from the father's name by means of a variety of different suffixes, e.g.

| -**ович**-, -**евич**- (*male*): | Тара́с Петро́**вич** Ко́валь |
| | Íгор Іва́но**вич** Ста́хів |

-івн-(а) (*female*):	Окса́на Петрі́вна Ко́валь
-ївн-(а)	Тетя́на Андрі́ївна Григоре́нко

Like all proper names patronymics decline; bear in mind that they are adjectives.

Solomiia Maliarchuk addresses her colleague Ihor Stakhiv in the **vocative case**: **Íгоре Іва́новичу!** using his first name **Íгор** and his patronymic **Іва́нович**. We now know that his father was called **Іва́н**. In turn he addresses her as **Соломі́є Олекса́ндрівно** (first name **Соломі́я**, patronymic **Олекса́ндрівна**); Solomiia's father was **Олекса́ндр**.

This is the polite way of addressing Ukrainians in a formal situation. The endings of the vocative case are dealt with in detail in unit 11.

8 Another use for так

You already know **так** as 'yes'. Ihor Stakhiv uses the word in the question **Тако́ж, на дво́х, так?** to mean '[It's] also for two, isn't it?' This is the so-called 'tag question' e.g.

Ві́ра украї́нка, так?   *Vira is a Ukrainian, isn't she?*

The first part of such sentences should be pronounced like a statement, with question intonation only on the final word **так**.

9 Another use for чи

Сті́вен ціка́виться, **чи** мо́жна в Украї́ні розрахува́тися за това́ри креди́тною ка́рткою.	*Stephen wonders **if/whether** it is possible to pay for goods in Ukraine with a credit card.*

You have already seen **чи** introduce questions without a question word or meaning 'or'. Here we see it being used to introduce what is called an indirect question. The direct question would have looke like this:

Stephen wonders: 'It it possible to pay for goods, etc.?'

10 Space orientation

де?	where?	куди́?	where to? (whither?)	зві́дки?	where from? (whence?)
ось	here is ...				
он	[over] there is	сюди́	to here (hither)	зві́дси	from here (hence)
тут	here	туди́	to there (thither)	зві́дти	from there (thence)
там	there				
правову́ч	on the right	вперéд	to the front, forwards	спе́реду	from the front
ліво́руч	on the left				
попе́реду	in front	наза́д	to the rear, back(wards)	зза́ду	from behind
поза́ду	behind			зду́му	from home
дале́ко	far off	пря́мо	straight		
бли́зько	near	додо́му	home(wards)		
ви́соко	high				
ни́зько	low				
вдо́ма/ удо́ма	at home				

Words like 'whither, whence, etc' have a decidedly quaint feel in English. The Ukrainian equivalents, however, are in everyday use, e.g.

Де ти живе́ш?	**Where** do you live?
Куди́ ти йде́ш?	**Where** are you going?
Зві́дки ти?	**Where** are you **from**?

 ——————— **Впра́ви** ———————

1 Make phrases with the following numerals and nouns:

Приклад: бага́то ти́сяч, ма́ло гро́шей, оди́н до́лар

при́клад	example

1 (Оди́н)	(гри́вня, до́лар, ти́сяча)
4 (Чоти́ри)	(гри́вня, до́лар, ти́сяча)
5 (П'ять)	(гри́вня, до́лар, ти́сяча)
22 (Два́дцять два)	(гри́вня, до́лар, ти́сяча)
78 (Сімдеся́т ві́сім)	(гри́вня, до́лар, ти́сяча)
200 (Дві́сті)	(гри́вня, до́лар, ти́сяча)

312 (Три́ста двана́дцять)	(гри́вня, до́лар, ти́сяча)
645 (Шістсо́т со́рок п'ять)	(гри́вня, до́лар, ти́сяча)
бага́то	(гро́ші, валю́та, гри́вня, до́лар, ти́сяча)
ма́ло	(гро́ші, валю́та, гри́вня, до́лар, ти́сяча)
тро́хи	(гро́ші, валю́та, гри́вня, до́лар, ти́сяча)

2 Make the following sentences negative (if they are positive) or positive (if they are negative):

(a) Я ма́ю маши́ну.
(b) У ме́не нема́є са́ду.
(c) Ві́ра ма́є ті́стечко.
(d) У дире́ктора нема́є помічника́ (assistant)
(e) Фі́рма ма́є літа́к.
(f) У те́бе нема́є квитка́?

3 Construct sentences using both ways of saying that the subject of the sentence doesn't have something, according to the example:

При́клад: Петро́ не (ма́ти) (брат).
            Петро́ не ма́є бра́та.
            У Петра́ нема́є бра́та.

(a) Ти не (ма́ти) (кни́га)?
(b) Вони́ не (ма́ти) (паспорти́)
(c) Я не (ма́ти) (сад).
(d) Ви не (ма́ти) (сад).
(e) Ві́ра не (ма́ти) (сестра́).
(f) Се́стри не (ма́ти) (гро́ші).
(g) Сті́вен іще́ не (ма́ти) (ві́за).

4 Turn your part of this dialogue into Ukrainian.

You	I need to book a room.
Hotel	На коли́?
You	For today.
Hotel	На скілько́х?
You	For two people.
Hotel	На скі́льки днів?
You	For four.

5 Can you tell your wheres from your whithers? What words in the list below are likely to be found in answers to the following question words?

Приклад: Де?   Там.

Де?
Звідки?
Куди́?

вперед, там, звідти, сюди́, спереду, ось, наза́д, звідси, тут, туди́

6 Some situations in which to practise your Ukrainian.

(*a*)   in the hotel

You are at the check-in desk. Tell the clerk that you:

(*i*)   *want a single room (a room for one);*
(*ii*) *for a week, or maybe two;*
(*iii*) *don't have much money;*
(*iv*) *need to change dollars into* (на + acc) *Ukrainian money.*

(*b*)   walking along a Kyiv street with a Ukrainian friend. You suddenly say:

(*i*)   *let's go to a restaurant, I'm terribly hungry – but:*
(*ii*) *unfortunately I don't have any Ukrainian money;*

Your friend replies:

(*i*)   *There's a bureau de change up ahead, how much do you want to change?*

You want to change about twenty-five dollars.

6
ЯКИ́Й В УКРАЇ́НІ КЛІ́МАТ?

What's the climate like in Ukraine?

In this unit you will learn how to:

- say you are sorry
- say what you like
- say how old you are
- talk about the weather
- talk about events in the past
- use some time expressions

Діало́г 1

In a pub near the Ukrainian Embassy.

Сті́вен	Ви́бачте, будь ла́ска... Я ба́чу, що Ви чита́єте украї́нську газе́ту. Ви зна́єте украї́нську мо́ву?
Морозе́нко	Так, я украї́нець, але́ я народи́вся і живу́ в Ло́ндоні.
Сті́вен	Проба́чте мені́ мою́ ціка́вість... Мені́ ду́же подо́бається украї́нська мо́ва. Я вивча́ю її́ вже два ро́ки. Мені́ допомага́є мій при́ятель.
Морозе́нко	Як до́бре! Напе́вно, Ви вже бува́ли в Украї́ні?
Сті́вен	На жаль, ще ні. Я вивча́ю мо́ву тут, у Ло́ндоні. Але́ я збира́юся ї́хати туди́, тому́ що я ма́ю комерці́йні інтере́си.
Морозе́нко	То Ви бізнесме́н?
Сті́вен	Так, моя́ фі́рма ро́бить жіно́чий і чолові́чий о́дяг. Мені́ тре́ба відві́дати мої́х украї́нських партне́рів.

Морозе́нко	Я бажа́ю Вам у́спіху! Ви ще таки́й молоди́й.
Сті́вен	Це Вам здає́ться. Мені́ вже три́дцять п'ять ро́ків.
Морозе́нко	Ось Вам моя́ візи́тна ка́ртка. Мене́ звуть Ю́рій Морозе́нко. Я юри́ст і ча́сто бува́ю в Украї́ні. Якщо́ я мо́жу Вам допомогти́, про́шу мені́ подзвони́ти. Я працю́ю щодня́ з дев'я́тої до п'я́тої годи́ни.
Сті́вен	Дя́кую. (*Hands over his business card*). У вас таке́ ціка́ве прі́звище: Морозе́нко...
Морозе́нко	Так, ду́же «холо́дне»... (*laughs*).
Сті́вен	Але́ моро́з і хо́лод це кра́ще, ніж цей жахли́вий дощ сього́дні...

ви́бачити	to forgive, excuse
ба́чити	to see
чита́ти	to read
газе́та	newspaper
проба́чити	to forgive, excuse
допомага́ти	to help
напе́вно	for sure
бува́ти	to visit, spend time in
напе́вно, Ви вже́ бува́ли в Украї́ні	you have probably already been to Ukraine
збира́тися	to get ready
комерці́йний	commercial
інтере́с	interest
бізнесме́н	businessman
жіно́чий	female
чолові́чий	male
жіно́чий і чолові́чий о́дяг	women's and men's clothing
бажа́ти	to wish
у́спіх	success
молоди́й	young
здава́тися (3rd sg.: **здає́ться**)	to seem
Це Вам здає́ться	It just seems so to you
візи́тна ка́ртка	business card
юри́ст	lawyer
щодня́	every day
якщо́	if
допомогти́	to help
моро́з	frost
хо́лод	cold
кра́ще	better
ніж	than
жахли́вий	terrible
дощ	rain

Як функціону́є мо́ва

1 Giving things to people – the dative case

This case is used to denote the indirect object of a verb. English typically either has no special form, or uses the preposition 'to' or 'for', e.g.

*Give **me** some money.*	*Give some money **to the man**.*
*I bought **my daughter** a horse.*	*I bought a horse **for my daughter**.*

You have already seen several instances of the dative case in Ukrainian:

Дя́кую **Вам** за допомо́гу.	*Thank **you** for [your] help.*
Проба́чте **мені́** мою́ ціка́вість.	*Forgive **me** my curiosity.*
Мені́ допомага́є мій прия́тель.	*My friend is helping **me**.*
Я бажа́ю **Вам** у́спіху.	*I wish **you** success.*
Ось **Вам** моя́ візи́тна ка́ртка.	*Here is my business card **for you**.*
Про́шу **мені́** подзвони́ти.	*Please give **me** a call.*
Телефону́йте **мені́**.	*Telephone **me**.*

The person you thank (**дя́кувати**), forgive (**проба́чити, ви́бачити**), wish something to (**бажа́ти**), help (**допомага́ти**), telephone (**подзвони́ти, телефонува́ти**) is in the **dative case**. (You can also **телефонува́ти** до + someone in the genitive case – the meaning is exactly the same: **телефону́йте до ме́не.**)

The dative case can also be used:

● with words denoting need, necessity

Сті́вене, **Вам тре́ба** офіці́йне запро́шення?	*Stephen, **do you need** an official invitation?* (lit. Stephen, is an official invitation necessary **for you**?)
Мені́ потрі́бно офо́рмити ві́зу для пої́здки в Украї́ну.	*I **need** to obtain a visa for the trip to Ukraine.* (lit. It is necessary **for me** to obtain a visa for the trip to Ukraine.)
Мені́ тре́ба відві́дати мої́х украї́нських партне́рів.	*I **need** to visit my Ukrainian partners.* (lit. It is necessary **for me** to visit my Ukrainian partners.)

● with a variety of 'impersonal expressions'

In English such sentences often contain the pronoun 'it', e.g. It seems to me, it was very pleasant for me:

Це **Вам** здає́ться.	*That's just how **it seems to you.***
Хо́лодно.	*It is cold.*
Мені́ хо́лодно.	*I am cold* (lit. It is cold **for me**).

And some examples that you will encounter in the second part of the dialogue:

| Мені́ пощасти́ло, що я вас зустрі́в. | *It is fortunate for me that I met you.* |
| Мені́ було́ приє́мно з ва́ми познайо́митися. | *It was pleasant for me to make your acquaintance.* |

● with **подо́батися** (*to please*)

| Сті́венові подо́бається украї́нська мо́ва. | *Stephen likes Ukrainian.* (lit. The Ukrainian language is pleasing **to Stephen**.) |

In English what you like is the **object**. In Ukrainian what you like is the **subject**. Here is another example:

| Вам подо́баються ці кві́ти? | *Do you like these flowers?* (lit. Do these flowers please you?) |

The subject of the Ukrainian sentence is **кві́ти**, a plural noun; therefore the verb has a plural ending, **подо́баються**.

● to give your age

Мені́ три́дцять п'ять ро́ків.	*I am thirty five.*
Окса́ні чоти́ри ро́ки.	*Oksana is four.*
Скі́льки **Вам** ро́ків?	*How old are you?*

2 *Dative case – noun endings*

(*a*) Masculine nouns

Nom. S.	брат	друг	буди́нок
Dat. S.	бра́ту/**ові**	дру́гу/**ові**	буди́нку/**ові**
Nom. Pl.	брати́	дру́зі	буди́нки
Dat. Pl.	брат**а́м**	дру́зям	буди́нк**ам**

Nom. S.	учи́тель	олівéць	англі́єць
Dat. S.	учи́телю/éви	олівцю́/éви	англійцю/éви
Nom. Pl.	учителí	олівцí	англі́йці
Dat. Pl.	учителя́м	олівця́м	англі́йцям

(*b*) Feminine nouns

Nom. S.	сестрá	ву́лиця	компáнія	кни́га	зу́стріч
Dat. S.	сестрí	ву́лиці	компáнії	кни́зі	зу́стрічі
Nom. Pl.	сéстри	ву́лиці	компáнії	кни́ги	зу́стрічі
Dat. Pl.	сéстрам	ву́лицям	компáніям	кни́гам	зу́стрічам

(*c*) Neuter nouns

Nom. S.	дéрево	мóре	прíзвище	життя́	ім'я́
Dat. S.	дéреву	мóрю	прíзвищу	життю́	імéні
Nom. Pl.	дерéва	моря́	прíзвища	життя́	именá
Dat. Pl.	дерéвам	моря́м	прíзвищам	життя́м	именáм

The two types of ending for masculine nouns in the dative singular, **-ови** (**-еви/-єви**), **-у** (**-ю**), are interchangeable. However the ending **-ови** (**-еви/ -єви**) is used very infrequently with nouns denoting inanimate objects. The ending **-еви** is 'soft'; **-єви** occurs when the nominative ends in **-й**, e.g. **Олексíй** (man's name) – **Олексíєви**.

Note what happens in the dative singular to feminine nouns containing **г**, **к**, **х** before the final **-a**, e.g. **по́друга**, **квíтка**, **му́ха** (*fly*). Before the ending of the dative singular, **-i**, those consonants change:

г		**з**(і)	по́друга –	по́друзі
к	+ і =	**ц**(і)	кáртка –	кáртці
х		**с**(і)	му́ха –	му́сі

3 Adjectives – dative case

Hard endings

	Nom. S.	Dat. S.	Nom. Pl.	Dat. Pl.
M.	до́брий	до́брому	до́брі	до́брим
F.	до́бра	до́брій	до́брі	до́брим
N.	до́бре	до́брому	до́брі	до́брим

Soft endings

	Nom. S.	Dat. S.	Nom. Pl.	Dat. Pl.
M.	си́ній	си́ньому	си́ні	си́нім
F.	си́ня	си́ній	си́ні	си́нім
N.	си́нє	си́ньому	си́ні	си́нім

4 Possessive pronouns – dative case

	Nom. S.	Dat. S.	Nom. Pl.	Dat. Pl.
M.	мій	моє́му	мої́	мої́м
F.	моя́	мої́й	мої́	мої́м
N.	моє́	моє́му	мої́	мої́м

Твій has the same endings as **мій**.

	Nom. S.	Dat. S.	Nom. Pl.	Dat. Pl.
M.	наш	на́шому	на́ші	на́шим
F.	на́ша	на́шій	на́ші	на́шим
N.	на́ше	на́шому	на́ші	на́шим

Ваш has the same endings as **наш**.

5 Personal pronouns – dative case

	S.	Pl.
First person:	мені́	нам
Second person:	тобі́	вам
Third person: (m), (n)	йому́	
(f)	їй	їм

Діалог 2

Stephen and Iurii Morozenko talk about the weather in Ukraine.

Сті́вен   До ре́чі, мене́ ду́же ціка́вить пого́да в Украї́ні. Там те́пло зара́з?

Морозе́нко	Влі́тку жа́рко, мо́же бу́ти плюс три́дцять гра́дусів.
Сті́вен	За Це́льсієм?
Морозе́нко	Так. А взи́мку в Украї́ні за́вжди ду́же хо́лодно.
Сті́вен	Моро́з? (*laughs*)
Морозе́нко	Так, моро́з, ві́тер, сніг.
Сті́вен	Жахли́во. Коли́ мені́ хо́лодно, я не мо́жу працюва́ти.
Морозе́нко	Чому́? Украї́нці ма́ють те́плий о́дяг.
Сті́вен	Ду́же вдя́чний Вам за ціка́ву розмо́ву. Мені́ пощасти́ло, що я Вас зустрі́в.
Морозе́нко	Мені́ тако́ж ду́же приє́мно з Ва́ми познайо́митися. Телефону́йте мені́, якщо ма́єте ві́льний час.
Сті́вен	Неодмі́нно. До поба́чення, па́не Морозе́нко.
Морозе́нко	До зу́стрічі.

ціка́вити	to interest
пого́да	weather
влі́тку	in summer
жа́рко	[it is] hot
мо́же бу́ти	maybe, perhaps
плюс	plus
гра́дус	degree
за Це́льсієм	centigrade
узи́мку	in winter
за́вжди	always
хо́лодно	[it is] cold
ві́тер (gen.: ві́тру)	wind
сніг	snow
чому́?	why?
вдя́чний	grateful
мені́ пощасти́ло	I was fortunate
зустрі́ти (here: зустрі́в)	to meet
Мені́ пощасти́ло, що я Вас зустрі́в	*It was lucky for me that I met you*
ві́льний	free

(a) Пра́вда чи непра́вда?

1 Морозе́нко чита́є англі́йську газе́ту.
2 Сті́вен вивча́є украї́нську мо́ву в Ло́ндоні.
3 Сті́вена ду́же ціка́вить пого́да в Іспа́нії.
4 Взи́мку в Украї́ні ду́же те́пло.

(b) Дáйте вíдповíдi на цi запитáння англíйською мóвою

1 For how long has Stephen been learning Ukrainian?
2 What does Morozenko give to Stephen?
3 What is Morozenko's job?
4 Does Stephen like cold weather?

6 Verbs – talking about events in the past

It is very easy to form the past tense of verbs in Ukrainian. The important points to bear in mind are the **gender** and **number** of the subject. Here are some examples of past-tense verbs that you have already seen:

Я замóвив квитóк.	*I have ordered the ticket.*
Чудóво, що **Ви зателефонувáли.**	*[It's] great that **you phoned.***
Я народи́вся в Лóндонi.	*I was born in London.*
Менí дуже **пощасти́ло**, що **я** Вас **зустрíв.**	*It was very fortunate for me that **I met** you.*

English has a variety of forms that can be grouped together as 'past tense': I have come, I came, I was coming, I had come. Ukrainian has no distinctions of this kind, relying almost entirely on context.

Let's take as our example the sentence **Я замóвив квитóк**. The past-tense form **замóвив** ends in a hard consonant (**-в**) and is derived from the infinitive **замóви-ти**. By looking at the examples of plural past-tense forms given above, it is easy to make the plural form **Ви замóвили**.

The ending **-в** denotes a masculine singular ending. It changes to **-л** to form the feminine and neuter singular endings (**-ла**, **-ло**) and the plural ending for all genders (**-ли**).

замóвити			
S.			**Pl.**
M я, ти, вiн	F я, ти, вонá	N вонó	ми, ви (Ви), вони́
замóвив	замóвила	замóвило	замóвили

Here are some past tense forms of verbs that you already know that are not quite so straightforward:

могти́ (to be able)	міг (m), могла́ (f), могло́ (n)	могли́ (pl)
їсти (to eat)	їв (m), їла (f), їло (n)	їли (pl)
*іти́ (to go)	ішо́в (m), ишла́ (f), ишло́ (n)	ишли́ (pl)

*Remember that the first letter **i** changes to **й** after a word ending in a vowel, e.g. **вона́ йшла́**.

7 Time phrases

(*a*) Котра́ годи́на? *What's the time?*

You have already met the phrase **Котра́ годи́на?** It literally means '*Which hour [is it]*'? There the reply was **Дев'я́та** *(nine o'clock*: lit. 'the ninth [hour]'). **Дев'я́та** is an adjective; it is in the feminine form because it agress with **годи́на**, even though that word is not necessarily used.

In this dialogue Lawyer Morozenko says **Я працю́ю щодня́ з дев'я́тої до п'я́тої годи́ни** (*I work every day from nine to five*: lit. from the ninth to the fifth hour), using the prepositions **з** (*from*) and **до** (*to*) followed by the genitive case.

A polite way of asking what the time is or, indeed, any question:

| Перепро́шую, чи Ви **не** знає́те, котра́ годи́на? | *Excuse me, could you please tell me the time?* |

(*b*) *I've been doing something for ages and am still doing it*

| Я **вивча́ю** украї́нську мо́ву вже́ два ро́ки. | *I have been learning Ukrainian for two years [already].* |

Stephen has been learning Ukrainian for a long time and is still learning it. Ukrainian uses the **present** tense (**вивча́ю**); English uses the perfect continuous tense (*have been learning*).

The English time phrase has a preposition 'for'; the equivalent phrase in Ukrainian is simply **два ро́ки** with no preposition.

Я живу́ в Ки́єві вже́ **два мі́сяці**.	*I have been living in Kyiv for two months [already].*
Скажі́ть, будь ла́ска, є пи́во? Я його́ ду́же люблю́.	*Tell me please, is [there] [any] beer? I like it a lot.*
Ні, його́ нема́є вже́ 5 днів. Але́ є ду́же до́бре вино́.	*No, there hasn't been [any] [for] five days. But [there] is [some] very good wine.*

(c) *every minute of every hour of every day...*

Lawyer Morozenko goes to his office every day. He says **щодня** (i.e. **що** + **день** in the genitive case) in Ukrainian. Lots of time words are built up in this way, e.g. **що** + **рік** gives **щороку** (*every year*), **що** + **субота** produces **щосуботи** (*every Saturday*) and so on.

(d) *Last week, next year, etc.*

The genitive case is also used for these time expressions:

минулого тижня	*last week*
наступного тижня	*next week*
минулого четверга	*last Thursday*
наступного четверга	*next Thursday*
минулого року	*last year*
наступного року	*next year*

—— The seasons of the year ——

пора року	*season*

- **зима́** winter   взи́мку *in winter*
  гру́день (gen.: гру́дня) *December*
  сі́чень (gen.: сі́чня) *January*
  лю́тий (gen.: лю́того) *February*

- **весна́** spring   навесні́ *in spring*
  бе́резень (gen.: бе́резня) *March*
  кві́тень (gen.: кві́тня) *April*
  тра́вень (gen.: тра́вня) *May*

- **лі́то** summer   влі́тку *in summer*
  че́рвень (gen.: че́рвня) *June*
  ли́пень (gen.: ли́пня) *July*
  се́рпень (gen.: се́рпня) *August*

- **о́сінь** (f) (alt. **i/e**) *autumn*   восени́ *in autumn*
  ве́ресень (gen.: ве́ресня) *September*
  жо́втень (gen.: жо́втня) *October*
  листопа́д *November*

Note: The names of the months are spelt with a small letter in Ukrainian, not with a capital letter like English. They are all **masculine** in gender.

 ─────── **Впра́ви** ───────

1 (*a*) One of Taras' friends in Kyiv is gossiping about his neighbours. Here is some of the information he gives. However, some of it is wrong. Compare this information with the table below and fill in the 'true' or 'false' boxes.

Це мої сусі́ди: Олексі́й Дми́трович, водій, йому́ – три́дцять чоти́ри ро́ки; Людми́ла Андрі́ївна, офіціа́нтка, їй – два́дцять оди́н рік; Петро́ Іва́нович, слю́сар, йому́ – со́рок вісім ро́ків; Мико́ла Григо́рович, учи́тель, йому́ – п'ятдеся́т шість ро́ків; Зо́я Анато́ліївна, пенсіоне́рка, їй – шістдеся́т два ро́ки; Окса́на Миха́йлівна, фотомоде́ль, їй – два́дцять вісім ро́ків.

сусі́д (m)	*neighbour* (f: **сусі́дка**)
водій	*driver*
слю́сар	*plumber*
офіціа́нтка (f)	*waitress* (m: **офіціа́нт**)
фотомоде́ль	*model*

	true	false
The teacher is 56. The waitress is 28. The model is 21. The plumber is 46. The pensioner is 62. The driver is 37.		

(*b*) Now summarize the information given in the table in Ukrainian, giving the name and patronymic of each person in the correct case:

Приклад: Зóї Анатóліївні шістдесят два рóки.

2 Put the words in brackets into the correct form of the dative singular.

(*a*) Майкл пúше лист (Джон).

(*b*) Це подарýнок (дружúна).

(*c*) Тарáс телефонýє (дирéктор).

(*d*) Натáлка дзвонúть (учúтелька).

(*e*) (Олéг) подóбається мýзика.

(*f*) (Тетяна) 24 рокú.

(*g*) (Андрíй) дýже жáрко.

(*h*) (Катерúна) трéба мáти фотоапарáт.

(*i*) (Вадúм) потрíбна машúна.

(*j*) (Вонá) мóжна подарувáти квíти.

подарýнок	*present*
подарувáти (подарýю, подарýєш)	*to give as a present*

3 Write out the following sentences in full, putting the words in brackets into the correct form.

who?		*what?*	*to whom?* (*if any*)
Студéнт	(писáти)	(лист – in pl.)	(учúтель)
Микóла	(писáти)	(кнúга)	_____
Я	(писáти)	(ім'я)	_____
Ми	(писáти)	(прíзвище – in pl.)	_____
Вонú	(писáти)	(факс)	(партнéр – in pl.)

4 Find the answers to the following questions from the right-hand column.

(*a*) Скільки Вам ро́ків?	(*i*) Взи́мку в Украї́ні хо́лодно.
(*b*) Чи хо́лодно взи́мку в Украї́ні?	(*ii*) Мені́ не подо́бається те́плий клі́мат.
(*c*) Вам подо́бається те́плий клі́мат?	(*iii*) Так, влі́тку там жа́рко.
(*d*) Чи влі́тку там жа́рко?	(*iv*) Мені́ вже 35 ро́ків.

5 Read the dialogues in units 5 and 6 once again. Try turning the following sentences into Ukrainian.

(*a*) We have to book a hotel room.

(*b*) I am planning to visit France.

(*c*) We require two de-luxe rooms.

(*d*) I am a businessman and often visit Ukraine.

(*e*) I have no information on the finances.

(*f*) My friend was reading a Ukrainian newspaper.

(*g*) We've already been to Ukraine.

(*h*) Our firm makes cars.

6 Which of the Ukrainian sentences that you have just written answer the following questions?

(*a*) Яку́ газе́ту чита́в мій друг?

(*b*) Що ро́бить на́ша фі́рма?

(*c*) Хто плану́є відві́дати Фра́нцію?

(*d*) Чи я ча́сто буваю в Украї́ні?

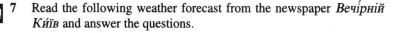

7 Read the following weather forecast from the newspaper *Вечі́рній Ки́їв* and answer the questions.

ПОГО́ДА

Сього́дні со́нце зі́йде о 7 годи́ні 26 хвили́н, за́йде о 16 годи́ні 3 хвили́ни. Трива́лість дня 8 годи́н 37 хвили́н.

Як повідо́мили кореспонде́нта «Вечі́рнього Ки́єва» в Украї́нському гідрометцентрі, за́втра в Ки́єві хма́рно з проя́сненнями, вночі́ без о́падів, вдень невели́кий дощ, ві́тер за́хідний, 7-12 ме́трів на секу́нду. Температу́ра вночі́ від 3 гра́дусів моро́зу до 3 гра́дусів тепла́, вдень 3-8 гра́дусів тепла́.

зійти́	(here:) *to rise*
зайти́	(here:) *to set*
со́нце зі́йде	*the sun will rise*
о 7 годи́ні 26 хвили́н	*at 7.26am*
со́нце за́йде	*the sun will set*
трива́лість (f)	*length, duration*
кореспонде́нт	*correspondent*
гідрометцентр	*meteorological centre*
в Украї́нському гідрометце́нтрі	*in the Ukrainian met centre*
хма́рно	*cloudy*
проя́снення (n)	(here:) *clear period*
з проя́сненнями	*with clear periods*
вночі́	*at night*
о́пади (pl.)	*precipitation*
вдень	*during the day*
за́хідний	*western*
ві́тер за́хідний	*wind from the west*
7 ме́трів на секу́нду	*seven metres per second*

(*a*)   What season do you think it is?
(*b*)   How long is the day going to be?
(*c*)   Is it going to rain at night or during the day?
(*d*)   What is the temperature going to be during the day?

7
Я МА́Ю ПЛА́НИ РОЗВИВА́ТИ – ТОРГІ́ВЛЮ З УКРАЇ́НОЮ –

I have plans to develop trade with Ukraine

In this unit you will learn:

- how to answer the question **де?** (*where?*)
- how to play sports and musical instruments in Ukrainian
- more about telling the time
- more about saying what you like doing
- some special features of Ukrainian verbs

Діало́г

Stephen gives an interview to the Ukrainian newspaper *Kyiv Panorama*:

Кореспонде́нт Шано́вний па́не Те́йлор! Скажі́ть, будь ла́ска, яка́ мета́ Ва́шого майбу́тнього візи́ту до Украї́ни?

Сті́вен Я ї́ду до ціє́ї краї́ни для перегово́рів про ство́рення спі́льного підприє́мства. Я ма́ю зу́стрічі з украї́нськими бізнесме́нами, а тако́ж у Міністе́рстві торгі́влі, на Украї́нській бі́ржі, у Націона́льному ба́нку Украї́ни. Мій бі́знес – це виробни́цтво та про́даж мо́дного о́дягу.

Кореспонде́нт Ще одне́ запита́ння. Скажі́ть, будь ла́ска, де Ви навчи́лися так до́бре розмовля́ти украї́нською мо́вою?

Сті́вен Я вивча́ю її́ в Ло́ндоні. Я ма́ю серйо́зні пла́ни розвивáти торгíвлю з Украíною і хóчу знáти її мóву, розумíти своíх колéг у Кúєві та Львóві без переклáдачá. Укрáïнська мóва дýже гáрна. Я чáсто слýхаю рáдіо, читáю укрáïнські газéти й журнáли. Менí також допомагáє мій друг, він украíнець.

Кореспондéнт	Розкажíть про Вáші смакú.
Стíвен	Я люблю мýзику, грáю на гітáрі. Люблю спорт, грáю в тéніс, гольф, волейбóл. Мéні тако́ж подóбається смачнá íжа і, звичáйно, гáрний, мóдний óдяг.
Кореспондéнт	Ви мáєте сім'ю?
Стíвен	Я неодрýжений.
Кореспондéнт	Бажáю Вам приéмної поíздки й ýспіху в комéрції.
Стíвен	Дýже дякую.
Кореспондéнт	Дякую Вам за цікáву рóзповідь.

розвивáти	*to develop*
торгíвля з Украíною	*trade with Ukraine*
шанóвний	*esteemed*
метá	*aim, purpose*
майбýтній (here: **майбýтнього**)	*future* (adj.)
візúт (here: **візúту**)	*visit*
краíна (here: **краíни**)	*country*
переговóри (here: **переговóрів**)	*talks*
ствóрення (n)	*creation*
спíльний (here: **спíльного**)	*joint* (adj.)
підприéмство (here: **підприéмства**)	*enterprise*
спíльне підприéмство	*joint venture*
з украíнськими бізнесмéнами	*with Ukrainian businessmen*
бíржа	*stock exchange*
націонáльний (here: **націонáльному**)	*national*
виробнúцтво	*production*
прóдаж	*sale*
навчúтися (here: **навчúлися**)	*to learn*
розмовляти украíнською мóвою	*to speak [in] Ukrainian [language]*
серйóзний (here: **серйóзні**)	*serious*
план	*plan*
свій (here: **своíх**)	(here:) *my*
колéга (here: **колéг**)	*colleague*
переклáдач (here: **переклáдачá**)	*interpreter, translator*
слýхати (here: **слýхаю**)	*to listen [to]*
журнáл (here: **журнáли**)	*journal*

розказа́ти (here imperative: **розкажі́ть**)	*to tell*
сма́к (here: **смаки́**)	*taste*
гра́ти	*to play*
гра́ти в (+ асс.)	*to play games and sports*
гра́ти на (+ loc.)	*to play musical instruments*
гіта́ра (here: **гіта́рі**)	*guitar*
спорт	*sport*
те́ніс	*tennis*
гольф	*golf*
волейбо́л	*volleyball*
смачни́й (here: **смачна́**)	*tasty*
звича́йно	*of course*
приє́мний (here: **приє́мної**)	*pleasant*
коме́рція (here: **коме́рції**)	*commerce*
ро́зповідь (f)	*account, narrative*

(*a*) Пра́вда чи непра́вда?

1 Сті́вен ма́є зу́стрічі з украї́нськими бізнесме́нами.
2 Сті́вен хо́че розвива́ти спорт в Украї́ні.
3 Сті́вен лю́бить гра́ти на гіта́рі.
4 Кореспонде́нт бажа́є Сті́венові приє́мної поїздки.

(*b*) Да́йте ві́дповіді на ці запита́ння англі́йською мо́вою

1 Which bank does Stephen intend to visit in Ukraine?
2 Why does Stephen often listen to the radio?
3 Who is helping Stephen learn Ukrainian?
4 What kind of clothes does Stephen like?

🔊 ——— Як функціону́є мо́ва ———

1 *Another possessive pronoun*

The dialogue in this unit introduces another possessive pronoun – **свій, своя́, своє́, свої́**. This word has a special 'reflexive' usage, which means that it will always 'refer back' to the subject of the sentence:

Я хо́чу розумі́ти **своїх** колє́г у Ки́єві.	*I want to understand **my** colleagues in Kyiv.*	

but:

Він не розумі́є **своїх** колє́г.   *He doesn't understand **his** colleagues.*

In other words, **свій** can mean 'my', 'your', 'his', 'her', 'it's', 'our', 'their', according to context.

Свій declines exactly like **мій** and **твій**.

2 Nouns – locative case

The locative case is used to answer the question **де?** (*where?*) and **коли́?** (*when?*) in certain time expressions. There are several examples in the dialogue and the commentary. Here are tables giving the endings in the singular and plural for nouns and adjectives. This case never occurs without a preposition.

3 Locative case – noun endings

(*a*) Masculine nouns

Nom. S. Loc. S. (у/в, на +)	па́спорт па́спорті	олівє́ць олівці́	буди́нок буди́нку
Nom Pl. Loc. Pl. (у/в, на +)	паспорти́ паспорта́х	буди́нки буди́нках	олівці́ олівця́х

Nom. S. Loc. S. (у/в, на +)	брат бра́тові	друг дру́гові	учи́тель учи́телеві	англіє́ць англі́йцеві
Nom Pl. Loc. Pl. (у/в, на +)	брати́ брата́х	дру́зі дру́зях	учителі́ учителя́х	англі́йці англі́йцях

(*b*) Feminine nouns

Nom. S. Loc. S. (у/в, на +)	сестра́ сестрі́	ву́лиця ву́лиці	компа́нія компа́нії	кни́га кни́зі	зу́стріч зу́стрічі
Nom Pl. Loc. Pl. (у/в, на +)	се́стри се́страх	ву́лиці ву́лицях	компа́нії компа́ніях	кни́ги кни́гах	зу́стрічі зу́стрічах

(*c*) Neuter nouns

Nom. S. Loc. S. (у/в, на +)	де́рево де́реві	мо́ре мо́рі	прі́звище прі́звищі	життя́ житті́	ім'я́ і́мені
Nom Pl. Loc. Pl. (у/в, на +)	дере́ва дере́вах	моря́ моря́х	прі́звища прі́звищах	життя́ життя́х	імена́ імена́х

Note:

- The masculine singular ending **-ові/-еві/-єві** is used predominantly with nouns denoting human beings.
- The masculine singular ending **-у** occurs after the suffixes **-к**, **-ак**, **-ик**, **-ок**, e.g. **у буди́нку** and in some other short nouns, e.g. **у ба́нку, у па́рку, у снігу́, у саду́, у гаю́**.
- Before the ending of the locative singular **-і**, the consonants **к, г, х** change in the following way: **к – ц; г – з; х – с**. Note that the consonant **-к** changes to **-ц** only when the locative ending is **-і**; when the locative ending is **-у** there is no change, e.g. **у ро́ці (рік), на бе́резі (бе́рег), на по́версі (по́верх), на по́друзі (по́друга), у кни́зі (кни́га), у руці́ (рука́)**.

4 Adjectives – locative case

Hard endings

	Nom. S.	Loc. S.	Nom. Pl.	Loc. Pl.
M.	до́брий	до́брому	до́брі	до́брих
F.	до́бра	до́брій	до́брі	до́брих
N.	до́бре	до́брому	до́брі	до́брих

Soft endings

	Nom. S.	Loc. S.	Nom. Pl.	Loc. Pl.
M.	синій	синьому	сині	сініх
F.	синя	синій	сині	сініх
N.	синє	синьому	сині	сініх

5 Possessive pronouns – locative case

	Nom. S.	Loc. S.	Nom. Pl.	Loc. Pl.
M.	мій	моєму	мої	моїх
F.	моя	моїй	мої	моїх
N.	моє	моєму	мої	моїх

Твій and **свій** have the same endings as **мій**.

	Nom. S.	Loc. S.	Nom. Pl.	Loc. Pl.
M.	наш	нашому	наші	наших
F.	наша	нашій	наші	наших
N.	наше	нашому	наші	наших

Ваш has the same endings as **наш**.

6 Personal pronouns – locative case

	S.	*P.*
First person:	мені	нас
Second person:	тобі	вас
Third person: (m), (n)	ньому	
(f)	ній	них

Note: As the locative case occurs only with prepositions, the third person pronouns always have the prefixed **н-** attached.

7 Prepositions with locative case

у/в	*in/at*	у готéлі, у пáрку
		на брáтові, на учи́телеві
		в Одéсі, у мі́сті
		у містáх,
на	*on/at*	на робóті, на вýлиці,
		на дрýгому пóверсі

when to use у or в

The Ukrainian prepositions meaning 'in' has two forms:

- **у**, used at the beginning of a sentence or after a break within a sentence (represented in writing by a comma):

У Ки́єві є багáто цікáвих	*There are lots of interesting*
будúнків.	*buildings in Kyiv.*
Я вивчáю мóву тут,	*I am studying the language*
у Лóндоні.	*here in London.*

- **в**, used after a word ending in a vowel:

| Я живý в Лóндоні. | *I live in London.* |
| Я чáсто бувáю в Украї́ні. | *I am often in Ukraine.* |

The same rules apply to **у/в** when it is used with the accusative or genitive case.

8 Time phrases and the locative case

(*a*) **years and months** (see also the next unit)

| у ти́сяча дев'ятсóт | *in 1996* |
| дев'янóсто шóстому рóці | |

у ли́пні	*in July*
у вéресні	*in September*
у листопáді	*in November*

Contrast **у** + accusative case for the days of the week, e.g. **у четвéр** (*on Thursday* etc.)

(*b*) **At what time?**

Use the preposition **о** (or **об** before a vowel):

о котрі́й годи́ні?	*at what time?* (lit. at which hour?)
о пе́ршій	*at one* (lit. at the first)
об одина́дцятій годи́ні	*at eleven*

9 A special use for the preposition на and the locative case

Що на ньо́му?	*What is he wearing?*
На Сті́венові мо́дний костю́м.	*Stephen is wearing a fashionable suit.*
На ньо́му бі́лий піджа́к	*He is wearing a white jacket*
черво́не пальто́	*red coat*

The verb **носи́ти** (**ношу́, но́сиш**), which you will meet later with the meaning 'to carry', is also used to denote 'wearing', but with the additional meaning that the item in question is worn regularly:

| Чи Сті́вен но́сить окуля́ри? | *Does Stephen wear glasses?* |

10 Verbal aspect

Verbal aspect is to do with the way in which an action is viewed Ukrainian verbs have two aspects: **imperfective** and **perfective**.

imperfective

The imperfective aspect denotes that something is happening right now, was happening or will be happening at a particular moment, e.g.

Сті́вен за́раз **телефону́є** до Ки́єва.	*Stephen is phoning Kyiv at the moment.*
Він **чита́в** украї́нську газе́ту.	*He was reading a Ukrainian newspaper.*
Вона́ **смія́лася**.	*She was laughing.*

It can also denote an action that is repeated or is regular:

| Сті́вен щоти́жня **телефону́є** до Ки́єва. | *Stephen phones Kyiv every week.* |
| Він щодня́ **чита́в** украї́нські газе́ти. | *He read (used to read) Ukrainian newspapers every day.* |

The imperfective future is introduced in unit 8.

perfective

The perfective aspect denotes that the action has already commenced or has been completed in the past or will have been completed in the future, e.g.

| Вона засмія́лася. | *She burst out laughing.* |
| Добре, що ти зателефонува́в. | *It's good that you phoned (made this call).* |

Perfective verbs cannot therefore have a present tense, as the present tense is used for actions that are either in progress now, or are repeated.

The use of the perfective future will be looked at in unit 9. There is no difference between imperfective and perfective verbs in the formation of the past tense.

11 How are aspects formed?

Unfortunately no rules can be given. Here are a few examples:

Group 1:	*Imperfective*	*Perfective*
	пи́ти	**ви́**пити
	смія́тися	**за**смія́тися
	диви́тися	**по**диви́тися
	чита́ти	**про**чита́ти
	ї́сти	з'ї́сти
	роби́ти	зроби́ти

Group 1 contains perfective verbs that have been formed from imperfective verbs by the addition of a **prefix**.

Group 2:	дава́ти	да́ти
	продава́ти	прода́ти
	запро́шувати	запроси́ти
	купува́ти	купи́ти

Group 2 contains imperfective verbs that are formed by means of the **suffixes -ва** or **-ува/-юва**.

Group 3:	вивча́ти	ви́вчити
	замовля́ти	замо́вити

Group 3 contrasts imperfective verbs with **-а** (or **-я** after a soft consonant) and perfective verbs with **-и**. Some other changes, e.g. as in

замовля́ти-замо́вити, or shifts in stress position, may be involved.

Some verbs in groups 2 and 3 also display **consonant alternations**, e.g.

запро́шувати, запроси́ти   замовля́ти, замо́вити.

There will be more about consonant alternations in unit 12.

Group 4:	допомага́ти	допомогти́
	зустріча́ти(ся)	зустрі́ти(ся)
	сіда́ти	сі́сти
	бра́ти	взя́ти
	захо́дити	зайти́

Group 4 contains verbs that form their imperfective and perfective aspects in ways that are difficult to categorise; indeed, on occasion (e.g. **бра́ти**), the perfective is formed from a completely different word.

From now on the aspect of all new verbs will be marked in the word lists as impf. (imperfective) or pf. (perfective).

aspect and verbal prefixes

Let us look at some of the ways in which prefixes, such as those in group 1 above, can affect meaning.

If we add the prefix **по-** to the verb **проси́ти** (*to ask for something*) we get the perfective equivalent, with no real change in meaning other than the stress placed on the completion of the action. However, if we add the prefix **за-** to the same verb, the new perfective verb has a completely different meaning: **запроси́ти** (*to invite*), from which in turn a new imperfective is formed: **запро́шувати**. Adding the prefix **пере-** to the same verb produces a word meaning 'to apologise' – **перепроси́ти**, **перепро́шувати**.

In some of the verbs listed above, the prefix **по-** can give the meaning of 'doing a little bit of the action', e.g.

| працюва́ти | *to work* |
| попрацюва́ти | *to do a bit of work* |

aspect in the past tense

It is useful to consider the whole context which determines the use of either the imperfective or the perfective aspect of the verb in the past tense, e.g.

Я пив ка́ву might occur in the following situations:

I was drinking coffee, but everyone else was drinking tea.
I was drinking coffee all through the meeting.
I drank (used to drink) coffee every day, but now I can't because of
the state of my health.

whereas the likely situations for **я ви́пив ка́ву** are:

I drank up (finished drinking) my/the coffee, got up and left for work.
I have finished my coffee – look, there isn't any left.

 ────────────── **Впра́ви** ──────────────

1 Put the words in brackets into the locative case, according to the example:

При́клад: Мико́ла гуля́є в (парк). Мико́ла гуля́є в **па́рку**.

(*a*) На (кореспонде́нт) мо́дний костю́м.
(*b*) Мо́жна поміня́ти гро́ші в (Націона́льний банк).
(*c*) Я влі́тку був у (Ло́ндон).
(*d*) Ми живемо́ у (Львів).
(*e*) Музика́нт гра́є на (гіта́ра).

2 Certain consonants change in the locative case. Give either the locative case form or the nominative case form, according to the information given:

При́клад: Нога́ – но...   Нога́ – нозі́
              Р ... – ро́ці   рік – ро́ці

кни́га – кни́...   ка́рт... – ка́ртці
по́дру ... – по́друзі   поїздка – поїзд ...
жі́нка – жін ...   му́ха – му ...
ляль ... – ля́льці   ру́ч ... – ру́чці

3 Insert the correct form of the preposition **у/в** in the following sentences:

(*a*) У/в ме́не є батьки́ у/в Шотла́ндії.
(*b*) Та́то працю́є у/в ба́нку.
(*c*) Я незаба́ром ї́ду у/в Украї́ну.
(*d*) Словни́к у/в кабіне́ті.

(e) На скільки днів замóвити готéль у/в Львóві?

(f) У/в вас є нóмер йогó фáксу?

(g) Тíтка живé у/в Черні́гові.

4 Complete the following sentences by adding the correct verb from the list below.

(a) Велосипéд дуже зрýчний. На ньóму мóжна (...).

(b) Менí подóбаються кнúги. Їх мóжна (...).

(c) Моя́ мáма рóбить смачнí тíстечка. Я люблю́ їх (...).

(d) Моя́ сестрá лю́бить балéт, алé вонá не вмíє (...).

(e) Мій друг купúв гітáру. Він хóче навчúтися на ній (...).

тацювáти, ї́здити, грáти, ї́сти, читáти

5 Complete the following sentences by translating the English words and phrases into Ukrainian.

(a) Стíвен (*is phoning*) Кúїв зáраз.

(b) Вíра (*phones Kyiv*) щотúжня.

(c) Íгор (*was reading*) газéту «Вечíрній Кúїв» (*yesterday*) увéчері.

(d) Оксáна (*used to read*) англíйські кнúги (*every day*).

6 Get ready to give personal information about yourself. Try answering the following questions.

(a) Скíльки Вам рóків?

(b) У якóму рóці Ви народúлися?

(c) У якóму мíсяці Ви народúлися?

(d) У якíй краї́ні Ви народúлися?

(e) У якóму мíсті Ви народúлися?

(f) Де Ви тепéр живетé?

(g) Чи Ви вжé булú в Украї́ні?

8

МИ ЛЕТИМÓ УКРАЇ́НСЬКИМИ АВІАЛÍНІЯМИ

We are flying with Ukraine Airlines

In this unit you will learn how to:

- express agreement
- talk about events that will be happening in the future
- talk about means of travel
- tell the time by the clock

———————— Діалóг 1 ————————

A meeting with Bohdan Riznyk on a London street.

Богдáн   Тарáсе, якóго числá ти лети́ш до Украї́ни?

Тарáс   Двáдцять дев'я́того ли́пня, о пів на пéршу дня. Бýду відлітáти з аеропóрту Гáтвік.

Богдáн   Яки́й це день?

Тарáс   Четвéр.

Богдáн   Ти летíтимеш літакóм Австрíйських авіалíній з пересáдкою у Вíдні?

Тарáс   Ні, не чéрез Вíдень. Є прями́й рейс Украї́нських міжнарóдних авіалíній «Лóндон – Ки́їв». Томý я бýду летíти Украї́нськими без зупи́нки. Ми летимó вдвох із моíм дрýгом Стíвеном Тéйлором.

Богдáн   Я мóжу відвезти́ вас своéю маши́ною до аеропóрту, якщó трéба.

Тарáс   Дя́кую, нас відвезé Вíра.

число	number (here: *date*)
Якого числа ти летиш до України?	On what date are you flying to Ukraine?
Двадцять дев'ятого липня	On the 29th of July
пів	half
о пів на першу дня	at half past twelve in the afternoon
відлітати (imp.)	to fly off
аеропорт	airport
Гатвік	Gatwick
Який це день?	What day is that?
літак	aircraft, plane
австрійський	Austrian
пересадка	change (of transport)
Відень (m) (gen.: Відня)	Vienna
Ти летітимеш літаком Австрійських авіаліній з пересадкою в Відні?	Will you be flying with an Austrian Airlines plane, changing in Vienna?
через (+ acc.)	(here:) via
прямий	straight, direct
рейс	journey, flight
є прямий рейс	there is a direct flight
міжнародний	international
тому	therefore
зупинка	stop
зручно	convenient
вдвох	the two of us together
відвезти (відвезу, відвезеш) (pf.)	to take (away)
машина	car (colloquial)
Я можу відвезти вас своєю машиною до аеропорту, якщо треба	I can drive you to the airport in my car, if necessary

 ———— **Як функціонує мова** ————

1 *Verbs – future tense (imperfective aspect)*

The imperfective future tense is used to describe actions that will be taking place at some time in the future. There are two ways of forming this tense, both of which have exactly the same meaning. You may choose whichever form you find the easier, but you should be able to recognize both.

Type 1

This tense form comprises two words, just like the English 'I **will read** the paper'. You will remember that the verb **бути** (*to be*) has only one form (**є**) in the present tense. The future tense forms of this verb have first conjugation endings:

	S.	Pl.
1	бу́ду	бу́демо
2	бу́деш	бу́дете
3	бу́де	бу́дуть

By combining these forms with the imperfective infinitive, you obtain the imperfective future, e.g.

Я бу́ду **працюва́ти** за́втра.	*I will be working tomorrow.*
Я бу́ду **їхати** до Льво́ва.	*I will be going to L'viv.*

Type 2

The other form of the imperfective future is obtained by adding the suffix -**м** and the corresponding personal endings, also of the first conjugation, to the imperfective infinitive, e.g.

	S.	Pl.
1	і́хатиму	і́хатимемо
2	і́хатимеш	і́хатимете
3	і́хатиме	і́хатимуть

In the dialogue we find the following expressions:

(*a*) Бу́ду **відліта́ти** з аеропо́рту Га́твік.
(*b*) Я бу́ду **леті́ти** Украї́нськими без зупи́нки.
(*c*) Ти **леті́тимеш** літако́м Австрі́йських авіалі́ній?
(*d*) Ми **летимо́** вдвох з моі́м дру́гом Сті́веном Те́йлором.
(*e*) Яко́го числа́ ти **лети́ш** до Украї́ни?

Taras and Bohdan could have changed their future around with no change in meaning:

Я **леті́тиму** Украї́нськими без зупи́нки.
Ти **бу́деш леті́ти** літако́м Австрі́йських Авіалі́ній?

We can translate sentences (*d*) and (*e*) above as:

I **am flying** together with my friend Stephen Taylor.
On what date **are you flying** to Ukraine?

The present tense in English corresponds exactly to the present tense in Ukrainian here. In both languages it is possible to use verbs in the present tense with future meaning when something has been definitely decided upon.

2 The instrumental case

The instrumental case is used to denote the means by which something is done; in English this idea is most often expressed with the prepositions 'by' or 'with'. It is therefore particularly common with words meaning various forms of transport, e.g.

Я лечу́ до Ві́дня літако́м Австрі́йських авіалі́ній.	*I am flying to Vienna **by a plane** of Austrian Airlines.*
Я лечу́ до Ві́дня Австрі́йськими авіалі́ніями.	*I am flying to Vienna **by/with** **Austrian Airlines**.*
Він і́де по́їздом до Ки́єва.	*He is going to Kyiv **by train**.*
Вони́ і́дуть авто́бусом до робо́ти.	*They are going to work **by bus**.*

Note: Ukraine has underground railways (**метро́**) in two major cities: Kyiv and Kharkiv. The word **метро́** is neuter and indeclinable; it cannot therefore have an instrumental ending. Instead you travel **на метро́** (*by underground*).

- By extension the instrumental case is used with words like **ву́лиця**, **пло́ща**, **мі́сто**:

Я хо́чу погуля́ти ву́лицями Ки́єва.	*I want to take a walk **through** the streets of Kyiv.*
Ми йдемо́ Хреща́тиком.	*We are walking along Khreshchatyk Street.*

- The instrumental case is also used to refer to job descriptions, e.g. **Ким працю́є Сті́вен?** (lit. As who does Stephen work?) (**Ким** is the instrumental form of **Хто**).

Сті́вен працю́є дире́ктором.	*He is the director* (lit. Stephen works as the director).

- It is also used after certain verbs, e.g. **ціка́витися** (to be interested in), **займа́тися**, which literally means 'to deal with', 'to be busy with':

Íгор дýже цікáвиться мýзикою.	*Ihor is very interested in music.*
Моí знайóмі бýдуть займáтися квиткáми.	*My acquaintances will deal with the tickets.*
Я займáюся тéнісом.	*I go in for tennis.*

● where being and becoming are involved

The instrumental case is used after the verbs **бýти** (*to be*) and **ставáти** (**стаю́, стаєш**) (*to become*):

Коли́ я був хлóпчиком, мені́ подóбалося íздити на велосипéді.	*When I was a boy, I liked riding a bike.*
Чéрез дéсять рокíв я бýду дирéктором фíрми.	*In ten years' time I'll be director of the firm.*

● I'm flying with my friend

The instrumental case is also used in a special phrase involving a plural personal pronoun, most frequently **ми**, and the preposition **з**:

Ми летимó вдвох із моíм дрýгом.	*My friend and I are flying together* (lit. We are flying the two of us together with my friend).

Later in the dialogue we have:

Ми зі Стíвеном бýдемо у Львóві.	*Stephen and I will be in L'viv.*

The verbs in these sentences are in the first person plural form because the subject is **ми**.

3 *Instrumental case – noun endings*

(*a*) **Masculine nouns**

Nom. S.	пáспорт	буди́нок	олівéць	телефóн
Inst. S.	пáспорт**ом**	буди́нк**ом**	олівц**éм**	телефóн**ом**
Nom. Pl.	паспорти́	буди́нки	олівцí	телефóни
Inst. Pl.	паспорт**áми**	буди́нк**ами**	олівц**я́ми**	телефóн**ами**

Nom. S.	брат	хло́пчик	дру́г	учи́тель	англі́єць
Inst. S.	бра́том	хло́пчиком	дру́гом	учи́телем	англі́йцем
Nom. Pl.	брати́	хло́пчики	дру́зі	учителі́	англі́йці
Inst. Pl.	брата́ми	хло́пчиками	дру́зями	учителя́ми	англі́йцями

Nom. S.	трамва́й
Inst. S.	трамва́єм
Nom. Pl.	трамва́ї
Inst. Pl.	трамва́ями

(*b*) Feminine nouns

Nom. S.	кни́га	ву́лиця	сестра́	компа́нія	зу́стріч
Inst. S.	кни́гою	ву́лицею	сестро́ю	компа́нією	зу́стріччю
Nom. Pl.	кни́ги	ву́лиці	се́стри	компа́нії	зу́стрічі
Inst. Pl.	кни́гами	ву́лицями	сестра́ми	компа́ніями	зу́стрічами

(*c*) Neuter nouns

Nom. S.	де́рево	прі́звище	мо́ре	життя́	ім'я́
Inst. S.	де́ревом	прі́звищем	мо́рем	життя́м	і́менем
Nom. Pl.	дере́ва	прі́звища	моря́	життя́	імена́
Inst. Pl.	дере́вами	прі́звищами	моря́ми	життя́ми	імена́ми

The singular ending to watch out for is **-ю** on feminine nouns ending in a consonant, e.g. **зу́стріч**. The consonant preceding the ending of the instrumental singular is doubled, **зу́стріччю**, unless the noun ends in **-сть**, e.g. **приє́мність**; **з приє́мністю** (*with pleasure*).

4 Adjectives – instrumental case

Hard adjectives

	Nom. S.	Inst. S.	Nom. Pl.	Inst. Pl.
M.	до́брий	до́брим	до́брі	до́брими
F.	до́бра	до́брою	до́брі	до́брими
N.	до́бре	до́брим	до́брі	до́брими

Soft adjectives

	Nom. S.	Inst. S.	Nom. Pl.	Inst. Pl.
M.	си́ній	си́нім	си́ні	си́німи
F.	си́ня	си́ньою	си́ні	си́німи
N.	си́нє	си́нім	си́ні	си́німи

5 Possessive pronouns – instrumental case

	Nom. S.	Inst. S.	Nom. Pl.	Inst. Pl.
M.	мій	моїм	мої	моїми
F.	моя	моєю	мої	моїми
N.	моє	моїм	мої	моїми

Твій and **свій** have the same endings as **мій**.

	Nom. S.	Inst. S.	Nom. Pl.	Inst. Pl.
M.	наш	на́шим	на́ші	на́шими
F.	на́ша	на́шою	на́ші	на́шими
N.	на́ше	на́шим	на́ші	на́шими

Ваш has the same endings as **наш**.

6 Personal pronouns – instrumental case

		S.	Pl.
1		мно́ю	на́ми
2		тобо́ю	ва́ми
3	(m)	ним	
	(f)	не́ю	ни́ми
	(n)	ним	

7 Prepositions with instrumental case

з	*with*	з цу́кром, з молоко́м
за	*behind/beyond/on the other side of*	за столо́м, за стіно́ю

перед	*in front of*	перед буди́нком
	just before in time expressions	перед обі́дом (*immediately before dinner*)
над	*over/above*	над крі́слом
під	*under/below*	під стола́ми
між	*between*	між мо́рем і лі́сом

Note: The preposition з can also take the form із or зі in the same circumstances as when it means 'from' and is followed by the genitive case. See unit 4.

Діало́г 2

Bohdan and Taras continue their conversation.

Богда́н Якщо́ не секре́т, ким працю́є твій при́ятель? Мені́ знайо́ме його́ ім'я́.

Тара́с Сті́вен – дире́ктор компа́нії «Гéрмес-Клóзінг». Для ньóго це пéрша ділова́ поїздка в Украї́ну. А я їду у відпу́стку. Хо́чу зустрі́тися з дру́зями, а тако́ж показа́ти Сті́венові Украї́ну. Він ніко́ли там не був. Ми бу́демо подорожува́ти по́їздом, паропла́вом, можли́во, автомобі́лем. Я вже́ домо́вився зі знайо́мими про допомо́гу з житло́м, вони́ займа́тимуться тако́ж на́шими квитка́ми. Ми бу́демо там два ти́жні.

Богда́н Ти вже́ зна́єш свою́ адре́су в Украї́ні?

Тара́с Я одра́зу пі́сля приї́зду напишу́ тобі́ листі́вку з на́шою адре́сою.

Богда́н Чудо́во. Я незаба́ром, можли́во, їхатиму до Льво́ва.

Тара́с Ми зі Сті́веном бу́демо у Льво́ві шо́стого-сьо́мого се́рпня.

Богда́н То поба́чимося з ва́ми шо́стого се́рпня на пло́щі Ри́нок?

Тара́с О шо́стій ве́чора!

Богда́н Зго́да! Шо́стого о шо́стій. Пе́ред апте́кою, бі́ля вхо́ду. Не забу́дь.

Тара́с Я ніко́ли нічо́го не забува́ю. Ну, бува́й здоро́вий. До зу́стрічі!

Богда́н Щасли́вої доро́ги! М'яко́ї поса́дки...

секре́т	secret
знайо́мий	familiar (as adj.); acquaintance (as noun)
Мені́ знайо́ме його́ ім'я́	his name is familiar to me
відпу́стка	holiday
показа́ти (покажу́, пока́жеш) (pf.)	to show
ніко́ли	never
подорожува́ти (-у́ю, -у́єш) (impf.)	to travel
по́їзд	train
паропла́в	steamer
можли́во	possibly, perhaps
домо́витися (домо́влюся, домо́вишся,...домо́вляться) (pf.)	to agree, arrange with
житло́	dwelling (here: *place to stay*)
адре́са	address
одра́зу	at once
приї́зд	arrival
написа́ти (напишу́, напи́шеш) (pf.)	to write
листі́вка	postcard
незаба́ром	soon
Я незаба́ром, можли́во, ї́хатиму до Льво́ва	I might soon be going to L'viv
поба́читися (pf.)	to see one another
пло́ща	square
ри́нок	market
то поба́чимося з ва́ми шо́стого се́рпня?	so we'll see each other on the sixth of August, right?
о шо́стій ве́чора	at six in the evening
шо́стого о шо́стій	on the sixth at six
зго́да	agreement
Зго́да!	OK! That's agreed!
апте́ка	chemist's shop
вхід (gen. вхо́ду)	entrance (alt. **і/о**)
забу́ти (забу́ду, забу́деш) (pf.)	to forget
не забу́дь!	don't forget!
нічо́го (gen. of ніщо́)	nothing
забува́ти (imp.)	to forget
бува́й здоро́вий	cheerio! (lit. *be healthy*)
доро́га (gen. pl.: **дорі́г**)	road, journey, way (alt. **і/о**)
поса́дка	landing

(a) Пра́вда чи непра́вда?

1 Тара́с і Сті́вен летя́ть в Украї́ну ре́йсом Украї́нських авіалі́ній.
2 Богда́н відвезе́ Сті́вена і Тара́са до аеропо́рту.
3 Тара́с зна́є свою́ адре́су в Украї́ні.
4 Богда́н і Тара́с бу́дуть шо́стого се́рпня у Льво́ві на пло́щі Ри́нок.

(b) Да́йте ві́дповідь на ці запита́ння англі́йською мо́вою

1 Do Ukrainian Airlines have a direct flight to Kyiv?
2 How many times has Stephen been to Ukraine before?
3 What kind of transport will Taras and Stephen use when travelling around Ukraine?
4 At what time will Taras meet Bohdan in L'viv?

8 More time phrases

for (in the past)

Compare the use of the tenses in Ukrainian and English. Ukrainian uses the **imperfective** aspect in the following situations.

Я **працю́ю** тут **два роки́** (*present tense*).	*I have been working here for two years [and still work here].*
Я **працюва́в** тут **два роки́** (*past tense*).	*I worked here for two years.*

The Ukrainian sentences have no preposition in the time phrase.

in

Я ї́ду в Пари́ж **за** два ти́жні.	*I am going to Paris **in** two weeks (**in** two weeks' time).*
Я лечу́ до Пра́ги **че́рез** па́ру днів.	*I am flying to **Prague** in a few days.*

Ukrainian uses either of the prepositions **за** and **че́рез** and the accusative case.

9 *Going on holiday and being on holiday*

Тарáс íде у відпýстку (асс.) до Украíни.	*Taras is going **on** holiday **to** Ukraine.*
Він бýде у відпýстці (loc.) в Украíні.	*When he gets to his destination, he will be **on** holiday **in** Ukraine.*

10 *"I don't never forget nothing"*

Pile on the negation in Ukrainian!

Він **нікóли** там **не** був.	*He has **never** been there.*
Я **нікóли нічóго не** забувáю.	*I don't ever forget anything.*

11 *More on ordinal numerals*

Ordinal numerals (i.e. first, second, third,... eleventh, etc) decline like adjectives, and like adjectives agree with the noun to which they relate.

Ordinal numerals consisting of more than one part, e.g. **сто шостий** (*one hundred and sixth*), are called compound ordinal numerals. Only the final element declines, and all the component elements are written separately. Years are ordinal numbers in Ukrainian, i.e. 1996 is 'the one thousand nine hundred and ninety sixth year':

1996 рік	
Nom. & Acc.	тúсяча дев'ятсóт дев'янóсто шóстий рік
Gen.	тúсяча дев'ятсóт дев'янóсто шóстого рóку
Dat.	тúсяча дев'ятсóт дев'янóсто шóстому рóку
Loc..	у тúсяча дев'ятсóт дев'янóсто шóстому рóці
Instr.	тúсяча дев'ятсóт дев'янóсто шóстим рóком

12   It's time to check your engagements diary!

понеді́лок (gen.: понеді́лка) *Monday*	п'я́тниця *Friday*
вівто́рок (gen.: вівто́рка) *Tuesday*	субо́та *Saturday*
середа́ *Wednesday*	неді́ля *Sunday*
четве́р (gen.: четверга́) *Thursday*	

———— Time expressions ————

day

ура́нці/вра́нці	*in the morning*
уде́нь/вдень	*during the day/afternoon*
уве́чері/вве́чері	*in the evening*
уночі́/вночі́	*at night*
позавчо́ра	*the day before yesterday*
учо́ра/вчо́ра	*yesterday*
сього́дні	*today*
за́втра	*tomorrow*
післяза́втра	*the day after tomorrow*

year, month, date

Який зáраз рік? Тúсяча дев'ятсóт дев'янóсто шóстий.

The ordinal numeral **шóстий** is masculine because the word **рік** is understood from the context.

Який зáраз мíсяць? Лúпень.
Який сьогóдні день тúжня? Четвéр.
Якé сьогóдні числó? Чотирнáдцяте. Чотирнáдцяте (*nom.*) лúпня (*gen.*)

The ordinal numeral **чотирнáдцяте** is neuter because the word **числó** is understood from the context.

Якóго числá...? (*On what date...?*)

Чотирнáдцятого (*gen.*) лúпня (*gen.*)
Чотирнáдцятого (*gen.*) лúпня (*gen.*) тúсяча дев'ятсóт
дев'янóсто шóстого (*gen.*) рóку (*gen.*).

The **genitive** case of the ordinal numeral is used to express the date **on** which something occurs. No preposition is used.

this morning, etc.

Сьогóдні врáнці	*this morning* (lit. today in the morning)
вчóра вдень	*yesterday afternoon* (lit. yesterday in the afternoon)
зáвтра ввéчері	*tomorrow evening* (lit. tomorrow in the evening)
о 10-й рáнку (*gen.*)	*at ten in the morning*
о 4-й дня (*gen.*)	*at four in the afternoon*

What time of day is it?

годúнник	*watch, clock*
добá	*24 hours (i.e. whole day and night together)*

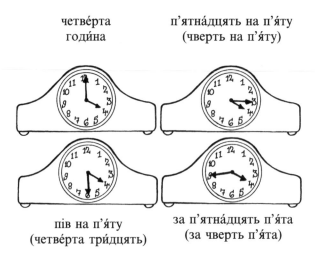

четве́рта   п'ятна́дцять на п'я́ту
годи́на   (чверть на п'я́ту)

пів на п'я́ту   за п'ятна́дцять п'я́та
(четве́рта три́дцять)   (за чверть п'я́та)

Котра́ годи́на

Remember: **котра́ годи́на?** literally means 'which hour [is it]?' The answer therefore contains the **ordinal** number for the hour in the feminine form.

4.00	**Четве́рта (годи́на)**	(lit. the fourth)
4.15	**П'ятна́дцять (хвили́н)**	
	на п'я́ту (acc.)	(lit. fifteen minutes into the fifth)
	Чверть на п'я́ту (acc.)	(lit. a quarter into the fifth)
4.30	**Четве́рта три́дцять**	
	Пів на п'я́ту (acc.)	(lit. half into the fifth)
4.45	**За п'ятна́дцять п'я́та**	
	За чверть п'я́та	(see *note* below)

Note: Here a sensible literal translation is scarcely possible. It may be helpful to think of **за** meaning 'within' in these time expressions, i.e. within fifteen [minutes] [it will be] [the] fifth [hour].

чверть (f)	*quarter*
пів	*half*

ранок — morning
день — afternoon

вечір — evening
ніч — night

ранок	morning
день	afternoon
вечір	evening
ніч	night

13 Expressing agreement

Зустріньмося (*let's meet*) на площі Ринок.	*Let's meet on Market Square.*
Згóда!	*OK!*
Львів – дуже гáрне мíсто.	*L'viv is a very fine city.*
Абсолютно згóден з Вáми.	*I agree with you entirely.*

Згóда is a colloquial way of expressing agreement with a suggestion or proposal. A slightly more formal way of agreeing with someone is to say:

Я згóден (m)/згóдна (f) з Вáми.

The plural form is **згóдні**.

When you come to an agreement with someone, you could say:

Домóвилися! (always plural and past tense, lit. [we] have agreed!)	
Дóбре	*fine!*
Гарáзд	*OK!*
Чудóво	*great!*

Впра́ви

1   Write out the following sentences, using the correct form of the verb (positive or negative).

   (*a*) Він ніко́ли там (був/не був).
   (*b*) Я ніко́ли (не літа́в/літа́в) літако́м.
   (*c*) Степа́н ніко́ли (говори́в/не говори́в) бага́то.
   (*d*) Цей чолові́к ніко́ли (не відліта́в/відліта́в) з Бори́споля.

Бори́спіль (gen.: **Бори́споля**)	*Boryspil* (the name of Kyiv international airport) (alt. **i/o**)

2   Give both imperfective future forms of the verb **писа́ти**.

Я	бу́ду писа́ти, писа́тиму
ти	_____ _____
він	_____ _____
ми	_____ _____
ви	_____ _____
вони	_____ _____

3   Make sentences, putting the verb in brackets into the correct form of the imperfective future:

Я	літако́м (леті́ти)
ти	у саду́ (працюва́ти)
він	спо́ртом (займа́тися)
ми	у Льво́ві (жи́ти)
ви	гро́ші (міня́ти)
вони́	на ву́лиці (чека́ти)

4   Construct sentences, putting the verbs and nouns in brackets into the correct form.

Я	(леті́ти)	(літа́к).
Ти	(ї́хати)	(авто́бус).
Він	(гуля́ти)	(ву́лиця).
Ми	(леті́ти)	(літа́к – in pl.)
Ви	(гуия́ти)	(ву́лиця – in pl.)
Вони	(ї́хати)	(авто́бус – in pl.)

5 Complete the Ukrainian sentences by translating the English phrases in brackets.

(*a*) Воná працю́є (*as the director's assistant*).

(*b*) Мій дя́дько був (*a mathematician*).

(*c*) Іре́на булá (*John's wife*) (*for three years*).

(*d*) У Ю́рія бу́де зу́стріч (*with English businessmen*) (*at 5 o'clock*).

6 Read the following extract from Solomiia's busy schedule and answer the questions below.

Note how Solomiia gives instructions to herself by using the infinitive form of the verb.

понеді́лок	26 ли́пня	10.00	*Зу́стріч з юри́стом*
		11.30	*банк*
		12.15	*міністе́рство торгі́влі (не забу́ти докуме́нти!)*
		19.00	*те́ніс*
вівто́рок	27 ли́пня	10.30	*ле́кція в університе́ті*
		11.45	*фа́брика*
		13.00	*обі́д у рестора́ні «Дніпро́»*
		16.00	*зателефонува́ти до Полта́ви*
середá	28 ли́пня	14.45	*Украї́нська бі́ржа да́ти факс до Манче́стера*
		19.00	*те́ніс*
четве́р	29 ли́пня		*зателефонува́ти до Іва́но-Франкі́вська повідо́мити Мико́лу Фе́доровича про квитки́*
		22.00	*зустрі́ти С. Те́йлора (Ста́хів?)*
п'я́тниця	30 ли́пня		*замо́вити маши́ну на 10.00*
		14.30	*зайти́ до мілі́ції (гара́ж) розрахува́тися за телефо́н*
		19.00	*те́ніс*
субо́та	31 ли́пня		*вра́нці – подзвони́ти Урсу́лі про конце́рт*
		19.30	*конце́рт (пала́ц «Украї́на»)*
неді́ля	1 се́рпня		*на да́чу*

міліція	police
гараж	garage
дача	summer house

(*a*) Who is Solomiia meeting at 10 am on Monday 26 July?

(*b*) What note does she make about her visit to the Ministry of Trade on that day?

(*c*) Where does she have to be at 11.45 on Tuesday?

(*d*) On what day and at what time does she have to phone Ivano-Frankivs'k?

(*e*) What does she have to inform Mykola Fedorovych about?

(*f*) What two things does she have to do on Friday after her visit to the police?

(*g*) Who is she going to phone on Saturday, and about what?

(*h*) When is Stephen due to arrive in Kyiv?

ПАСАЖИРСЬКИЙ КВИТОК ТА БАГАЖНА КВИТАНЦІЯ
PASSENGER TICKET AND BAGGAGE CHECK

566 4200 007 360 3

ISSUED BY
Air Ukraine International
252135 Україна, Київ-135, Проспект Перемоги 14
Prospect Peremogy 14, 252135 Kyiv-135, Ukraine

9

ВАШ ПА́СПОРТ, БУДЬ ЛА́СКА

Your passport, please

In this unit you will learn:

- how to go through passport and customs control
- more about describing events in the future
- about verbs denoting motion in Ukrainian

Діало́г 1

In Boryspil Airpot, Kyiv:

Тара́с   Ну, Сті́вене, з м'яки́м призе́мленням! За́раз про́йдемо па́спортний і ми́тний контро́ль і пі́демо оде́ржувати наш бага́ж.

Passport control:

Сті́вен   Добри́день.

Прикордо́нник   Добри́день. Ваш па́спорт, будь ла́ска. Па́не Те́йлор, у Вас службо́ва пої́здка?

Сті́вен   Так.

Прикордо́нник   Скі́льки Ви плану́єте пробу́ти в Украї́ні?

Сті́вен   Кі́лька ти́жнів.

Прикордо́нник   Дя́кую. Ось Ваш па́спорт. (*to Taras*) Будь ла́ска, Ва́ші докуме́нти. Дя́кую. Па́не Ко́валь, яка́ мета́ Ва́шого приї́зду?

Тара́с   Я приї́хав на відпочи́нок.

призе́млення (n)	*landing*
з м'яки́м призе́мленням	*congratulations on a soft landing*
пройти́ (пройду́, про́йдеш) (pf.)	*to pass through*
за́раз про́йдемо [через]	
па́спортний і ми́тний контро́ль	*we'll just pass through passport and customs control*
піти́ (піду́, пі́деш) (pf.)	*to go*
пі́демо оде́ржувати наш бага́ж	*we'll go to fetch our luggage*
прикордо́нник	*frontier guard*
службо́ва пої́здка	*official trip*
скі́льки?	*how much? (here: how long?)*
пробу́ти (пробу́ду, пробу́деш) (pf.)	*to spend time*
докуме́нт	*document*
приї́зд	*(here:) visit*
яка́ мета́ Ва́шого приї́зду	*what is the purpose of your visit?*
приї́хати (приї́ду, приї́деш) (pf.)	*to come*
я прийха́в на відпочи́нок	*I've come for a holiday*

 —————— **Як функціону́є мо́ва** ——————

Yet more stress!

You have now seen both **про́шу** and **прошу́**. Both words are the first-person sg form of **проси́ти** (*to ask*), but they are used in different contexts. **Про́шу** can be used in exactly the same circumstances as **будь ла́ска** (*please, you're welcome*), when offering something, when someone says **дя́кую** to you or in an invitation: **про́шу, захо́дьте** (*come in, please*). **Прошу́** is used to mean 'I ask for', 'I request'.

1   Verbs – perfective future

Future tense (perfective aspect)

The perfective future is used to express the idea that an action will be performed and completed, e.g.

Ми **про́йдемо** па́спортний контро́ль, а по́тім **пі́демо** оде́ржувати бага́ж.	*We **shall pass** through passport control and **go** to collect our baggage.*

The perfective future is formed with exactly the same personal endings as the present tense of imperfective verbs. Contrast the following forms:

читати		прочитати	
Imperfective, present tense		*Perfective, future tense*	
1 читáю	читáємо	прочитáю	прочитáємо
2 читáєш	читáєте	прочитáєш	прочитáєте
3 читáє	читáють	прочитáє	прочитáють

The perfective future points to the completion of the action, whereas the imperfective future stresses the performance of the action itself:

Я **прочитáю** газéту і підý на робóту.	*I shall read the paper and go to work* (with the implication that I won't set off for work until I have finished reading the paper).
Сьогóдні на робóті я **бýду читáти/читáтиму газéту.**	*I'm going to read the paper at work today* (with the stress on what I am going to be doing).

2   Verbs of motion

іти́ (impf.), **піти́** (pf.) (*to go (on foot)*), **пройти́** (pf.) (*to pass through*)

Past tense			
	іти́*	піти́	пройти́
M	ішóв*	пішóв	пройшóв
F	ішлá*	пішлá	пройшлá
N	ішлó*	пішлó	пройшлó
Pl. (all genders)	ішли́*	пішли́	пройшли́

All these forms can appear as **йти** etc. when they follow a word which ends in a vowel, e.g. **я йшóв** (*I was going*), or when there is a prefix, e.g. **про + ішов = пройшóв**.

Verbs of motion cover such actions as going, riding, walking, running, swimming, flying, climbing, carrying. English makes a distinction between an action that is carried out regularly:

Every day I go to work.

or which denotes a habitual feature, e.g.

Fish **swim**. Birds **fly**.

and an action being carried out at the moment of speech:

I **am going** to work

or an action in progress in the past or future:

I **was going** (was on my way) to work, when I met an old friend.

Ukrainian makes a similar distinction, although in a more drastic way. But first here is another dialogue for you to practise your Ukrainian.

——————— Діалóг 2 ———————

In the customs hall, after they have collected their luggage.

Працівни́ця ми́тниці	Ваш па́спорт, будь ла́ска. Ви запо́внили деклара́цію?
Тара́с	Так. Ось, про́шу.
Працівни́ця ми́тниці	Ви ма́єте предме́ти, заборо́нені до ввезення? Збро́ю, наркоти́чні речови́ни?
Тара́с	Ні.
Працівни́ця ми́тниці	Поста́вте свої́ валі́зи на транспорте́р. Дя́кую. Ось Ва́ші докуме́нти. (*To Stephen*) До́брий день. Про́шу, па́спорт.
Сті́вен	Ось па́спорт і деклара́ція.
Працівни́ця ми́тниці	Яку́ Ви ма́єте інозе́мну валю́ту?
Сті́вен	Америка́нські до́лари. Су́му вка́зано в деклара́ції.
Працівни́ця ми́тниці	У Вас є украї́нські гро́ші?
Сті́вен	Ні. У ме́не нема́є украї́нських гро́шей.
Працівни́ця ми́тниці	Дя́кую. Мо́жете забра́ти свої́ докуме́нти й ре́чі. Всьо́го найкра́щого!

ми́тниця	*customs*
працівни́ця ми́тниці	*(female) customs officer*
деклара́ція	*declaration (customs declaration form)*
предме́т	*item, object*
заборо́нений	*prohibited, forbidden*
ввезення (n)	*import*
предме́ти, заборо́нені до	
ввезення	*items [that are] prohibited for import*
збро́я (sg.)	*weapons*
наркоти́чний	*narcotic*
речовина́	*substance*

поста́вити (поста́влю, поста́виш,...	
поста́влять) (pf.)	*to place*
поста́вте	*(2nd-person plural imperative form)*
валі́за	*suitcase*
транспортéр	*conveyor*
інозéмний	*foreign*
су́ма	*sum*
вказа́ти (вкажу́, вка́жеш) (pf.)	*to indicate, point out*
су́му вка́зано в деклара́ції	*the sum is indicated on the customs declaration form*
річ (f) (gen.: рéчі)	*thing (alt. i/e)*
найкра́щий	*best*
всього́ найкра́щого!	*all the best!*

(a) Пра́вда чи непра́вда?

1 Сті́вен приї́хав на відпочи́нок.
2 Тара́с не ма́є предмéтів, заборóнених до ввéзення.
3 Сті́вен не запóвнив деклара́цію.
4 У Сті́вена нема́є украї́нських грóшей.

(b) Да́йте відповіді на ці запита́ння англі́йською мóвою

1 What do Stephen and Taras do immediately after their arrival in Kyiv airport?
2 What type of document does Stephen show the frontier guard?
3 What is prohibited for import into Ukraine?
4 What kind of foreign currency does Stephen have on arrival in Ukraine.

3   Verbs of motion (continued)

multi-directional

The verbs ходи́ти*, ї́здити*, літа́ти, бі́гати, вози́ти* and води́ти* all denote:

● the motion itself (e.g. 'I like running');
● performing the action, but with no particular direction begin specified (e.g. 'Every morning I run in the park');

- performing the action **there** and **back** (e.g. 'Last year I flew to Paris').

These verbs will be called **multi-directional**.

uni-directional

By contrast, the corresponding verbs **іти́***, **і́хати***, **леті́ти***, **бі́гти***, **везти́*** and **вести́*** all denote:

- [in the present tense] performing the action in a particular direction now or at a specified time in the future (e.g. 'I am going to work');
- [in the past tense] being in process of performing the action at some time in the past (e.g. 'I was driving along when ...').

These verbs will be called **uni-directional**.

*Check the present and past tense forms of these verbs in the vocabulary at the back of the book – some of them are somewhat unpredictable!

Because both multi-directional and uni-directional verbs have present tense forms, they are **imperfective**.

verbs of motion with prefixes

In this unit we saw **пройти́**, **піти́** and **приі́хати**. They were all listed as perfective.

The rule is:

When a prefix is added to a uni-directional verb of motion, such as those in the second section above, the verb thus created is **perfective**. When a prefix is added to a multi-directional verb of motion, such as those in the first section above, the verb thus created is **imperfective**. (A modification to the second part of this rule will be dealt with in unit 11.)

Adding the prefix **по-** to **іти** give **піти́**. **Піти́** and **поі́хати** are the perfective counterparts of **іти** and **і́хати** – both verbs literally mean 'to set off'.

The addition of a prefix to **і́здити** causes a change in the structure of the word, e.g. **приї́жджа́ти**. The addition of a prefix ending in a consonant (e.g. **в**) requires the addition of the apostrophe: **в'ї́жджа́ти**. There are alternative forms, e.g. **приї́зди́ти** and **в'ї́зди́ти** with exactly the same meaning.

4 Short form adjectives

With two exceptions, all the adjectives that you have met so far are **long form** adjectives. That means that they have a full ending in the masculine nominative singular, e.g. **бі́лий, молоди́й, міжнаро́дний**. The first exception is **зго́ден**, as in **Я зго́ден з Ва́ми** (*I agree with you*). All the other endings are like those of ordinary adjectives, e.g.

> Я зго́дна (f) з Ва́ми.
> Ми зго́дні (pl.) з Ва́ми.

Adjectives like **зго́ден** are called **short form** adjectives. They are differentiated from long form adjectives only by the ending – or rather lack of one! – in the masculine singular.

There are five other useful short form adjectives that you should know:

пе́вен	*certain, sure* (other forms: **пе́вна, пе́вне; пе́вні**)
пови́нен	*obliged* (other forms: **пови́нна, пови́нне; пови́нні**)
ко́жен	*each, every* (other forms: **ко́жна, ко́жне; ко́жні**)
жо́ден	*none, no (kind of)* (other forms: **жо́дна, жо́дне; жо́дні**)
потрі́бен	*necessary* (other forms: **потрі́бна, потрі́бне; потрі́бні**)

Here are some more examples of usage:

Сті́вен **пови́нен** нам за́раз подзвони́ти.	*Stephen **is supposed** to ring us at any moment.*
Ти **пе́вен**, що він подзво́нить?	*Are you **sure** that he will ring?*
Я працю́ю **ко́жен день**.	*I work **every day**.*

Впра́ви

1 Identify the case of each adjective form in the following table:

Singular					
висо́кий	висо́кий	висо́кого	висо́кому	висо́кому	висо́ким
чо́рна	чо́рну	чо́рної	чо́рній	чо́рній	чо́рною
Plural					
висо́кі	висо́кі	висо́ких	висо́ких	висо́ким	висо́кими
чо́рні	чо́рних	чо́рних	чо́рних	чо́рним	чо́рними

2 Choose the most appropriate adjective from the list on the right to form phrases with the nouns in the left-hand column. Change the adjective endings when necessary:

nouns:	*adjectives:*
не́бо	до́вгий
трава́	важки́й
лимо́н	си́льний
чолові́к	жо́втий
ка́мінь	зеле́ний
доро́га	блаки́тний

3 Put the verb into the correct form of the present tense:

іти́ – ходи́ти

(*a*) Íгор (...) на робо́ту щодня́.

(*b*) Íгор (...) до теа́тру сього́дні.

í́хати – í́здити

(*c*) Богда́н за́втра (...) до Льво́ва.

(*d*) Богда́н за́вжди (...) до батькі́в авто́бусом.

4 Insert the missing verbs in the necessary form from the list below.

(*a*) Я (...) до те́бе че́рез де́сять хвили́н і (...) кни́гу. (*on foot*)

(*b*) Ма́ма вчо́ра (...) з робо́ти о 9 годи́ні ве́чора і (...) тісте́чка. (*on foot*)

(*c*) Моя́ по́друга ча́сто (...) на маши́ні й (...) ді́тям пе́чиво.

(*d*) Ро́берт (...) по́їздом за́втра вра́нці й (...) докуме́нти.

прийти́, прихо́дити, проно́сити, пронести́, приї́хати, приїжджа́ти, привезти́, приво́зити

 5 Translate your part in the dialogue into Ukrainian.

Прикордо́нник Ва́ші докуме́нти, будь ла́ска.

You *Here is my passport, ticket and customs declaration form.*

Прикордонник	Яка́ мета́ Ва́шої пої́здки?
You	*I've come for a holiday.*
Прикордонник	Ви ма́єте предме́ти, заборо́нені до ввезення?
You	*I don't know what is prohibited.*
Прикордонник	Яку́ валю́ту Ви ма́єте?
You	*200 American dollars, 135 pounds.*
Прикордонник	У Вас є украї́нські гри́вні?
You	*No, I don't have any Ukrainian money.*

6 Taras phones Vira at home. How much of this dialogue can you understand without referring to the list of new words?

Тара́с	Алло́, Ві́рочко? Це я. Я вже́ у Ки́єві.
Ві́ра	Ну, як доро́га?
Тара́с	Долеті́ли норма́льно.
Ві́ра	Стоми́лися?
Тара́с	Тро́хи.
Ві́ра	Вас зустрі́ли?
Тара́с	Нас зустрі́в представни́к фі́рми «Мо́да».
Ві́ра	Але́ ж ви з ним не були́ знайо́мі...
Тара́с	У ньо́го в рука́х була́ табли́чка з на́шими прі́звищами, тому́ ми ле́гко знайшли́ оди́н о́дного.
Ві́ра	А як було́ з тра́нспортом?
Тара́с	Наш нови́й знайо́мий мав маши́ну. Це було́ ду́же зру́чно.
Ві́ра	Чудо́во.
Тара́с	Ми що́йно посели́лися в готе́лі. Ми зі Сті́веном ма́ємо два «лю́кси». Там є телеві́зор, холоди́льник. Все гара́зд.
Ві́ра	Сього́дні вам тре́ба до́бре відпочи́ти з доро́ги, про́сто погуля́ти ву́лицями.
Тара́с	Ми ще ніде́ не були́ і нічо́го не ба́чили. Але́ ми пі́демо че́рез годи́ну. Адже́ Сті́вен ще ніко́ли не був у Ки́єві.

Вírочка	Virochka, an affectionate form of Vira
ну, як доро́га?	so how was the journey?
долеті́ти (долечу́, долети́ш) (pf.)	to arrive (by plane)
стоми́тися (стомлю́ся, сто́мишся, ... сто́мляться) (pf.)	to get tired
Стоми́лися?	Are [you] tired?
Вас зустрі́ли?	Were you met? (lit. did [they] meet you?)
представни́к фі́рми «Мо́да»	representative of the firm 'Moda'
табли́чка	board, notice
тому́	therefore
ле́гко	easily
знайти́ (знайду́, зна́йдеш) (pf.) (past tense: знайшо́в, знайшла́ знайшли́)	to find
оди́н о́дного	each other
що́йно	just
посели́тися (pf.)	to settle in
відпочи́ти (-чи́ну, -чи́неш) (pf.)	to have a rest
погуля́ти (pf.)	to go for a walk
ніде́	nowhere
ми ще ніде́ не були́	we haven't been anywhere yet
адже́	after all

10

Я ПОКАЖУ́ ВАМ БУДИ́НОК

I'll show you the building

In this unit you will learn how to:

- describe the interior of a house or flat
- read the small ads in a newspaper
- become familiar with Ukrainians
- talk about your knowledge of foreign languages

Текст

At the summer cottage. Taras tells the story.

Учо́ра в нас був напру́жений день, а пі́сля робо́ти Ігор Іва́нович запропонува́в пої́хати до ньо́го в го́сті. Він сказа́в: «Дружи́на бу́де ду́же ра́да познайо́митися з ва́ми. Вона́ готу́є щось ду́же смачне́ на вече́рю і чека́є нас о пів на сьо́му». Ми не запере́чували, бо були́ сто́млені й голо́дні.

Ігор Іва́нович ма́є суча́сний двоповерхо́вий буди́нок. Навко́ло буди́нку – стари́й фрукто́вий сад. Уве́чері там ду́же ти́хо і па́хне кві́тами. Ве́чір був чудо́вий. Ста́хів поста́вив маши́ну в гара́ж, а по́тім ми зайшли́ в буди́нок. Две́рі відчини́ла його́ дружи́на, молода́ й ду́же вродли́ва жі́нка на ім'я́ О́льга. Вона́ так і сказа́ла під час знайо́мства: «Ду́же приє́мно познайо́митися. Я – О́льга». Я запита́в: «А по-ба́тькові?» Вона́ засмія́лася і відповіла́:

«Про́сто О́льга». Ста́хів та́ко́ж запропонува́в перейти́ на «ти», і ми погоди́лися. І́гор познайо́мив нас та́ко́ж із ді́тьми. Їх у ньо́го тро́є: ста́рший син Оста́п, сере́дня до́нька Ната́лка й моло́дша до́нька Оле́нка. По́тім І́гор запропонува́в: «Я покажу́ вам буди́нок». На пе́ршому по́версі – ку́хня, комо́ра й вели́ка віта́льня. На дру́гий по́верх веду́ть дерев'я́ні схі́дці, які́ госпо́дар буди́нку зроби́в сам. Нагорі́ є три спа́льні, кабіне́т І́горя, дитя́ча кімна́та, туале́т і ва́нна кімна́та.

Пі́сля вече́рі ми всі ходи́ли на прогу́лянку до рікѝ, сиді́ли над водо́ю, розмовля́ли, а Сті́вен, І́гор і Оста́п на́віть поплава́ли, тому́ що вода́ була́ ду́же те́пла й чи́ста.

Додо́му ми поверну́лися ду́же пі́зно, але́ в чудо́вому на́строї.

у нас був	we had
напру́жений	busy
запропонува́ти (-у́ю, -у́єш) (pf.)	to propose, suggest
пої́хати (пої́ду, пої́деш) (pf.)	to go
гість (gen.: го́сті) (m)	guest (alt. **i/o**)
він запропонува́в пої́хати до ньо́го в го́сті	he suggested going to visit him
готува́ти (готу́ю, готу́єш) (impf.)	to cook
щось	something
щось ду́же смачне́	something very tasty
вече́ря	supper
готува́ти ... на ве́черю (acc.)	to cook [something] for supper
чека́ти (impf.)	to wait
запере́чувати (-ую, -уєш) (pf.)	to object
сто́млений	tired
голо́дний	hungry
суча́сний	modern
двоповерхо́вий	two-storey
навко́ло (preposition followed by gen.)	around
фрукто́вий	fruit (adj.)
фрукто́вий сад	orchard
ти́хий	quiet, peaceful
уве́чері там ду́же ти́хо	in the evening it is very peaceful there
па́хнути (3rd person sg. па́хне) (impf.)	to smell
там па́хне кві́тами	there is a smell/it smells of flowers there

зайти́ (зайду́, за́йдеш) (pl. past tense: за́йшли) (pf.)	to enter
ми зайшли́ в буди́нок	we entered the house
две́рі (always pl.)	door
відчини́ти (pf.)	to open
вродли́вий	beautiful, handsome
вродли́ва жі́нка на ім'я́ О́льга	a beautiful woman named Ol'ha/Ol'ha by name
вона́ так і сказа́ла	she simply said
під ча́с (+ gen.)	during
знайо́мство	acquaintance
під ча́с знайо́мства	while introducing each other/being introduced
відповісти́ (f sg. past tense: відповіла́) (pf.)	to answer
про́сто	simply, just
перейти́ (pf.) на «ти»	lit. to go over to «ти»
пого́дитися (пого́джуся, пого́дишся) (pf.)	to agree
ста́рший	elder, eldest
Оста́п	Ostap
сере́дній	middle
Ната́лка (affectionate form of Ната́ля)	Natalka
моло́дший	younger, youngest
Оле́нка (affectionate form of Оле́на)	Olenka
ку́хня	kitchen
комо́ра	storeroom
дерев'я́ний	wooden
схі́дці (pl.)	staircase
на дру́гий по́верх веду́ть дерев'я́ні схі́дці	a wooden staircase leads up to the first floor
госпо́дар	master of the house
зроби́ти (зроблю́, зро́биш, ... зро́блять) (pf.)	to make
сам	(here:) himself
нагорі́	upstairs
спа́льня	bedroom
дитя́чий	children's (adj.)
дитя́ча кімна́та	children's room
туале́т	toilet
ва́нна кімна́та	bathroom
прогу́лянка	walk
ріка́	river
ходи́ти на прогу́лянку до рікй	to go for a walk to the river
ми сиді́ли над водо́ю	we sat by the water

на́віть	*even*
попла́вати (pf.)	*to have a swim*
чи́стий	*clean, pure*
поверну́тися (поверну́ся, пове́рнешся) (pf.)	*to return*
пі́зно	*late*
на́стрій	*mood* (alt. **і/о**)
в чудо́вому на́строї	*in a wonderful mood*

(a) Пра́вда чи непра́вда?

1 Тара́с і Сті́вен були́ сто́млені й го́лодні.
2 Ігор Іва́нович ма́є стари́й двоповерхо́вий буди́нок.
3 Дружи́ну Ста́хова звуть Оле́нка.
4 Ку́хня й комо́ра – на пе́ршому по́версі.

(b) Да́йте відпові́ді на ці запита́ння англі́йською мо́вою

1 Who opened the door when the guests arrived?
2 How many daughers does Stakhiv have?
3 What did people do after the meal?
4 When did Taras and Stephen get back home?

Cultural note: *becoming familiar*

The proposal **перейти́ на ти** (to go over to «**ти**») is not made lightly in Ukrainian. It means that you are no longer seen as a stranger, but are accepted as a friend. Taras is right to be concerned about Olha's **ім'я́ по-ба́тькові**, her patronymic, knowing that one of the polite forms of address in Ukrainian requires the first name and patronymic to be used together. The fact that Olha herself proposes being on first-name terms is significant; it would not have been correct for Stephen to make the first move.

—————— **Як функціонýє мóва** ——————

1 We had a busy day

We have already seen two ways of saying 'I have' in Ukrainian:

Я мáю брáта/У мéне є брат.   *I have a brother.*

In the second of these phrases the verb is a form of **бýти** (to be), and so in the past tense ('I had', etc.) we find past tense forms of **бýти**:

У нас **був** напрýжений день.   We **had** a busy day.

Some more examples:

В Остáпа є грóші.   *Ostap **has** money.*
В Остáпа **булú** грóші.   *Ostap **had** money.*

У тéбе є машúна?   *Do you have a car?*
У тéбе **булá** машúна?   *Did you have a car?*

Now let's look at what happens when we make these sentences negative:

В Остáпа **немáє** грошéй.   *Ostap has no money.*
В Остáпа **не булó** грошéй.   *Ostap had no money.*

Note: the past tense of **немáє** is **не булó**.

In the future tense the sentence will look like this:

В Остáпа **не бýде** грошéй.   *Ostap won't have any money.*

2 It smells of flowers

The Ukrainian phrase has a verb – **пáхнути** (*to give off a scent*) – and the noun denoting what there is a smell of in the **instrumental** case:

Пáхне квітами.   *There is a smell of flowers.*

Note: in this type of phase the verb has no subject; therefore in the past tense the verb has the **neuter** singular form:

Пáхло квітами.   *There was a smell of flowers.*

3 Counting people – collective numerals

When counting human beings Ukrainian uses a special set of numerals, called **collective**, that are followed by nouns in the **genitive plural**, e.g.

2	**двóє** брáтів	(*compare*: два	готéлі)
3	**трóє** брáтів	(*compare*: три	готéлі)
4	**чéтверо** брáтів	(*compare*: чотúри	готéлі)
5	**п'я́теро** брáтів	(*compare*: п'ять	готéлів)
6	**шéстеро** брáтів	(*compare*: шість	готéлів)
7	**сéмеро** брáтів	(*compare*: сім	готéлів)
8	**вóсьмеро** брáтів	(*compare*: вíсім	готéлів)
9	**дéв'ятеро** брáтів	(*compare*: дéв'ять	готéлів)
10	**дéсятеро** брáтів	(*compare*: дéсять	готéлів)

In actual practice only the first few collective numerals are in regular use. Even so people frequently use the ordinary cardinal numerals with nouns denoting human beings, e.g. **двá брáти**.

У ньóго **трóє** дітéй.	*He has **three children**.*
Їх у ньóго **трóє**.	*He has **three of them**.*
Нас булó **чéтверо**.	*There were **four of us**.*

Collective numerals are also used with nouns that have no singular form, e.g.

У кімнáті двóє **дверéй**.	*There are two **doors** in the room.*

> A note on summer houses:
>
> The idea of a **дáча** can range from a humble old cottage on one floor to newly-built palatial mansions. The common element is that the **дáча** is a second home; the first home is in the city. Stakhiv's cottage is clearly impressive. It is a **двоповерхóвий будúнок** – a two-storey building, with rooms **на пéршому пóверсі** – on the **ground** floor, and **на дрýгому пóверсі** – on the **first** floor.

Рекла́мні оголо́шення

Найму́ кварти́ру в це́нтрі	Flat sought to rent in the centre (lit. I will rent a flat in the centre)
Здаю́ двокімна́тну (кварти́ру) з телефо́ном у це́нтрі	Two-roomed (flat) with telephone to let in the centre (lit. I am letting...)
Здам кв-ру (свою́) без посере́дників	(Own) flat to let – no agents (lit. I will let (my own) flat without intermediaries)
Терміно́во потрі́бна кварти́ра з телефо́ном недале́ко від метро́	Flat with telephone near tube urgently needed
Продає́ться трикімна́тна кварти́ра (недо́рого)	Three-roomed flat for sale (not dear) (lit. is being sold)
Продаю́ться ме́блі імпортного виробни́цтва	Imported furniture for sale

оголо́шення (n)	advertisement, notice (in a newspaper), small ad
посере́дник	intrmediary
терміно́вий	urgent (adv: **терміно́во** urgently)
продава́тися	to be sold
кварти́ра	flat
однокімна́тна кварти́ра	one-roomed flat
дво-/трикімна́тна кварти́ра	two-/three-roomed flat
найма́ти (impf.) (кварти́ру)	to rent (a flat)
здава́ти (здаю́, здає́ш) (impf.) (кварти́ру)	to let (a flat)

Here are the **perfective future** forms of these two verbs:

найня́ти (perf. infinitive)		**зда́ти** (perf. infinitive)	
найму́	на́ймемо	здам	здамо́
на́ймеш	на́ймете	здаси́	здасте́
на́йме	на́ймуть	здасть	здаду́ть

Cultural note: *how to find the address you need*

Most Ukrainians, at least in the towns, live in flats. They will give their address in the following way:

Вул. Франка́, буд. 16, кв. 115

or, more simply,

Франка́ 16/115.

Here **буд.** stands for **буди́нок** (*block* (*of flats*)) and **кв.** stands for **кварти́ра** (*flat*), so the address is: flat 115, no. 16 Franko Street. When streets are names after people, the person goes into the genitive case, e.g. **ву́лиця Франка́** (*Franko Street*). The actual blocks of flats can be very large, so number 16 could well extend a long way. In order to find the right flat easily, it is also important to know which staircase it is on; for this you will need to know the number of the **під'їзд**. By each **під'їзд** there will be a notice saying which flats can be found on that particular staircase. In these security-conscious days you should also know the number of the **код** (*code*) that will open the door to the staircase.

---

4 *Talking about your knowledge of languages*

	зна́ю		*know*
Я	розумі́ю	*I*	*understand*
	вивча́ю		*am learning*
	украї́нську мо́ву		*Ukrainian*

розумі́ти	*to understand*

Я хо́чу зна́ти украї́нську мо́ву.	*I want to know Ukrainian.*
Я хо́чу вивча́ти украї́нську мо́ву.	*I want to learn Ukrainian.*
Я хо́чу розумі́ти украї́нську мо́ву.	*I want to understand Ukrainian.*

вільно
добре   розмовля́ю
Я не ду́же до́бре   украї́нською
пога́но   говорю́   мо́вою (inst.)
не   володі́ю

Ви говори́те украї́нською мо́вою?
Ви розмовля́єте украї́нською мо́вою?
Ви розумі́єте украї́нську мо́ву? *(acc.)*

Перепро́шую, що Ви сказа́ли?
Я не розумі́ю.
Я не зрозумі́в.

Повторі́ть, будь ла́ска.
Перекладі́ть англі́йською мо́вою.
Говорі́ть, будь ла́ска, пові́льно.

володі́ти (-і́ю, -і́єш) (+ inst.)	*to possess* (here:) *know well*
вільно	(here:) *fluently*
зрозумі́ти (зрозумі́ю, **зрозумі́єш)** (pf.)	*to understand*
повтори́ти (pf.) (imperative: **повторі́ть)**	*to repeat*
перекла́сти (переклад́у, **переклад́еш)** (pf.) (imperative: **перекладі́ть)**	*to translate*
перекладі́ть з украї́нської **мо́ви на англі́йську**	*translate from Ukrainian into English*
пові́льно	*slowly*

Впра́ви

1   Construct sentences according to the example:

> *Приклад:* Я ... (хоті́ти, зна́ти, італі́йська, мо́ва).
>   Я хо́чу зна́ти італі́йську мо́ву

Я ... (могти́, розмовля́ти, францу́зький, мо́ва).
Я ... (хоті́ти, розмовля́ти, німе́цький, мо́ва).
Я ... (могти́, рзумі́ти, цей, текст).
Я ... (хоті́ти, зна́ти, цей, сло́во).

Він ... (могти́, розмовля́ти, францу́зький, мо́ва).
Він ... (хоті́ти, розмовля́ти, німе́цький, мо́ва).
Вона ... (могти́, розумі́ти, цей, текст).
Вона ... (хоті́ти, зна́ти, цей, сло́во).

Ви ... (могти́, розмовля́ти, францу́зький, мо́ва).
Ми ... (хоті́ти, розмовля́ти, німе́цький, мо́ва).
Ви ... (могти́, розумі́ти, цей, текст).
Ми ... (хоті́ти, зна́ти, цей, сло́во).

(Я) ... (тре́ба, розмовля́ти, францу́зький, мо́ва).
(Ти) ... (тре́ба, розмовля́ти, німе́цький, мо́ва).
(Ми) ... (тре́ба, розумі́ти, цей, текст).
(Ви) ... (тре́ба, зна́ти, цей, сло́во).

2 A friend of yours has asked you to help him write a letter to some Ukrainians that he knows about his plans for the summer. He speaks a little Ukrainian but is afraid of making grammatical mistakes. Help him put the words into the correct form:

Дороги́й (Іва́н)!

Сього́дні (п'ятна́дцять) (тра́вень) (1997) (рік). (Два́дцять) (ли́пень), у (середа́), (я/мене́/мені́) ї́ду в (Украї́на) і бу́ду відпочива́ти на (Чо́рний) (мо́ре). (Я/мене́/мені́) хо́чу замо́вити (но́мер) у га́рному (готе́ль) для се́бе й свое́ї (дружи́на). Бі́ля (готе́ль) – (чудо́вий) (парк), пе́ред (готе́ль) – (мо́ре), за (готе́ль) – (го́ри). (Наш) (но́мер) на (тре́тій) (по́верх) з (телеві́зор), (холоди́льник), (телефо́н), (душ). Про цей (план) (я/мене́/мені́) говори́в із (дружи́на). (Вона́/її́/їй) (він/його́/йому́) ду́же подо́бається. (Вона́/її́/їй) пропону́є ї́хати (по́їзд) з Ки́єва. (Квитки́) (ми/нас/нам) замо́вили вчо́ра. Мо́жна тако́ж леті́ти (літа́к), але́ (квитки́) кошту́ють до́рого. З (Ки́їв) до (Оде́са) тре́ба ї́хати (по́їзд) 14 (годи́на): (1) (ніч) і (1) (ра́нок). (Ми/нас/нам) хо́чемо взя́ти СВ*, щоб ї́хати з (комфо́рт). (Мій) (дружи́на) ду́же лю́бить ї́здити (по́їзд): сиді́ти в (купе́), пи́ти (чай), диви́тися у (вікно́), ти́хо розмовля́ти або́ чита́ти (кни́га) й не пам'ята́ти про (робо́та) й (усі́) (спра́ви), які́ тре́ба було́ роби́ти у (Ки́їв). По́тім (ми/нас/нам) ма́ємо зроби́ти (переса́дка) в (Оде́са) на (електри́чка) та ї́хати півгоди́ни до (мі́сце) від почи́нку.

В (Одéса) влíтку дýже жáрко. (Ми/нас/нам) замовля́ємо (нóмер) у (готéль) на (двóє/двох/двом) на (два/двí) (тúждень). Пíсля (Одéса) ми íдемо до (друг). (Вíн/йогó/йомý) живé в (Херсóн). (Я/менé/менí) мáю (лист) від (друг), де (вíн/йогó/йомý) пúше, що хóче (я/менé/менí) бáчити. (Ми/нас/нам) із (дружúна) мáємо ще (два/двí) (тúждень) й хóчемо поíхати до (Херсóн) (30) (лúпень) на 14 (день). (Ви/вас/вам) подóбаються (наш) (плáни) на (лíто)?

До (зýстріч),

Рíчард.

15 (трáвень) 1995 р., Лóндон

*СВ [esvé] (спáльний вагóн) – *sleeping car*

3   Complete the following table.

	стілéць	підлóга	лíжко	коридóр (in plural)	полúця (in plural)	дзéркало (in plural)
Nom.						
Acc.						
Gen.						
Dat.						
Loc.						
Inst.						

4   Write in full the present and both future tenses of the following imperfective verbs.

   (a) пúти
   (b) писáти
   (c) íсти

5   Write out in full the past tenses of the following verbs.

   (a) читáти
   (b) ітú
   (c) летíти

6 Write out the following sentences, putting the words in brackets into the correct form.

Що (лежа́ти – *past tense*) на (стіл)?
На (він) (лежа́ти – *past tense*) па́пка.

Що ви (пи́ти – *present tense*) вра́нці?
Я (пи́ти – *present tense*) (ка́ва). Я (вона́) ду́же люблю́.

З (хто) ви (розмовля́ти – *past tense*)?
Я (розмовля́ти – *past tense*) з (нови́й дире́ктор). Ви (знати) (він)?

7 Which room is which? Base your answer on the information given below (check unfamiliar words in the vocabulary).

(*a*) Це га́рна, сві́тла кімна́та. Тут стоя́ть: кана́па, журна́льний сто́лик, два крі́сла, телеві́зор. На підло́зі лежи́ть ки́лим, на стіні́ виси́ть вели́ке дзе́ркало.

(*b*) У ціє́ї кімна́ті є стіл, чоти́ри стільці́, га́зова плита́, холоди́льник.

(*c*) Це невели́ка кімна́та. Тут стої́ть письмо́вий стіл, зручне́ крі́сло, виси́ть бага́то поли́ць із книжка́ми. На столі́ – комп'ю́тер, диске́ти, телефо́н, факс, ру́чки, олівці́, кі́лька па́пок із докуме́нтами.

8 Flat-hunting (check unfamiliar words in the vocabulary).

Your friend has seen several flats and wants to buy one of them. He gives you a description of all four and a plan of the flat that he likes most of all. Find the flat that matches his plan...

Flat no. 1: У кварти́рі 3 кімна́ти, вели́ка ку́хня, ва́нна, туале́т, невели́кий балко́н, коридо́р 9 квадра́тних ме́трів.

Flat no. 2: Це двокімна́тна кварти́ра з ку́хнею й хо́лом. Віта́льня (20 ме́трів) з вели́ким балко́ном. Ва́нна й туале́т окре́мо, є комо́ра (3 ме́три). У спа́льні тако́ж мале́нький балко́н.

Flat no. 3: Трикімна́тна кварти́ра на дру́гому по́версі, ку́хня (10 ме́трів) з вели́кою комо́рою, але́ нема́є балко́на, ва́нна й туале́т мале́нькі. Ду́же вели́ка віта́льня, а дві і́нші кімна́ти – мале́нькі (13 і 16 ме́трів).

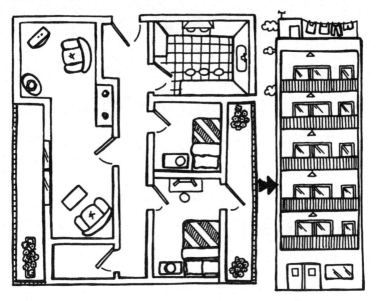

Flat no. 4: Трикімна́тна кварти́ра, тре́тій по́верх шести-поверхо́вого буди́нку. Вели́кий хол, ку́хня 13 квадра́тних ме́трів, віта́льня 25 ме́трів і ще дві окре́мі кімна́ти, два балко́ни, комо́ра.

11

МИ З ДРУ́ЗЯМИ ХО́ЧЕМО ПООБІ́ДАТИ

My friends and I want to have lunch

In this unit you will learn how to:

- address people using the vocative case
- order a meal in a restaurant
- make sense of a menu and identify certain Ukrainian dishes

Діало́г 1

In the 'Ukraina' restaurant.

Тара́с Добри́й день! У вас є ві́льні сто́лики? Ми з дру́зями хо́чемо пообі́дати. Нас бу́де тро́є. Вони́ за́раз підійду́ть.

Офіціа́нтка Так, про́шу. Де ви хо́чете сиді́ти?

Тара́с Я ду́маю, бі́ля вікна́, пода́лі.

Офіціа́нтка Про́шу, сіда́йте. Ось меню́.

(*Stephen appears, accompanied by a young lady*)

Сті́вен Тара́се, ти вже́ тут! Я хо́чу тебе́ познайо́мити із Соломі́єю.

Тара́с Бо́же мій! Соломі́є! Я не знав, що це ти! Тре́ба було́ здогада́тися, адже́ в те́бе таке́ рі́дкісне ім'я́! Сті́вене, ми з Соломі́єю знайо́мі ма́йже сто ро́ків!

Соломі́я Не перебі́льшуй! Я ще не така́ стара́ ... Сті́вене, Ви ба́чите яки́й тісни́й світ! Ми з Тара́сом були́

| | |
|Стівен | друзями дитинства, наші батьки товаришували.
А я збирався Вас офіційно представити своєму другові ... Який дивовижний випадок! |

Ukrainian	English
пообі́дати (pf.)	to have some lunch
підійти́ (підійду́, піді́йдеш) (pf.)	to come [closer]
пода́лі	a bit further off
меню́ (n, indeclinable)	menu
здогада́тися (pf.)	to guess
тре́ба було́ здогада́тися	[I] should have guessed
рі́дкісний	rare, unusual
адже́ в те́бе таке́ рі́дкісне ім'я́	after all, you have such a rare name!
ма́йже	almost, nearly
перебі́льшувати (-ую, -уєш) (impf.)	to exaggerate
я ще не така́ стара́	I'm not that old yet!
тісни́й	narrow, tight
світ	world
ви ба́чите, яки́й тісни́й світ	you see how small the world is
дити́нство	childhood
ми з Тара́сом були́ дру́зями дити́нства	Taras and I were childhood friends
товаришува́ти (-у́ю, -у́єш) (impf.)	to be friends
дивови́жний	strange
ви́падок (gen.: **ви́падку**)	chance, occurrence

Як функціону́є мо́ва

1 Nouns

addressing people – the vocative case

You have already seen several examples of the special forms of names used when addressing people:

Тара́се!	Стівене!	Ігоре Іва́новичу!
Тетя́но!	Соломіє Олекса́ндрівно!	

Here is a summary of the endings for names already introduced:

Masculine:
(a) *first names**
Nom S.	Іва́н	Петро́	Васи́ль	Сергі́й	Мико́ла
Voc.	Іва́не!	Петре́!	Васи́лю!	Сергі́ю!	Мико́ло!

(b) *patronymics*
Nom S.	Іва́нович
Voc.	Іва́новичу!

Feminine
(a) *first names***
Nom S.	Ольга	Ната́ля	Марі́я
Voc.	Ольго!	Ната́лю!	Марі́е!

(b) *patronymics*
Nom S.	Олекса́ндрівна
Voc.	Олекса́ндрівно!

Note: *masculine: **-e** after a hard consonant or if the name ends in **-o**; **-ю** after a soft consonant or vowel; **-o** if the name ends in **-a**. **Íгор** might find himself addressed as **Íгоре**, or **Íгорю!**

Feminine: **-o after a hard consonant; **-ю** after a soft consonant; **-є** after a vowel.

You have also seen that the word for Mr (**пан**) has a vocative form **па́не!**, e.g. **па́не Те́йлор!** (The equivalent word for Mrs (**па́ні**) has no separate vocative form.) God (**Бог**) can be addressed as **Бо́же!**

In theory it is possible to form the vocative case from every masculine and feminine noun in Ukrainian. You could, if you wished, address your car as **маши́но**.

There are no special vocative case endings in the plural, and none at all in adjectives and pronouns. Surnames also do not have vocative forms.

Cultural note

Foreigners will most often be addressed with **пан/па́ні** followed by the first name or surname. This form of address is also perfectly acceptable when talking to Ukrainians, especially if you cannot remember the first name and patronymic! You can also address people using their academic or professional title, e.g. **Па́не профе́соре! Па́не дире́кторе!**

2 I should have guessed

(For constructions with **тре́ба** and the dative case, see unit 6.)

Note how the meaning changes from the present to the past tense:

Мені́ тре́ба відві́дати свої́х украї́нських партне́рів.	*I have to visit my Ukrainian partners.*
Мені́ тре́ба було́ відві́дати свої́х украї́нських партне́рів.	*I should have visited my Ukrainian partners* (with the implication that I didn't.)

Діало́г 2

Our friends order their meal.

Офіціа́нтка	Перепро́шую, що Ви бу́дете замовля́ти?
Тара́с	Ви́бачте, ми за́раз ви́рішимо. О́тже, товари́ство, що бу́демо ї́сти?
Сті́вен	З холо́дних заку́сок я беру́ ікру́ й овоче́вий сала́т.
Тара́с	Соломі́є?..
Соломі́я	Я бу́ду осетри́ну і сала́т «Вечі́рній».
Тара́с	А для ме́не, про́шу, м'ясне́ асорті́ й марино́вані гриби́.
Офіціа́нтка	Бу́дете замовля́ти пе́ршу стра́ву?
Сті́вен	Я бу́ду борщ.
Соломі́я	Я не хо́чу.
Тара́с	Я візьму́ осетро́ву соля́нку.
Офіціа́нтка	Дру́гі стра́ви?..
Сті́вен	А що ви порекоменду́єте?
Офіціа́нтка	У нас ду́же смачне́ філе́ з гриба́ми, варе́ники, котле́та по-ки́ївськи..
Сті́вен	О, так, я візьму́ котле́ту по-ки́ївськи. Я її́ ду́же люблю́.
Тара́с	Я візьму́ варе́ники з карто́плею. А ти, Соломі́є?
Соломі́я	Я тако́ж бу́ду котле́ту по-ки́ївськи.
Тара́с	Дру́зі, що бу́демо пи́ти?
Сті́вен	У вас є кри́мське вино́?
Офіціа́нтка	Так, «Каберне́», «Муска́т», «Масса́ндра»...
Тара́с	Чудо́во, пля́шку «Муска́ту», будь ла́ска.

о́тже	*so, well then*
товари́ство	(here:) *people! folks!*
заку́ска	*hors d'oeuvres*
ікра́	*caviare*
овоче́вий	*vegetable* (adj.)
сала́т	*salad*
осетри́на	*sturgeon*
м'ясне́ ассорті́ (n, indeclinable)	*assorted cold meats*
марино́ваний	*marinated*
стра́ва	*dish, course*
борщ	*borshch [a soup]*
соля́нка	*solyanka [a soup]*
осетро́ва соля́нка	*solyanka with sturgeon*
філе́ (n, indeclinable)	*fillet*
варе́ник	*varenyk*
котле́та	*cutlet*
по-ки́ївськи	*Kyiv-style, à la Kyiv*
карто́пля	*potato[es]*
кри́мський	*Crimean*
пля́шка	*bottle*

3 Adverbs – Kyiv-style

по-ки́ївськи	*Kyiv-style, à la Kyiv*

A whole range of similar adverbs can be formed from adjectives denoting place and countries:

по-англі́йськи	*in the English manner*
по-украї́нськи	*in the Ukrainian manner*

Діало́г 3

During lunch:

Сті́вен   О, ду́же сма́чно.

Тара́с   Я люблю́ тут обі́дати. Соломі́йко, розкажи́, що в тебе ново́го.

Соломі́я   Нови́н ма́ло. Як за́вжди, бага́то працю́ю. Розлучи́лася з чолові́ком, помі́ня́ла кварти́ру, купи́ла соба́ку.

Тара́с   Бо́же, і це «ма́ло нови́н»?

Соломі́я	Це все відбуло́ся за ті роки́, коли́ ми не ба́чилися. А як ти? Як Ві́ра?
Тара́с	О, все гара́зд. Ві́ра пи́ше дисерта́цію, бага́то працю́є в бібліоте́ках.
Соломі́я	А ти приї́хав у службо́вих спра́вах чи на відпочи́нок?
Тара́с	Про́сто скучи́в за Украї́ною, а тако́ж було́ приє́мно скла́сти компа́нію Сті́венові. Му́шу сказа́ти, що тобі́ ду́же пощасти́ло з партне́ром. Сті́вен – ас у свої́й спра́ві.
Соломі́я	Я це вже́ зрозумі́ла. З ним ду́же ціка́во співп- рацюва́ти.
Сті́вен	Дя́кую. Сподіва́юся на у́спіх на́шої спі́льної спра́ви.
Тара́с	(*To the waitress*) Мо́жна попроси́ти раху́нок? Дя́кую.

розкажи́, що в те́бе ново́го	*tell [us] what's new with you*
новина́	*news item*
нови́ни (pl.)	*news*
розлучи́тися (з + inst.) (pf.)	*to get divorced from*
це все	*all of this*
відбу́тися (pf.)	*to happen*
за (preposition followed by acc.)	*(here:) during,* *over* (in a time expression)
це все відбуло́ся за ті роки́, коли́ ми не ба́чилися	*this all happened over the (lit. those)* *years that (lit. when) we haven't* *seen each other*
бібліоте́ка	*library*
скучи́ти (за + inst.) (impf.)	*to long for, feel nostalgic about, miss*
скла́сти (складу́, складе́ш) (past tense:	
склав, скла́ла, скла́ли) (pf.)	*to put together, form*
скла́сти компа́нію (+ dat.)	*to be company [for someone]*
му́сити (му́шу, му́сиш) (impf.)	*must, to have to*
ас	*ace*
співпрацюва́ти (-у́ю, -у́єш) (з + inst.)	*to collaborate [with]*
сподіва́тися (impf.) (на + acc.)	*to hope [for]*
раху́нок	*bill*
попроси́ти раху́нок	*to ask for the bill*

4 What's new with you?

The basic construction is **що** followed by the adjective in the neuter genitive singular form (**ново́го** from **нове́**), e.g.

Що в газе́ті ціка́вого?   *Is there anything interesting in the newspaper?* (lit. What's interesting in the paper?)

The construction **в тебе**, involving the preposition **в/у** and the genitive case, is exactly the same as **у/в ме́не є** (*I have*).

The negative answer would be:

Нічо́го ново́го нема́є.   *There's nothing new.*

5 During

це все відбуло́ся **за** ті роки́ ...   *all this happened during the years ...*

The preposition **за** followed by the accusative case denotes the period of time over which certain things have been achieved, i.e. in this instance Solomiia is now divorced and lives in a different flat with a dog.

Contrast the meaning of **за** with **під час**:

під час обі́ду ми розмовля́ли   *during lunch we chatted*

i.e. we chatted at the same time as eating lunch; the actions are simultaneous.

6 Asking and asking for

Мо́жна попроси́ти раху́нок?   *May I ask for the bill?*

Проси́ти (impf.)/**попроси́ти** (pf.) means to ask **for** something; it is followed by a noun in the accusative case without a preposition. 'Asking' when a question is involved is **пита́ти** (impf.)/**запита́ти** (pf.) or **спита́ти** (pf.). There is no difference in meaning between the two perfective verbs.

Запита́й Сті́вена, чи він   *Ask Stephen if he likes*
лю́бить украї́нський борщ.   *Ukrainian borshch.*

 ——————— **Діало́г 4** ———————

Plans for tomorrow:

Тара́с   До ре́чі, Соломі́йко, ти за́втра не ду́же за́йнята? Я за́втра пови́нен з'ї́здити за мі́сто, а у Сті́вена

	ві́льний день. Чи ти мо́жеш побу́ти його́ гі́дом?
Соломі́я	З приє́мністю. Я мо́жу показа́ти Вам Ки́їв.
Сті́вен	Я не хо́чу завдава́ти вам турбо́т. Якщо́ Ви за́йняті ...
Соломі́я	О, це дрібни́ці. А крім то́го, я теж ма́ю пра́во на відпочи́нок.
Тара́с	Чудо́во. Домо́вилися.
Соломі́я	Сті́вене, ми мо́жемо зустрі́тися бі́ля О́перного теа́тру об 11-й годи́ні дня і пі́демо на екску́рсію. Ви не заблука́єте?
Сті́вен	Сподіва́юся, що ні.

за́йнятий	*busy*
з'ї́здити (з'ї́жджу, з'ї́здиш) (pf.)	*to make a trip*
за (preposition + acc.)	*(here:) beyond*
з'ї́здити за мі́сто	*to make a trip out of town*
чи ти не мо́жеш побу́ти його́ гі́дом?	*lit. can you not be his guide for a bit?*
приє́мність (gen.: **приє́мності**) (f)	*pleasure* (alt. **о/і**)
завдава́ти (завдаю́, завдає́ш) (impf.)	*(here:) to cause*
турбо́та	*trouble*
завдава́ти турбо́ти (pl.) (+ dat.)	*to cause [someone] trouble*
дрібни́ця	*trifle, small matter*
це дрібни́ці	*it's nothing!*
крім (preposition followed by gen.)	*apart from*
теж	*also*
пра́во (на + acc.)	*right [to]*
екску́рсія	*excursion*
піти́ на екску́рсію	*to go on an excursion*
заблука́ти (pf.)	*to get lost*
сподіва́юся, що ні	*I hope not*

(*a*) Пра́вда чи непра́вда

1 Соломі́я і Тара́с – дру́зі дити́нства.
2 Сті́вен лю́бить ї́сти котле́ту по-ки́ївськи.
3 Тара́с замовля́є в рестора́ні пля́шку шампа́нського.
4 Соломі́я нещода́вно купи́ла чо́рного кота́.

(*b*) Да́йте відпові́ді на ці запита́ння англі́йською мо́вою

1 What kind of salad did Stephen order?

2 Is Solomiia a vegetarian?

3 What did Taras tell Solomiia about his wife's work?

4 Did Stephen ask Solomiia to be his guide at the weekend?

7 More on prefixes with verbs of motion

The prefix **з-/с-** can be added to verbs of motion from the multi-directional group (revise verbs of motion in unit 9) to produce perfective verbs meaning 'to go somewhere quickly and return'. That is why we can translate **з'їздити** as 'to make a trip'. Another example:

У нас горілки немає. *We've no vodka. I'll have to*
Треба збігати в магазин. *run down to the shop.*

Cultural note:

Here is the order of a typical Ukrainian meal:

First come the **холодні закуски** (*cold hors d'oeuvres*: mainly cold meats and fish) and **салати** (*salads*). This is followed by the **перша страва** (or **перше**) (*first course*: soup) and the **друга страва** (or **друге**) (*second course*: meat or fish in various forms with vegetables, pasta, rice or potatoes).

Що ви будете замовляти *What are you going to*
на перше? *order **for** first course?*
На друге я буду філе. *I'll take fillet **for***
  second course.

Ordering a sweet is much less common than in this country. But if you like a sweet at the end of a meal, you will look for 'something sweet' or 'dessert' on the menu: **солодке** (neuter form of the adjective **солодкий** 'sweet') or **десерт**.

Read through this selection from the menu from the restaurant 'Ukraina', which is right in the centre of Kyiv, on the corner of **бульва́р Шевче́нка** (*Shevchenko Boulevard*) and **Пу́шкінська ву́лиця** (*Pushkin Street*), and use the material in it for later exercises.

Холо́дні заку́ски	*Cold hors d'oeuvres*
Ри́бні	*Fish*
Печі́нка тріско́ва	*Cod liver*
Креве́тки під майоне́зом	*Prawns in mayonnaise*
Оселе́дець із цибу́лею	*Herring with onion*
Шпро́ти	*Sprats*
Овоче́ві	*Vegetables*
Гриби́ марино́вані	*Pickled mushrooms*
Помідо́ри фарширо́вані	*Stuffed tomatoes*
Огірки́ сві́жі	*Fresh cucumbers*
Пе́рець болга́рський натура́льний	*Fresh Bulgarian sweet peppers*
М'ясні́	*Meat*
Язи́к відварни́й	*Boiled tongue*
Ковбаса́	*Salami*
Гаря́чі заку́ски	*Hot hors d'oeuvres*
Голубці́ овоче́ві	*Cabbage rolls stuffed with vegetables*
Дируни́ з карто́плі	*Potato pancakes*

Пе́рші стра́ви	*First course*
Борщ украї́нський з пампушка́ми	*Ukrainian borshch with garlic buns*
Ю́шка грибна́	*Mushroom yooshka*
Соля́нка осетро́ва	*Sturgeon solyanka*

Дру́гі стра́ви	*Second course*
Свини́на з гарні́ром	*Pork with garnish*
Біфште́кс сма́жений з гарні́ром	*Fried steak with garnish*
Варе́ники з карто́плею і гриба́ми	*Varenyky with potato and mushrooms*
Омле́т із 3-х яє́ць	*Omelette made with three eggs*

Солóдкі стрáви	Sweet dishes
Морóзиво: з горíхом	Ice cream: *with nuts*
з шоколáдом	*with chocolate*

Напóї	***Beverages***
Алкогóльні	*Alcoholic*
Горíлка Українська з пéрцем	*Vodka: Ukrainian with pepper*
Коньяк Ай-Пéтрі	*Cognac Ai-Petri*
Вúна натурáльні: Кагóр	*Table wines: Kagor*
Кабернé	*Cabernet*
Шампáнські вúна:	*Sparkling wines:*
Українське напівсухé	*Ukrainian semi-dry*
Українське напівсолóдке	*Ukrainian semi-sweet*
«Гранд Дюшéс»	*'Grand Duchesse'*

Гарячі напóї	***Hot beverages***
Чай з цýкром	Tea *with sugar*
з мéдом	*with honey*
з лимóном	*with lemon*
Кáва чóрна	Coffee *black*
з цýкром	*with sugar*
з молокóм	*with milk*

Холóдні напóї, сóки	***Cold beverages, juices***
Кáва з морóзивом	*Coffee with ice cream*
Сік яблучний	*Apple juice*
Сік апельсúновий	*Orange juice*

It is of course quite impossible to find an exact English equivalent for many of the names of Ukrainian dishes. **Варéники** are very similar to ravioli, stuffed with meat or vegetables. **Дерунú** are made from grated potato and served with sour cream (**зі сметáною**). **Борщ** is a soup made primarily from beetroot with the addition of tomatoes, potatoes, cabbage and other vegetables. **Солянка** has a sourish taste; it can have either a fish or meat base.

напíй (gen.: **напóю**)	*drink, beverage* (alt. **о/і**)
сік (gen.: **сóку**)	*juice* (alt. **о/і**)

Meals of the day:

снідáнок (gen.: **снідáнку**)	*breakfast*
обíд	*lunch*
підвечíрок (gen.: **підвечíрку**)	*tea (meal)*
вечéря	*supper*

───── **Впра́ви** ─────

1 Put the correct form of the preposition **з/зі/із** in the gap.

Приклад: Він ... мно́ю   Він зі мно́ю

ча́шка ... сто́лу
две́рі ... кімна́ти
стіле́ць ... ку́хні
дзвони́ти ... кавіне́ту
квито́к ... ста́нції

2 Compile a Ukrainian menu out of the dishes listed below, putting them into the correct columns.

закуски   перші   дру́гі   напо́ї
             стра́ви   стра́ви

гриби́ марино́вані, борщ украї́нський з пампушка́ми,
горі́лка украї́нська з пе́рцем, ковбаса́, ю́шка грибна́,
конья́к «Ай-Пе́трі», шампа́нське напівсухе́, ка́ва з молоко́м,
соля́нка осетро́ва, голубці́ овоче́ві, варе́ники
з м'я́сом, омле́т із 3-х яє́ць.

3 You are with a Ukrainian friend Vasyl in the 'Ukraina' restaurant. You know what his likes and dislikes are. Look again at the menu and then answer the questions in Ukrainian.

Васи́ль лю́бить стра́ви з грибі́в, варе́ники з карто́плею. Він не лю́бить пампушки́ й голубці́. З напо́їв він лю́бить ка́ву з молоко́м.

   (i) Що ви́бере Васи́ль із заку́сок?
  (ii) Що він замо́вить із пе́рших страв?
 (iii) Що Васи́ль візьме́ із дру́гих страв?
 (iv) Що він бу́де пи́ти?

4 Greet a friend in Ukrainian:

You   Hi, I haven't seen you for ages (*for nearly a hundred years*)! What's new? What's happened over recent months?

X   Nothing much. I got married and bought a three-roomed flat in the centre of town.

You   I ought to have known! Your life is so quiet!

5   Ordering a meal in Ukrainian:

(*a*)   What soups do you have? I don't like solyanka.

(*b*)   You don't have any beer? Do you have a dry white wine?

(*c*)   I don't eat fish. I would like fried steak with potatoes and salad.

(*d*)   I'll have the prawns (but without mayonnaise, please), stuffed cabbage leaves and juice of some sort – orange, if you've got it. I don't want a first course.

12

Я Б ХОТІВ ПОГУЛЯ́ТИ ВУ́ЛИЦЯМИ КИ́ЄВА

I should like to walk the streets of Kyiv

In this unit you will learn:

- something of Kyiv and its history
- more about verbs, adverbs and prepositions denoting directions
- how to be late in Ukrainian

Діало́г 1

A meeting by the Opera and Ballet Theatre (11.20 am).

Сті́вен   До́брий день, Соломі́є. Ви́бачте, будь ла́ска, що я запізни́вся. Я сів не на той троле́йбус. Шкода́, що Вам довело́ся чека́ти.

Соломі́я   Нічо́го, не хвилю́йтеся. З ко́жним мо́же ста́тися. То куди́ Ви заї́хали?

Сті́вен   Я сього́дні ви́їхав вча́сно, сів на двадця́тий троле́йбус і доі́хав до Хреща́тика. Там я ви́йшов на кінце́вій зупи́нці й запита́в доро́гу до О́перного теа́тру в перехо́жого. Я йшов шви́дко, але́, на жа́ль, запізни́вся на два́дцять хвили́н.

Соломі́я   Дарма́. Все гара́зд. О́тже, куди́ ми сього́дні пі́демо?

Сті́вен   Я не зна́ю... Я б хоті́в погуля́ти ву́лицями Ки́єва. Сього́дні таки́й те́плий день. У ме́не є ка́рта, мо́жна скла́сти маршру́т по́дорожі...

Соломі́я   Чудо́во. (*They sit on a bench and open the map*).

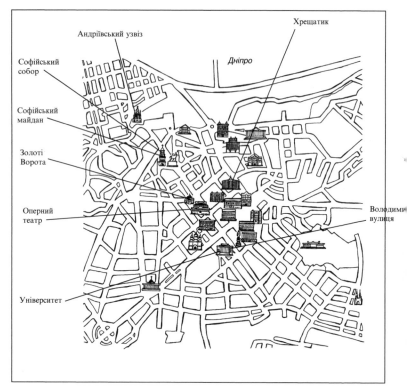

запізни́тися (pf.)	*to be late*
троле́йбус	*trolleybus*
сі́сти на троле́йбус	*to get on a trolleybus*
не той троле́йбус	*the wrong trolleybus*
я сів не на той троле́йбус	*I got on the wrong trolleybus*
шкода́	*(here:) it's a pity*
довести́ся (доведе́ться;	
past tense **довело́ся)**	
(pf.) (impersonal)	*to be forced, have to*
шкода́, що Вам довело́ся чека́ти	*it's a pity that you had to wait*
нічо́го!	*it's nothing, it doesn't matter!*
хвилюва́тися (-ю́юся, -ю́єшся) (impf.)	*to worry*
ста́тися (3rd person **ста́неться)** (pf.)	*to happen*
з ко́жним мо́же ста́тися	*it can happen to anyone*
заї́хати (заї́ду, заї́деш) (pf.)	*to get somewhere*
то куди́ Ви заї́хали	*so where did you end up?*
ви́їхати (ви́їду, ви́їдеш) (pf.)	*to leave*

двадця́тий троле́йбус	*trolleybus no. 20*
доі́хати (доі́ду, доі́деш) (pf.)	
(до + gen.)	*to reach, go as far as*
ви́йти (ви́йду, ви́йдеш; past tense	
ви́йшов, ви́йшла, ви́йшли)	*(here) to get out*
кінце́ва зупи́нка	*terminus* (lit. final stop)
я ви́йшов *на* **кінце́вій зупи́нці**	*I got out at the terminus*
запита́ти (у/в + gen.) доро́гу	
(до + gen.)	*to ask (someone) the way (to)*
перехо́жий (adj. functioning as noun)	*passer-by*
шви́дко	*quickly*
запізни́тися *на* **два́дцять хвили́н**	*to be twenty minutes late*
дарма́	*(here:) it doesn't matter*
маршру́т	*route*
по́дорож (f)	*journey*

Діало́г 2

Solomiia and Stephen start their walk.

Соломі́я Так. Ми пі́демо гуля́ти по найдавні́шій части́ні мі́ста – Старокиї́вській горі́. Ми за́раз на ву́лиці Володи́мирській. Ми пі́демо ціє́ю ву́лицею повз О́перний теа́тр до Золоти́х ворі́т, що коли́сь служи́ли головно́ю бра́мою – в'ї́здом до Ки́єва. Золоті́ воро́та бу́дуть ось там, ліво́руч. До ре́чі, біля Золоти́х ворі́т за́раз є ста́нція метро́ з тако́ю ж на́звою, ду́же га́рна й нова́. Ви ще її́ не ба́чили?

Сті́вен Ні. Я вже́ ї́здив на метро́, але́ небага́то.

Соломі́я Пі́сля Золоти́х ворі́т ми продо́вжимо йти цим же бо́ком ву́лиці, поки дійдемо́ до Софі́йського майда́ну. Там ми поди́вимося прекра́сну па́м'ятку архітекту́ри та культу́ри на́шого наро́ду – Софі́йський собо́р.

Сті́вен Мені́ так ціка́во Вас слу́хати. Ви чудо́во зна́єте істо́рію!

Соломі́я Я про́сто ду́же люблю́ Ки́їв. Я тут народи́лася і не уявля́ю себе́ без ньо́го у майбу́тньому.

Сті́вен А ми пі́демо на Андрії́вський узві́з? Мої́ знайо́мі бага́то зга́дували про ньо́го. Я давно́ хо́чу його́ поба́чити.

Соломі́я Я са́ме туди́ хоті́ла Вас повести́ пі́сля відві́дання Софі́ї.

найдавні́ший	oldest, most ancient
части́на	part
Старок#ки́ївська гора́	Old Kyiv Hill
повз (+ acc.)	by, past
золоти́й	golden
воро́та (n pl.: gen.: **ворі́т**)	gates (alt **i/o**)
Золоті́ воро́та	the Golden Gates
коли́сь	in former times
служи́ти (impf.)	to serve
головни́й	main, chief
бра́ма	city gate
ми пі́демо ціє́ю ву́лицею ...	we'll go **along** this street to the
до Золоти́х ворі́т, що	Golden Gates which served **as** the
служи́ли головно́ю бра́мою	main gateway ...
в'їзд (**до** + gen.)	entry (to)
на́зва	name
з тако́ю ж на́звою	with the same name
я вже ї́здив на метро́	I've already travelled on the metro
продо́вжити (pf.)	to continue
іти́ цим же бо́ком ву́лиці	to walk on the same side of the street
по́ки (followed by a pf. verb)	until
дійти́ (**дійду́, ді́йдеш**) (past tense:	
дійшо́в, дійшла́, дійшли́) (pf.)	to reach
Софі́йський майда́н	St Sophia's square
па́м'ятка	monument
архітекту́ра	architecture
па́м'ятка архітекту́ри	listed building
культу́ра	culture
наро́д	people, nation
собо́р	cathedral
мені́ так ціка́во Вас слу́хати	it is so interesting **for me** to listen to you
про́сто	simply
народи́тися (pf.)	to be born
уявля́ти (impf.)	to imagine, picture
я не уявля́ю себе́ без ньо́го	I cannot imagine myself without it [Kyiv]
майбу́тнє (n. soft adj.)	the future
Андрі́ївський узві́з (gen.: **узво́зу**)	St Andrew's uzviz (alt **i/o**)
зга́дувати (impf.)	to recall, mention
я са́ме туди́ хоті́ла вас повести́	that's **precisely** where I wanted to take you
пі́сля відві́дання Софі́ї	after visiting St Sophia

(*a*) Пра́вда чи непра́вда?

1 Сті́вен прийшо́в на зу́стріч вча́сно.
2 Соломі́я та Сті́вен почина́ють прогу́лянку на Софі́йському майда́ні.
3 У Ки́єві є ста́нція метро́ «Золоті́ воро́та».
4 Сті́вен хо́че поба́чити Андрі́ївський узві́з.

(*b*) Да́йте відпові́ді на ці запита́ння англі́йською мо́вою

1 How late was Stephen for his meeting?
2 Did Stephen go to his meeting by underground?
3 On what side of Volodymyrs'ka Street will Stephen see the Golden Gates?
4 Why does Solomiia know Kyiv so well?

 —————— **Як функціону́є мо́ва** ——————

1 Pronouns

demonstrative pronouns – цей (*this*), той (*that*)

Here are the declensions in full:

(*a*) **Masculine and Neuter singular**

Nom.	*Acc.*	*Gen.*	*Dat./Loc.*	*Inst.*
цей (m) це (n)	(inanimate:) цей/це (animate:) цього́	цього́	цьому́ (у/в, на) цьо́му	цим
той (m) те (n)	(inanimate:) той/те (animate:) того́	того́	тому́ (у/в, на) то́му	тим

(b) Feminine singular

Nom.	Acc.	Gen.	Dat./Loc.	Inst.
ця	цю	цієї	цій (у/в, на) цій	цією
та	ту	тієї	тій (у/в, на) тій	тією

(c) Plural (all genders)

Nom.	Acc.	Gen.	Dat.	Loc.	Inst.
ці	ці/цих/ (inanimate:) ці, ті	цих	(у/в, на) цих	цим	цими
ті	ті/тих/ (animate:) цих, тих	тих	(у/в, на) тих	тим	тими

The demonstrative pronoun **такий** (*such, what a ...!* followed by an adjective in exclamations) declines exactly like an adjective.

цей (же) (са́мий)/той (же) (са́мий) – *the same*
таки́й же/таки́й са́мий – *similar*

The pronoun comprises the demonstrative **цей** or **той** together with **же** and **са́мий**. **Цей**, **той** and **са́мий** decline and change gender according to the case and gender of the noun with which they stand. The pronoun can take any one of three forms:

- цей/той же са́мий
- цей/той же
- цей/той са́мий

They all mean the same thing. But what do we mean by 'same'? If your friend has a pen that looks in all respects identical to your own, you can say: 'You have the same pen as I do'. In Ukrainian this would be:

У те́бе **така́ са́ма/така́ же** ру́чка, ак у ме́не.

Таки́й са́мий/таки́й же means 'similar' whereas **цей/той са́мий** means 'selfsame'.

The emphatic pronoun сам '(one)self'

The pronoun **сам** declines like an adjective, i.e. its nominative feminine, neuter and plural forms are **сама́**, **само́**, **самі́**.

Стíвен *сам* рóбить перéклади з украї́нської мóви.	Stephen **himself** makes translations from Ukrainian.
Вíра *сама́* прийде.	Vira **herself** will come.

This pronoun always refers to animate beings and is often associated with forms of the reflexive pronoun **себé** (see the next unit), e.g.

Я люблю́ говори́ти сам із собóю.	*I like talking to myself.*

It can also have the meaning 'alone':

Стíвен живé сам.	*Stephen lives alone.*

The adverbial form **сáме** means 'namely, exactly, precisely' and emphasizes the word that follows.

сáмий

на **сáмому** почáтку	*at the very beginning, right at the beginning*

Сáмий emphasizes the noun that follows:

Я стоя́в бíля сáмої стíни.	*I was standing right by the wall.*

не той ... (the wrong ...)

Я сів не на **той** тролéйбус.	*I got on the wrong trolleybus.*

'Wrong' here means 'not the one that is required'. The Ukrainian equivalent is the demonstrative pronoun **той** preceded by **не**.

2 Adjectives into nouns

Some adjectives are used as nouns. They decline like adjectives, and, if they denote human beings, change gender according to the sex of the person signified.

So far you have seen:

перехóжий	*passer-by*
знайóмий	*acquaintance*
лю́тий	*February*

майбу́тнє	the future
мину́ле	the past
на́бережна	embankment
шампа́нське	champagne

3 Alternation of vowels

There have been several words marked in the wordlists with (alt. **i/o**), (alt. **i/e**).

Most of these words are nouns, and most of them have **i** (**ï**) in the nominative case and **o** (**e/є**) in all the other cases.

Here are some examples from previous units:

стіл	на столі́	біль	бо́лю (gen.)
Льві́в	у Льво́ві	гість	го́стя (gen.)
схід	на схо́ді	бік	бо́ку (gen.)
за́хід	на за́ході	приє́мність	приє́мності (gen.)
пі́вніч	на пі́вночі	річ	ре́чі (gen.)

In some words the alternation takes place in the genitive plural:

Nom. S.	*Nom. Pl.*	*Gen. Pl.*
село́	се́ла	сіл
—	воро́та	ворі́т

The alternation also takes place in verbs:

| стоя́ти | *imperative:* | стій! |
| вести́ | *past tense:* | вів, вела́, вело́, вели́ |

The necessary information about the words is given in the vocabulary at the back of the book.

4 Alternation of consonants

We have already seen (units 6 and 7) how the consonants **г, к, х** change to ('alternate with') **з, ц, с** in certain case endings.

There are different sets of alternations

in verbs

● throughout the present tense and related forms of certain first-conjugation verbs, e.g.

бíгти – біжý *imperative* біжи́, біжíть
плáкати – плáчу *imperative* плач, плáчте (*to cry*)
писáти – пишý *imperative* пиши́, пиши́ть
рíзати – рíжу *imperative* ріж, рíжте (*to cut*)
хотíти – хóчу

● in the first-person singular of second conjugation verbs, e.g.

плати́ти – плачý – плáтиш
води́ти – воджý – вóдиш
проси́ти – прошý – прóсиш
вози́ти – вожý – вóзиш
íздити – íжджу – íздиш

with certain consonants the alternation also takes in the third-person plural, e.g.

спати – сплю, спиш, сплять (*to sleep*)
люби́ти – люблю́, лю́биш, лю́блять
подиви́тися – подивлю́ся, поди́вишся, поди́вляться

● in imperfective infinitives formed from perfective ones, e.g.

запроси́ти – запрóшувати
замóвити – замовля́ти

in making adjectives, other nouns and verbs from nouns

рік – річни́й
друг – дрýжній – дружи́ти
дорóга – пóдорож
прохáння – проси́ти

річни́й	*annual*
дрýжній	*amicable, friendly*
прохáння (n)	*request*

in forming diminutives

рукá – рýчка
квíтка – квíточка
ногá – нíжка
мýха – мýшка

5 I'm sorry I'm late

Contrast the tenses: English has a present tense, I am late, whereas in dialogue 1 Stephen uses the perfective past tense: **я запізнився**. (The imperfective form of **запізни́тися** is **запізнюватися**.)

Compare:

Я поспіша́ю, тому́ що запізнюююся **на** по́їзд.

I am in a hurry because I am late for the train (i.e. there isn't much time left, but I might still catch it).

Я запізни́вся **на** по́їзд.

I missed the train.

| **запізнюватися (ююся, -юєшся)** (impf.) | *to be late* |

6 Getting around

Cultural note:

There are no conductors on some buses, trolleybuses and trams in Kyiv. You should buy your tickets (**квитки́** or **тало́ни**) in advance from kiosks on the street. Once on board you put your **тало́н** into one of the little machines fixed on the sides and push the button. The ticket is valid for a journey of any length on the bus (or trolleybus or tram) on which it was punched. If the bus is packed and you cannot easily get to a punching machine, say: **переда́йте, будь ла́ска, на компо́стер** (*please pass [my ticket] to be punched*) – don't worry, you will get your ticket back! If you fail to show a valid ticket on demand, you will be liable to pay a fine (**штраф**). Ticket inspectors (**контроле́ри**) do not wear uniforms. Most of your fellow-passengers wil not in fact punch tickets. This is because they have a one-month **проїзни́й (квито́к)**.

The **метро́** system in Kyiv is new and still expanding. In order to use it, you first have to buy a token (**жето́н**). You insert the token into the slot of one of the automatic barriers and pass through. It is also possible to buy a **магні́тна ка́ртка** (*magnetic swipe card*) for use on the metro.

There are taxis, both state and private (**таксі**). Always check the fare on the meter (**лічи́льник**). One special form of taxi is the **маршру́тне таксі**, minibuses that operate on fixed routes but which can be hailed anywhere, not simply at bus stops. You pay the driver when you get on board.

7 Asking the way

тра́нспорт	transport (specifically 'public transport')
авто́бус	bus
троле́йбус	trolleybus
трамва́й	tram
зупи́нка	stop

Here are some useful phrases:

Як діста́тися до ву́лиці...	*How can I get to ... street?*
Як дої́хати до пло́щі...	*How can I get to ... square?*
Ви мо́жете ї́хати авто́бусом но́мер 17.	*You can go by a number 17 bus.*
Мо́жна ї́хати сімна́дцятим троле́йбусом.	*You can go by trolleybus number 17.*
Тре́ба ї́хати троле́йбусом 19.	*You need a number 19 trolleybus.*
Тре́ба/мо́жна сі́сти на трамва́й но́мер 20.	*You can/need to get on a number twenty tram.*
Як дійти́ до університе́ту?	*How can I get to the university?*
Де знахо́диться рестора́н «Дніпро́»?	*Where is the Dnipro restaurant?*
Іді́ть пря́мо оди́н кварта́л до магази́ну «Кві́ти», поверні́ть право́руч і зра́зу поба́чите вхід до рестора́ну.	*Go straight on for one block as far as the florist's shop, turn right and straight away you'll see the entrance to the restaurant.*

Note: **Як** + infinitive form **діста́тися/дійти́** (on foot)/**дої́хати** (by transport) is the normal way of asking how to get somewhere.

діста́тися (діста́нуся, діста́нешся)	
(pf.) (**до** + gen.)	*to get (somewhere)*
поверну́ти (поверну́, пове́рнеш)	
(pf.) imperative: **поверні́ть!**	*to turn*

on the bus, trolleybus or tram

Де тре́ба зроби́ти переса́дку на авто́бус но́мер 62?	*Where can I change on to a number 62 bus?*
Вам тре́ба пересі́сти на зупи́нці бі́ля Річково́го вокза́лу.	*You need to change at the stop by the river boat station.*

пересі́сти (has the same form as **сі́сти**) (pf.) **переси́да́ти** (impf.)   *to change*
(e.g. **з авто́буса на метро́, з троле́йбуса 20 на авто́бус 15**)

Public transport is frequently very crowded, and you might find yourself a long way from the doors. You are permitted to push your way through by politely asking your fellow-passengers:

Ви за́раз вихо́дите?	*Are you getting off now?*
Ви бу́дете вихо́дити?	*Will you be getting off [at the next stop]?*
Дозво́льте, будь ла́ска, пройти́.	*Please let me through.*

announcements on the underground

Ста́нція «Дніпро́». Ви́хід на пра́ву платфо́рму	*This is Dnipro station. Exit to the right.*
Обере́жно, две́рі зачиня́ються.	*Be careful, the doors are closing.*
Насту́пна ста́нція «Гідропа́рк».	*The next station is Hydropark.*
Ста́нція «Пло́ща Льва Толсто́го». Перехі́д на ста́нцію «Пала́ц спо́рту».	*This is Lev Tolstoy Square station. Change to Palace of Sport station.*
Насту́пна ста́нція «Республіка́нський стадіо́н».	*The next station is Republic Stadium.*

ста́нція	station
(*Note*: **Вокза́л** is a large main-line station)	
ви́хід (gen.: **ви́ходу**)	exit (alt. **і/о**)
пра́вий	right
лі́вий	left
платфо́рма	platform
обере́жний	careful
зачиня́ти (impf.)	to close (transitive)
зачиня́тися (impf.)	to close (intransitive)
перехі́д (gen.: **перехо́ду**)	transfer, crossing (alt. **і/о**)

——————————— **Вправи** ———————————

1 Read through the announcements that you will hear on the underground in section 7 above. Now look at the map of Kyiv underground system and write down what announcements might be made on the section of route that runs between «**Вокза́льна**» and «**Арсена́льна**» stations. At all stations on this section passengers leave the carriages on the left-hand side; at «**Хреща́тик**» station you can transfer to «**Майда́н Незале́жності**» station, and at «**Театра́льна**» station you can transfer to «**Золоті́ воро́та**» station.

Map of the Kyiv Underground

2 Answer the following questions, using the possessive pronoun in brackets in the necessary case.

При́клад: Чи́їм автомобі́лем ми пої́демо в го́стю? (Мій)
Ми пої́демо в го́сті мої́м автомобі́лем.

Чию́ соба́ку звуть А́нта? (наш)
Чиї́й до́ньці 12 рокі́в? (моя́)
Чий телеві́зор вчо́ра полама́вся? (її́)

полама́тися (pf.)	*to break down*

3 Put the word in brackets into the required case – don't forget vowel alternation!

(a) Ба́тько живе́ на (схід) Украї́ни.

(b) Літа́к лети́ть пря́мо на (за́хід).

(c) У Карпа́тах бага́то (гора́).

(d) Моє́му си́нові вісім (рік).

4 Put the verbs in brackets into the required forms of the present tense.

(a) Мико́ла (хотіти) леті́ти до Пра́ги літако́м, а я за́вжди (їздити) по́їздом.

(b) Я не (могти́) купи́ти словни́к, бо я ніко́ли не (носи́ти) вели́кі кни́ги в рука́х.

(c) Я (проси́ти) тебе́ замо́вити дороге́ вино́, я сього́дні (плати́ти).

(d) Він за́раз (писа́ти) лист дружи́ні, що не (могти́) приї́хати в се́рпні.

5 Stephen and Solomiia continue their walk through old Kyiv by going down the street called *Andriyivs'ky uzviz*.

Примі́тка: **Андрі́ївський узві́з** could be translated as St Andrew's Hill, but strictly speaking the word **узві́з** refers to the road by which goods were transported (**віз**, related to **вози́ти**) up (the meaning of the prefix **уз-**) the hill from Podil on the river Dnipro.

Сті́вен	Соломі́є, Андрі́ївська це́рква – там?
Соломі́я	Так. Ми пере́йдемо че́рез пло́щу й за де́сять хвили́н бу́демо бі́ля Андрі́ївської це́ркви, яка́ стої́ть на па́горбі, на са́мому поча́тку Андрі́ївського узво́зу. На узво́зі є бага́то карти́нних галере́й та худо́жніх сало́нів.
Сті́вен	Але́ сього́дні – вихідни́й день. Худо́жні сало́ни сього́дні працю́ють?
Соломі́я	Там бу́де бага́то худо́жників, що продаю́ть свої́ карти́ни. Ціє́ю га́рною ву́лицею ми спу́стимося на Поді́л – стари́й і ду́же ціка́вий райо́н мі́ста. Там по́руч Дніпро́ і на́бережна.
Сті́вен	А мо́жна пото́м підня́тися фунікуле́ром на Володи́мирську гі́рку?
Соломі́я	Ми так і зро́бимо. Володи́мирська гі́рка – це чудо́ве мі́сце для прогу́лянок. Чи́сте пові́тря, густа́ зе́лень, га́рні але́ї, прекра́сний вид на рі́ку.

за де́сять хвили́н	in ten minutes
па́горб	hill
на са́мому поча́тку	at the very beginning
карти́нна галере́я	picture gallery
худо́жній сало́н	artist's salon
спусти́тися (спущу́ся, спу́стишся)	
(pf.) (на + acc.)	to descend, go down (to)
Поді́л (gen.: Подо́лу)	Podil (the low town) (alt. **i/o**)
райо́н	district
Дніпро́	Dnipro (the river on which Kyiv stands)
на́бережна (f adj.)	embankment
підня́тися (підніму́ся, підні́мешся)	
(pf.) (на + acc.)	to ascend, go up (to)
гі́рка	hill, small mountain
Володи́мирська гі́рка	St Volodymyr's hill
чи́стий	pure, clean
пові́тря (n)	air
густи́й	thick
але́я	avenue
вид (на + acc.)	view (of)

Independence Square, Kyiv.

13

Я ПРИВІЗ ПРОПОЗИ́ЦІЇ ЩО́ДО СТВО́РЕННЯ СПІ́ЛЬНОГО ПІДПРИЄ́МСТВА

I have brought proposals for the creation of a joint venture

In this unit you will learn:

- about the conditional forms of the verb
- about the comparative and superlative degrees of adjectives
- something about conducting business talks and going shopping for clothes

—————— Діало́г 1 ——————

(*Note:* the style of these dialogues is intentionally much more formal than in previous texts. Stephen is therefore referred to as **Те́йлор**.)

In Solomiia Maliarchuk's office.

Маля́рчу́к	Я ма́ю приє́мність привіта́ти Вас в о́фісі на́шої фі́рми. Мо́жемо відра́зу розпоча́ти робо́ту. Я вже́ підготува́ла паке́т докуме́нтів, які́ мо́жуть полегши́ти на́шу пра́цю. Іго́ре Іва́новічу, покажі́ть, будь ла́ска, на́шому го́стю підгото́влені папе́ри.
Те́йлор	Дя́кую за гости́нний прийо́м.
Ста́хів	Це пропози́ції на́шого фіна́нсового відді́лу, перелі́к фа́брик, які́ мо́жна включи́ти до на́шого прое́кту. Це розраху́нки ко́штів, потрі́бних для модерніза́ції

	фа́брик і закупі́влі обла́днання. Ось да́ні про мере́жу магази́нів в Украї́ні та і́нших краї́нах, які́ могли́ б бу́ти зацікáвлені у співробі́тництві з на́ми.
Те́йлор	Це ду́же важли́ва інформа́ція. На жа́ль, я не мо́жу за́раз гли́бше ознайо́митися з розраху́нками че́рез брак ча́су. Я ви́словлю свої́ міркува́ння під час на́ших насту́пних зу́стрічей, коли́ дета́льно ви́вчу ці матеріа́ли. Я тако́ж приві́з письмо́ві пропози́ції щодо ство́рення спі́льного підприє́мства і можли́вих джере́л фінансува́ння прое́кту. Ось для Ва́шого ро́згляду пла́ни капіталовкла́день і можли́вості оде́ржати по́зику в ба́нках де́яких краї́н Європе́йського Сою́зу.

пропози́ція (щóдо + gen.)	*proposal (for)*
привіта́ти (pf.)	*to welcome*
відра́зу	*at once*
розпоча́ти (розпочну́, розпочне́ш) (pf.)	*to begin*
підготува́ти (-у́ю, -у́єш) (pf.)	*to prepare*
полéгшити (pf.)	*to make easier*
пра́ця	*work*
підгото́влений	*prepared*
підгото́влені папе́ри	*the papers that have been prepared*
гости́нний	*hospitable*
прийо́м	*receptiom*
фіна́нсовий	*financial*
фіна́нсовий ві́дділ	*finance department*
перéлік	*list*
фа́брика	*factory*
включи́ти (pf.) (**до** + gen.)	*to include (in)*
прое́кт	*project*
перéлік фáбрик, які́ мо́жна включи́ти до на́шого прое́кту	*a list of factories that can be included in our project*
розраху́нок (gen.: **розраху́нку**)	*calculation*
кошт	*cost, expense*
потрі́бний (для + gen.)	*necessary (for)*
модерніза́ція	*modernisation*
закупі́вля	*(bulk) purchase*
обла́днання (n)	*equipment*
да́ні (pl. adj.)	*data*
мере́жа	*net, network*
магази́н	*shop*
зацікáвити (зацікáвлю, зацікáвиш, зацікáвлять) (у/в + loc.) (pf.)	*to interest [someone] (in)*

співробі́тництво	collaboration
магази́ни, які́ могли́ бу́ти зацікáвлені у співробі́тництві	shops that might be interested in collaboration
важли́вий	important
на жáль	unfortunately
гли́бше	more deeply
ознайóмитися (з + inst.)	to familiarise oneself (with)
чéрез (+ acc.)	(here:) *because of*
брак	shortage
чéрез брак чáсу	because of a shortage of time
ви́словити (ви́словлю, ви́словиш, ви́словлять) (pf.)	to express
міркувáння (n)	consideration
детáльно	in detail
ви́вчити (pf.)	to study
коли́ я ви́вчу ці матеріáли	when I have studied these materials
письмóвий	written
можли́вий	possible
джерелó	source
фінансувáння (n)	financing
рóзгляд	scrutiny, inspection
капіталовклáдення (n)	capital investment
можли́вість (gen.: можли́вості) (f)	possibility (alt. **i/o**)
пóзика	loan
можли́вість одéржати пóзику	the possibilty of receiving a loan
європéйський	European
сою́з	union

 ——— ## Як функціонýє мóва ———

1 Verbs

more on aspect

Stephen is going to put forward his views when he has studied the proposals:

> Сті́вен **ви́словить** свої́ (lit. when he **will have studied**)
> міркувáння, коли́ він
> **ви́вчить** пропози́ції.

In English a type of past tense is used after 'when'; Ukrainian uses the

perfective future to denote the idea of completion of one action in the future before the next action – expressing his opinion – can begin.

conditional

The conditional forms of verbs express:

● the **possibility** or **probability** of something happening if certain conditions are fulfilled, e.g.

Я б прийшóв, якбй я мав час. *I would come, if I had the time.*

● A **very polite form** of making requests, e.g.

| Я б хотíв... Ви моглй б...? | *I should like... Would you please...?* |
| Чи не мóжна булó б...? | *Would it (not) be possible...?* |

The conditional mood is formed by adding the particle **би/б** as a separate word to the forms of the past tense, e.g.

хотíти

я хотíв би хотíла б	ми хотíли б
ти хотíв би хотíла б	ви хотíли б
він хотíв би	
вона хотíла б	вони хотíли б
воно хотíло б	

Just as in the past tense, a verb in the conditional mood changes for gender and number, but not person. The particle **би/б** can stand either after or before the verb form, e.g.

Вонá хотíла **б**
Вонá **б** хотíла

The form of the particle – **би** or **б** – depends on the preceding sound. If it is a consonant, use **би**; if it is a vowel, use **б**, e.g.

Я замóвив **би**
Я **б** замóвив

● if

'If' is a very important word for conditional sentences.

(*a*) In unit 4 you met one Ukrainian equivalent: **якщó**. **Якщó** is used to denote a condition that may well be fulfilled, e.g.

| Якщо́ Сті́вен ма́тиме час, він пої́де до Льво́ва. | *If Stephen has the time, he will go to L'viv.* |
| Якщо́ бу́де дощ, я не прийду́. | *If it rains I won't come.* |

Note: compare the tense of the verbs after 'if' (present) and **якщо́** (future).

Якщо́ is sometimes reduced to **як** in speech:

| Як бу́деш у Ло́ндоні, подзвони́. | *If you're in London, phone me.* |

(*b*) There are some conditions which are unlikely to be fulfilled, e.g.

If Stephen had the time, he would go to L'viv (with the implication that he won't have the time).

If it had rained, I would not have come (but it didn't, so I came).

In such sentences we need a different word for 'if' in Ukrainian: **якби́**. This word consists of two elements, **як** + **би**; the presence of the conditional particle **би** means that the verb automatically goes into the past tense:

Якби́ Сті́вен **мав** час, він би пої́хав до Льво́ва.

Якби́ **був** дощ, я б не прийшо́в/прийшла́.

● In order to

The phrase **щоб нала́годити виробни́цтво** (*in order to arrange production*) occurs in dialogue 2. Here **щоб** (**що** + **б**) is followed by an infinitive. There are times, however, when it will be followed by the **past tense** of a verb:

| Я б хоті́в, щоб Ви подзвони́ли до ме́не. | *I would like you to phone me* (lit. *I would like that you should phone me*). |
| Соломі́я сказа́ла Ігореві Іва́новичу, щоб він **замо́вив** два но́мери в готе́лі. | *Solomiia told Ihor Ivanovych to book two rooms in the hotel* (lit. *that he should book*). |

Note that the subjects in the two parts of each of these sentences are different.

2 Adjectives

degrees of comparison

There are three degrees of comparison:

(1) The **positive** degree, which serves simply to describe the noun to which it refers (the big house):

велúкий будúнок

(2) The **comparative** degree, which is used to make a comparison between two objects, e.g.

Цей будúнок **бíльший, ніж** той.	*This building is **bigger** than that one.*

(3) The **superlative** degree, used to make a comparison between several objects on the basis on one criterion, e.g.

Цей будúнок – **найбíльший** у мíсті.	*This building is the **biggest** in town.*

formation of the comparative and superlative degrees of comparison

● **comparative degree**

The comparative degree is formed by inserting the suffix **-іш-** or **-ш-** before the adjectival ending, e.g.

дóбрий	добрíший	*kinder**
приємний	приємнíший	*more pleasant*
простúй	простíший	*simpler*
дешéвий	дешéвший	*cheaper*
молодúй	молóдший	*younger, junior*
старúй	стáрший	*older, elder, senior*

*The adjective **дóбрий** was introduced in unit 1 meaning 'good'; it also means 'kind', and in this meaning only the comparative is **добрíший**. See below for the comparative form of **дóбрий** (*good*).

In some adjectives the addition of the comparative suffix causes certain changes, e.g.

важкúй	вáжчий	*heavier, more difficult*
висóкий	вúщий	*higher, taller*
вузькúй	вýжчий	*narrower*
глибóкий	глúбший	*deeper*
далéкий	дáльший	*more distant, further off*
дóвгий	дóвший	*longer*

дороги́й	доро́жчий	*dearer*
коро́ткий	коро́тший	*shorter*
легки́й	ле́гший	*lighter, easier*
низьки́й	ни́жчий	*lower*
швидки́й	шви́дший	*quicker*
широ́кий	ши́рший	*wider, broader*

глибо́кий	*deep*
дале́кий	*distant*
швидки́й	*quick*

Other useful comparatives:

бага́то	*a lot of*	бі́льше (+ gen.)	*more*
ма́ло	*a little, few*	ме́нше (+ gen.)	*fewer, less*

The word **ніж** is used between the items being compared; it is exactly equivalent to English 'than'. Another way is to use the preposition **від** and the genitive case, or the preposition **за** and the accusative case, e.g.

Брат ста́рший від ме́не.	*My brother is older than I am.*
Дніпро́ ши́рший за Те́мзу. (Темза)	*The Dnipro is wider than the Thames.*

(*Note*: the Dnipro, despite appearances, is masculine.)

The comparative form can be emphasized in English by the addition of 'far', 'considerably', 'much', 'yet' or 'even', e.g. my car is much faster/that film was even better. The equivalent words in Ukrainian are:

дале́ко, бага́то/набага́то	*much*
куди́	*far*
зна́чно	*considerably*
ще	*yet*
на́віть	*even*

Цей фільм **ще ціка́ві́ший**.	*This film is even more interesting.*
Река́ Дніпро́ **зна́чно глиби́ша**, ніж Те́мза.	*The river Dnipro is far deeper than the Thames.*

● **superlative degree**

The superlative degree is formed by adding the prefix **най-** to the form of the comparative degree, e.g.

добрий	добрíший	**най**добрíший	*kindest*
приéмний	приéмнíший	**най**приéмнíший	*pleasantest*
молодúй	молóдший	**най**молóдший	*youngest*

Some comparative and superlative forms are quite different from their corresponding positive forms (compare in English: good – better – best; bad – worse – worst):

велúкий	бíльший	найбíльший	*bigger*	*biggest*
добрий *(good)*	крáщий	найкрáщий	*better*	*best*
малéнький	мéнший	наймéнший	*smaller*	*smallest*
погáний	гíрший	найгíрший	*worse*	*worst*

погáний	*bad*

The superlative degree can also be formed by using **найбíльш** before the positive form of the adjective, e.g.

Ця кнúга найбíльш цікáва. *This book is the most intresting one.*

Of course the book could be the least interesting one:

Ця кнúга **наймéнш** цікáва.

Діалóг 2

Малярчýк Пропонýю перейтú до конкрéтних аспéктів нáшого контрáкту. Напрúклад, скíльки, на Вáшу дýмку, трéба булó б модернізувáти фáбрик в Украї́ні, щоб налáгодити виробнúцтво óдягу за вáшими технолóгіями?

Тéйлор Я вважáю, що потрíбно бýде двí фáбрики для виробнúцтва жінóчого óдягу, однá – що спеціалі-зýється на пошиттí чоловíчого óдягу, і однé підприéмство, яке́ виробля́є аксесуáри. Я тако́ж хотíв би включúти до нáшого проéкту текстúльну фáбрику, щоб одéржувати я́кісні тканúни.

Малярчýк Ми не повúнні забувáти про вúтрати на транспортуван́ня і рекламу наш́ої продукції, а також на електроенергію і страхування.

Тейлор Я візьму на себе переговори з можливими інвесторами. Сподіваюся полагодити ці питання найближчим часом.

Малярчук Ми можемо продовжити цю розмову після Вашої поїздки до Львова, де Ви познайомитеся з генеральним директором однієї з фабрик.

конкретний	concrete
аспект	aspect
контракт	contract
наприклад	for example
думка	thought, opinion
на Вашу думку	in your opinion
модернізувати (-ую, -уєш) (impf.)	to modernize
скільки треба було б	how many factories should be modernized?
модернізувати фабрик?	(lit. ...would it be necessary to modernize)
налагодити (налагоджу, налагодиш)	
(pf.)	to arrange
за (preposition followed by instr.)	(here:) by means of
технологія	technology
спеціалізуватися (-уюся, -уєшся)	
(**на** + loc.) (impf.)	to specialize (in)
пошиття (n)	sewing
виробляти (impf.)	to produce
аксесуари	accessories
текстильний	textile (adj.)
текстильна фабрика	textile factory
щоб	in order to
одержувати (-ую, -уєш) (impf.)	to obtain, receive
якісний	high-quality
тканина	cloth
витрата (**на** + acc.)	expenditure (on)
транспортування (n)	transportation
реклама	advertising, advertisement
електроенергія	electrical energy
страхування (n)	insurance
я візьму на себе...	I shall take upon myself
інвестор	investor
сподіватися	to hope
полагодити (полагоджу,	
полагодиш) (pf.)	to settle
найближчим часом	in the very near future

(*a*) Пра́вда чи непра́вда?

1 Ста́хів пока́зує Сті́венові пропози́ції щодо ство́рення страхово́ї компа́нії.
2 Сті́вен приві́з папе́ри стосо́вно можли́вості оде́ржати по́зику у ба́нках.
3 Майбу́тнє спі́льне підприє́мство бу́де виробля́ти о́дяг за суча́сними зарубі́жними техноло́гіями.
4 Організа́тори спі́льного підприє́мства не пови́нні забува́ти про рекла́му.

(*b*) Да́йте відпові́ді на ці запита́ння англі́йською мо́вою

1 What did Solomiia prepare for the business meeting?
2 How many factories will produce women's clothes?
3 Does Stephen suggest that the joint enterprise should buy good quality cloth or make its own?
4 Who is going to conduct the negotiations with potential investors?

3 Pronouns

The reflexive pronoun себе́

The case forms of this pronoun are very similar to those of the second-person singular pronoun ти, except that it has no nominative case:

Nom.		—
Acc.		себе́
Gen.		себе́
Dat.		собі́
Loc.	(на)	собі́
Instr.		собо́ю

Reflexive pronouns in English look like this:

I can see **myself** in the mirror.
You look pleased with **yourself/yourselves**.
She locked **herself** out of the house.

In Ukrainian there is only the one reflexive pronoun, **себе**; it always derives its meaning from the subject of the sentence in which it occurs, e.g.

Я візьму́ на *се́бе цю робо́ту.	*I'll take this job upon **myself**.*
Сті́вен ві́зьме на *се́бе цю робо́ту.	*Stephen will take this job upon **himself**.*
Я приві́з із собо́ю пропози́ції.	*I've brought the proposals with **me**.*
Сті́вен приві́з із собо́ю пропози́ції.	*Stephen brought the proposals with **him**.*

*Note: stress change

 ——————— **Впра́ви** ———————

(Check any unfamiliar words in the vocabulary at the back of the book.)

1   You are out shopping. Say what you want to buy by removing the brackets and making any necessary grammatical changes:

   Example: Я хо́чу (сі́рий, пальто́) = Я хо́чу сі́ре пальто́
   Я хо́чу купи́ти сі́ре пальто́.
   Я ма́ю купи́ти сі́ре пальто́.
   Мені́ тре́ба купи́ти сі́ре пальто́.

Я хо́чу	(чо́рний,	пла́ття).
Я хо́чу	(кори́чневий,	штани́).
Я хо́чу	(зеле́ний,	дже́мпер)
Я хо́чу купи́ти	(бі́лий/жо́втий,	футбо́лка)
Я хо́чу купи́ти	(си́ній,	пла́вки)
Я хо́чу купи́ти	(чо́рний,	колго́ти)
Я хо́чу купи́ти	(сі́рий,	костю́м)
Я ма́ю купи́ти	(ора́нжевий,	шо́рти)
Я ма́ю купи́ти	(вели́кий,	светр)
Я ма́ю купи́ти	(мале́нький,	парасо́лька)
Мені́ тре́ба купи́ти	(мали́новий,	спідни́ця)
Мені́ тре́ба купи́ти	(блаки́тний,	плащ)
Мені́ тре́ба купи́ти	(фіоле́товий,	су́мка)

2 Say what you would like to exchange, try on or buy by removing the brackets and making any necessary grammatical changes:

Example: Де я мо́жу поміня́ти (гро́ші)? = Де я мо́жу поміня́ти гро́ші?

поміня́ти

(*a*)

Де я мо́жу поміня́ти (до́лари)?
Де я мо́жу поміня́ти (су́кня)?
Де я мо́жу поміня́ти (костю́м)?
Де я мо́жу поміня́ти (крава́тка)?

помі́ряти

(*b*)

Де я мо́жу помі́ряти (плащ)?
Де я мо́жу помі́ряти (соро́чка)?
Де я мо́жу помі́ряти (ку́ртка)?
Де я мо́жу помі́ряти (окуля́ри)?

купи́ти

(*c*)

Де я мо́жу купи́ти (бі́лий,	папі́р)?
Де я мо́жу купи́ти (чо́рний,	ру́чка)?
Де я мо́жу купи́ти (вели́кий,	портфе́ль)?
Де я мо́жу купи́ти (черво́ний,	олівЕ́ць)?
Де я мо́жу купи́ти (мале́нький,	магнітофо́н)?
Де я мо́жу купи́ти (па́ра,	шкарпе́тки)?

3 Now say what you like or dislike wearing

Я (не) ношу́	(кори́чневий), (зеле́ний)	ко́лір
Я (не) люблю́	(бі́лий), (мали́новий)	
Я (не) одяга́ю	(си́ній), (фіоле́товий)	
Мені́ (не) подо́бається	(ора́нжевий), (жо́втий)	
	(блакти́тний), (сі́рий)	

4 Situations in which you can practice your Ukrainian.

(a) Tell your colleague that because of illness you have not brought with you the papers on the setting up of a new company;

(b) You are in a bookshop in Kyiv. You say that you would like to buy a book about Ukraine for your wife/husband.

(c) Your Ukrainian friend asks you to go with him/her to buy clothes. Ask him/her about sizes and colours.

5 Practice the comparative and superlative forms of adjectives. Put the following sentences into Ukrainian.

(a) I need a cheaper room.

(b) There isn't a cheaper one. You're already living in the cheapest room in the hotel.

(c) I would like to change this blouse (**блу́зка**). It is too small for my wife – she needs a bigger one.

(d) What is the name of the deepest lake (**о́зеро**) in Ukraine?

(e) Ukrainian is a lot simpler than I thought!

6 Make the following sentences conditional. Check which word for 'if' is being used.

Example: (Я подорожу́ю із сім'є́ю), якби́ я мав час.
    Я подорожува́в би із сім'є́ю, якби́ я мав час.

(a) (Оле́на ди́виться телеві́зор), якщо́ вона́ ма́тиме час.

(b) (Оле́г пока́же нам мі́сто), якщо́ бу́де мати час.

(c) (Сусі́д працю́є такси́стом), якби́ мав права́ (here: *drivers' licence*).

(d) (Ону́чка допомага́є бабу́сі), якби́ бабу́ся жила́ не так дале́ко.

7 Rephrase the following sentences by replacing the underlined word(s) with **Я хоті́в би** (*I would like*), making any other changes that are necessary.

(a) <u>Мо́жемо</u> відра́зу розпоча́ти робо́ту.

(*b*) <u>Я</u> ви́словлю свої́ міркува́ння під час на́ших насту́пних зу́стрічей.

(*c*) <u>Пропону́ю</u> перейти́ до конкре́тних аспе́ктів на́шого контра́кту.

(*d*) <u>Я</u> візьму́ на се́бе перегово́ри з можли́вими інве́сторами.

(*e*) <u>Ми мо́жемо</u> продо́вжити цю розмо́ву пі́сля Ва́шої пої́здки.

14
Я ХÓЧУ ВЙКЛИКАТИ ЛÍКАРЯ

I want to call out the doctor

In this unit you will learn:

- how to describe common ailments
- something about the medical service in Ukraine
- about impersonal verbs
- how to form the comparative and superlative degrees of adverbs

Діалóг 1

Conversation on the telephone:

Óльга	Аллó, це поліклíніка? Я хóчу вйкликати лíкаря.
Чергóвá в реєстратýрі	Прíзвище хвóрого.
Óльга	Стáхів.
Чергóвá в реєстратýрі	Ім'я́ та по-бáтькові ...
Óльга	Íгор Івáнович.
Чергóвá в реєстратýрі	Рік нарóдження ...
Óльга	1951-й.
Чергóвá в реєстратýрі	На що скáржиться?
Óльга	Температýра 38,5, болúть гóрло, вáжко ковтáти, нéжить, загáльна слáбість, його лихомáнить.
Чергóвá в реєстратýрі	Ваш вúклик прúйнято. Чекáйте лíкаря у пéршій половúні дня. Пóки що давáйте хвóрому багáто пúти.

поліклі́ніка	health centre
ви́кликати (pf.)	to call out
лі́кар (gen.: лі́каря)	doctor
чергови́й	successive, next
	(as noun:) *person on duty*
чергова́	female duty receptionist
реєстрату́ра	registration
хво́рий	sick; (as noun:) *patient*
ска́ржитися (impf.) (на + acc.)	to complain (of)
болі́ти (impf.) (3rd pers. sg.:	
боли́ть; pl. боля́ть)	to hurt
го́рло	throat
боли́ть го́рло	[his] throat hurts, i.e. he has a sore throat
ва́жко	[it is] difficult
ковта́ти (impf.)	to swallow
ва́жко ковта́ти	[it is] difficult [for him] to swallow,
	swallowing is difficult
не́жить (m)	cold (in the head)
зага́льний	general
сла́бість (gen.: сла́бості) (f)	weakness (alt. **i/o**)
лихома́нити (impf.) (impersonal verb)	to feel feverish
його́ лихома́нить	he feels feverish
ви́клик	call
прийня́ти (прийму́, при́ймеш) (pf.)	to receive, accept, take
ваш ви́клик при́йнято	your call has been accepted
по́ки що	for the time being

Як функціону́є мо́ва

1 Nouns

More on declension – лі́кар

You can see from the title of the dialogue that the accusative/genitive of the noun **лі́кар** is **лі́каря**, as if the consonant **р** were soft. Just treat the word as a bit of grammatical oddity. Here are all the forms of the singular and plural:

	S.	Pl.
Nom.	лі́кар	лікарі́
Acc.	лі́каря	лікарі́в
Gen.	лі́каря	лікарі́в
Dat.	лі́кареві, лі́карю	лікаря́м
Loc.	(на) лі́кареві, лі́карі	лікаря́х
Inst.	лі́карем	лікаря́ми

Another noun that declines like this is **кобза́р** (gen.: **кобзаря́**), a singer who accompanies himself (they are always men!) on the traditional Ukrainian stringed instrument, the **ко́бза**. Shevchenko's first book of poetry, published in 1840, was entitled *Кобза́р*.

Ihor's name also changes in this way: **Я ба́чу І́горя**. Not all nouns that end in **-р** decline in this way; check the vocabulary at the back of the book.

2 Who has the sore throat?

Боли́ть го́рло – *[his] throat hurts*

It is clear from the context that it is Stakhiv who has the sore throat. If you need to be more precise you can say:

У ме́не боли́ть го́рло.	*I have a sore throat.*
У те́бе боли́ть голова́?	*Do you have a headache?*
У Соломі́ї боли́ть го́рло.	*Solomiia has a sore throat.*
У ньо́го боля́ть зу́би.	*He has toothache.*

Note the word order: it is usual for the verb **боли́ть/боля́ть** to stand before the part of the body that hurts.

 —————————— **Діало́г 2** ——————————

In the chemist's shop after the doctor's visit.

Оста́п   Я хо́чу замо́вити лі́ки на сього́дні. Ось реце́пт.

Жі́нка-фармаце́вт   Так... Мікстура́ бу́де гото́ва о четве́ртій годи́ні, а табле́тки мо́жете оде́ржати відра́зу.

Остáп   Скíльки платúти?
Жíнка-фармацéвт Платíть до кáси. Ось сýма.

(Ostap goes over to the cashier, pays and returns with a receipt.)

Остáп   Прóшу (*hands over the receipt*)
Жíнка-фармацéвт Ось таблéтки, а це вáша квитáнція на
                   мікстýру. Лíки мóжна одéржати з четвéртої
                   до сьóмої.
Остáп   Дякую.

рецéпт	*prescription*
фармацéвт	*pharmacist*
мікстýра	*liquid medicine, mixture*
таблéтка	*tablet*
платúти до кáси (кáса)	*to pay at the cash desk*

Діалóг 3

A conversation that evening:

Óльга Як ти зáраз себé почувáєш?
Íгор   Дякую, трóхи крáще, алé менé чомýсь морóзить...
Óльга Ти вúпив лíки?
Íгор   Так, ужé двíчі. Óлю, ну чомý менí так не щастúть?
           Колú багáто робóти і важлúво бýти в дóбрій фóрмі, я
           рáптом захворíв... Я ще вчóра відчувáв, що менé
           нýдить, і головá булá гаряча. Менí здавáлося, що я
           прóсто стóмлений.
Óльга Ти прóсто підхопúв вíрус. Нічóго, все скóро бýде
           гарáзд. Тобí трéба відпочúти. Ужé смеркáє.
           Постарáйся поспáти.
Íгор   Менí не спúться, гóрло болúть.
Óльга Тодí прóсто полéж, відпочúнь. Твоя робóта тебé
           почекáє.

почувáти себé	to feel (well, ill, etc.)
як ти зáраз себé почувáєш?	how do you feel now?
чомýсь	for some reason
морóзити (impf.)	
(here used impersonally)	to chill
менé морóзить	I feel chilled
двíчі	twice
щастúти (impf.) (impersonal verb)	to be fortunate
чомý менí так не щастúть?	why am I so unlucky?
фóрма	form, condition
важлúво бýти у дóбрій фóрмі	it is important to be in good shape
рáптом	suddenly
захворíти (захворíю, захворíєш) (pf.)	to fall ill
відчувáти (impf.)	to feel, be aware
нýдити (impf.) (here used impersonally)	to feel sick
менé нýдить	I feel sick
гаря́чий	hot
підхопúти (підхоплю́, підхóпиш),	
(pf.)	to pick up
вíрус	virus
нічóго	(here:) *never mind*
скóро	soon
відпочúти (відпочúну, відпочúнеш)	
(pf.) 2nd pers. sg. imperative:	
відпочúнь	to have a rest
смеркáти (impf.) (impersonal verb)	to get dark
постарáтися (pf.) 2nd pers. sg.	
imperative: **постарáйся**	to try
поспáти (посплю́, поспúш, ...	
поспля́ть) (pf.)	to get some sleep, take a nap
менí не спúться	I can't get to sleep
тодí	then, in that case
почекáти (pf.)	to wait for a bit

(*a*) Прáвда чи непрáвда?

1 В Íгоря болúть зуб.
2 Остáп замовля́є лíки в аптéці.
3 Лíки мóжна одéржати зáвтра.
4 Íгореві не спúться.

(b) Да́йте ві́дповіді на ці запита́ння англі́йською мо́вою

1 When will the doctor come to visit Stakhiv?
2 What kind of medicine was prescribed for Stakhiv?
3 Why does Ostap have to return to the chemist's shop?
4 Who advises Stakhiv to drink a lot of water?

3 Verbs

more on tense

Я ще вчо́ра відчува́в, що мене́ ну́дить.	*Yesterday, I already felt that I was sick.*

Contrast the tense forms in the English and Ukrainian sentences. There are two verbs in both: **я відчува́в** (*I felt*) and **мене́ ну́дить** (*I felt sick*). The second verb is in the present tense in Ukrainian, but in the past tense in English. Ukrainian preserves the tense at the actual moment of feeling. 'What was I feeling? – I feel sick'. It would also be possible to say: **Я ще вчо́ра відчува́в, що мене́ нуди́ло.**

more on aspect

The dialogue contains several examples of perfective verbs with the prefix **по-**, all of which denote performing the action for a little while:

поспа́ти	*to have a sleep, nap*
полежа́ти	*to lie down for a bit, to have a lie down*
почека́ти	*to wait for a little while*

The prefix **за-** in **захворі́ти** denotes the beginning of the action (*to fall ill*).

impersonal verbs

There have been examples of sentences containing verbs where the performer of the action is not clearly expressed, e.g.

мені́ здає́ться	*it seems to me*

There are similar phrases denoting sickness or state of mind, e.g.

його́ лихома́нить	

мене́ моро́зить
ïï ну́дить

or good fortune, e.g.

мені́ талани́ть   *I am lucky, successful*
їй щасти́ть

> **талани́ти** (impersonal verb) (impf.)   *to be lucky, successful*

Other impersonal verbs denoting natural phenomena or processes, e.g.

дощи́ть	*it is raining* (infinitive: дощи́ти (impf.))
смерка́є	*it is getting dark* (infinitive: смерка́ти (impf.))
мрячи́ть	*it is drizzling* (infinitive: мрячи́ти (impf.))
вечорі́є	*evening is coming on* (infinitive: вечорі́ти (impf.))

and also

не вистача́є	*there is not enough of* ... (infinitive: вистача́ти (impf.))
браку́є	*there is a lack of* ... (infinitive: бракува́ти (impf.))

These verbs are called 'impersonal' because there is no personal subject. A somewhat situation arises in English in phrases like 'it is raining', or 'it seems to me', where the pronoun 'it' certainly fulfils the grammatical function of subject, but does not obviously fulfil any other function usually associated with pronouns, e.g. it does refer to any previously mentioned noun.

Impersonal verbs in Ukrainian share certain grammatical features:

- they have an infinitive, and forms for the past, present and future tenses;
- they have endings only for the third-person singular in the present and future tenses, and the **neuter singular** form in the past tense;
- they can have the suffix **-ся**. Indeed some impersonal verbs never occur without it, e.g. **мені́ не спи́ться**.

Those impersonal verbs which relate to human beings take an object in the:

(*a*)   Accusative   Сті́вена лихома́нить
                            Тара́са нуди́ло (*past*)
                            мене́ моро́зитиме (*future*)

(*b*)	Dative	Стíвену щастúть
		Тарáсу таланúть
(*c*)	Dative + Genitive	Стíвену не вистачáє грошéй.

Stephen doesn't have enough money.
Тарáсу бракýє чáсу.
Taras is short of time.

4 Comparative and superlative degree of adverbs

Adverbs form their comparative and superlative degrees in exactly the same way as adjectives, except that the adjectival ending is replaced by the adverbial ending **-ше/-iше** (or occasionally **-ш/iш**).

дóбре	крáще	найкрáще
погáно	гíрше	найгíрше
рáно	ранíше	найранíше
пíзно	пізнíше	найпізнíше
багáто	бíльше	найбíльше
мáло	мéнше	наймéнше

Стíвен **дóбре** розмовляє   *Stephen speaks Ukrainian well,*
украʹнською мóвою, Тарáс   *Taras knows the language even*
ще крáще знáє ʹ, алé **найкрáще**   *better, but it is Solomiia*
нéю говóрить Соломíя.   *who speaks it best.*
Сьогóдні я почувáю себé   *I feel awful today but I shall*
погáно, алé зáвтра бýду   *feel even worse tomorrow.*
почувáти себé ще **гíрше**.

Like the adjectives, the comparative degree of adverbs can be modified with words like **знáчно** (*considerably*), **далéко**, **кудú** (*far*), **ще** (*even*), **трóхи** (*a little*). The superlative degree of adverbs can be intensified by the addition of the prefixes **що-** or **як-**.

An important use of the comparative adverb in Ukrainian is in the phrase structure that corresponds to the English 'as ... as possible', e.g.

якомóга швúдше	*as quickly as possible*
якомóга дешéвше	*as cheaply as possible*

6 Joining sentences together

Here are some of the words that are used to join different sentences together to form one whole sentence. Such words are called conjunctions.

- **що** (*that*) explains what comes earlier. You have seen sentences like this:

Добре, що Ви сказали про це.
Я бачу, що Ви читаєте українську газету.
Мені пощастило, що я Вас зустрів.
Мені здається, що нам слід відвідати не лише Київ та Львів.
Я ще вчора відчував, що мене нудить, і голова була гаряча.
Мені здавалося, що я просто стомлений.

- **щоб** (**для того, щоб**) (*in order to*) – used to denote purpose (see unit 13):

Скільки ... треба було б модернізувати фабрик в Україні, щоб налагодити виробництво одягу ..?

- **якщо, якби** (*if*) – used to denote a condition (see unit 13):

Телефонуйте мені, якщо маєте вільний час.

- **тому** (*therefore*) – denotes the result:

Стівен ніколи не був у Києві, тому через годину ми підемо гуляти вулицями міста.
У мене квитка не було, тому я заплатив контролерові штраф.

- **бо, тому що** (*because*) – denotes the cause:

Ми не заперечували, бо були дуже стомлені й голодні.
Стівен має кілька словників, тому що робить переклади.
Я збираюся їхати туди, тому що я маю комерційні інтереси.

You will notice that in each case the part of the sentence introduced by one of these words is separated off from the rest by a comma.

7 Health matters

Швидка допомога The first point of contact for someone suddenly taken ill in Ukraine is likely to be the **швидка допомога**, 'fast aid'.

Поліклініка The translation of **поліклініка** as 'health centre' is of necessity approximate. A typical **поліклініка** has facilities that may not always be found in a health centre in this country, e.g. physiotherapy and X-ray equipment.

Температура 38,5 In Ukraine body temperature is measured not in the mouth but under the armpit, where the normal temperature is 36.6.

Note that in Ukrainian a comma is used instead of a full stop to denote a decimal figure. Such figures are actually read: тридцять вісім і п'ять; тридцять шість і шість.

Ти випив ліки? *Have you drunk your medicine?* In ordinary speech medicines are **drunk**. Hence the phrases: **випити ліки, таблетку, порошок, мікстуру**.

In more official speech medicines are taken, e.g. **прийняти ліки, таблетку, порошок, мікстуру**.

порошок (gen.: **порошку**)	*powder*

Tablets for a headache This becomes tablets 'from' a headache in Ukrainian: **таблетки від головного болю**. Similarly with cough mixture: **мікстура від кашлю**.

біль (gen.: **болю**) (m)	*pain*
головний біль	*headache*
кашель (gen.: **кашлю**)	*cough*

Westerners may be surprised by the widespread use of traditional methods of healing in Ukraine. These include:

зеленка	*a green antiseptic liquid*
йод	*iodine*
перекис	*peroxide*
гірчичник	*mustard poultice*
трави	*herbs*

———— **Впра́ви** ————

1 Read the Ukrainian words in the left hand column and find their English equivalents on the right:

алергі́я	*injection*
бронхі́т	*massage*
діабе́т	*pulse*
антибіо́тик	*infection*
пневмоні́я	*bronchitis*
ін'є́кція	*analysis*
опера́ція	*diabetes*
інфе́кція	*pneumonia*
пульс	*antibiotics*
табле́тка	*thermometer*
ана́ліз	*mixture*
термо́метр	*vitamin*
маса́ж	*tablet*
міксту́ра	*allergy*
вітамін	*vitamin*

2 Read the following text and answer the questions in English:

Учо́ра мені́ подзвони́ла моя́ по́друга Окса́на. Вона́ сказа́ла, що її́ чоловік захворі́в. У ньо́го висо́ка температу́ра, головни́й біль, ка́шель, не́жить. Окса́на ви́кликала лі́каря. Лі́кар прийшо́в, огля́нув хво́рого і сказа́в, що у ньо́го грип. Він ви́писав реце́пт і пояснив, як прийма́ти лі́ки. Окса́на побі́гла до апте́ки. Там вона́ оде́ржала табле́тки, кра́плі й міксту́ру.

пояснити (pf.)	*to explain*
кра́плі (pl., sg.: **кра́пля**)	*drops*

– Who is Oksana and what did she do yesterday?
– What was her husband suffering from?
– What did the doctor say was wrong with him?
– What did the doctor explain?
– What did Oksana get at the chemist's?

3   Choose the right course of action in each instance.

(*a*)   У хво́рого боли́ть го́рло:

    Він   (*i*)   їсть моро́зиво.
          (*ii*) прийма́є лі́ки.
          (*iii*) бі́гає.

(*b*)   Тетя́на захворі́ла:

    Вона (*i*)   ска́ржиться дру́зям.
          (*ii*) іде́ до рестора́ну.
          (*iii*) виклика́є лі́каря.

(*c*)   О́льзі потрі́бні лі́ки:

    Вона́ (*i*)   замовля́є їх в апте́ці.
          (*ii*) йде́ до магази́ну.
          (*iii*) купу́є їх на ри́нку.

(*d*)   Ігор хво́рий. Йому́ потрі́бно:

          (*i*)   йти́ у кінотеа́тр.
          (*ii*) лежа́ти в лі́жку.
          (*iii*) порозмовля́ти із сім'є́ю.

4   Construct sentences which answer the question.

Example: Що ви ро́бите вве́чері? (диви́тися телеві́зор)
        – Уве́чері я дивлю́ся (ми ди́вимося) телеві́зор.

(*a*)   Що лю́ди ро́блять на стадіо́ні?
    (гра́ти у футбо́л/диви́тися матч/займа́тися спо́ртом)

(*b*)   Чому́ Окса́на чита́є підру́чник? (учи́тися в університе́ті)

(*c*)   Чому́ Оста́п сміє́ться?
    (чита́ти смішну́ кни́гу/диви́тися фільм/друг (розповіда́ти
    смішну́ істо́рію))

5   Situations in which you can practice your Ukrainian. Try writing sample dialogues and checking with the model answers in the Key.

(*a*)   Complain to your Ukrainian friend that you
    – have a headache;
    – have no time to run to the chemist's shop to buy tablets for a headache;
    – have a sore throat and can't swallow;
    – feel feverish, and will have to stay at home for a few days.

(*b*) Your Ukrainian friend says that he/she is too ill to go to the health centre to make an appointment with a doctor (use a 'therefore' or a 'because'!). He/she asks you to phone the health centre to get a doctor to come out as soon as possible. You do so, and are told by the receptionist that the doctor will call tomorrow, in the second half of the day, and that your friend should stay (lie) in bed. He apologises that he cannot come sooner, but he is very busy – there are more patients than doctors in the health centre. You tell your friend what the receptionist told you.

15

ЯК ВИ УЯВЛЯ́ЄТЕ СОБІ́
— ІДЕА́ЛЬНУ ДРУЖИ́НУ? —

What's your idea of the perfect wife?

In this unit you will learn how to:

- form and use verbal adverbs
- describe the character and external appearance of other people
- ask for assistance politely
- change the subject

─────── Діало́г 1 ───────

On a visit to Ursula – the friend of Ihor and Ol'ha – in her flat on the Khreshchatyk.

О́льга   (*ди́влячись на екра́н телеві́зора – looking at the TV screen*) Як мені́ подо́бається Кларк Гейбл! У ньо́го таке́ вродли́ве обли́ччя.

У́рсула   У дити́нстві я ду́же люби́ла диви́тися фі́льми, в яки́х він зніма́вся. У ньо́го ду́же своєрі́дні, га́рні о́чі.

І́гор   О́лю, тобі́ не здає́ться, що я чи́мось на ньо́го схо́жий? Напе́вно, тому́ ти ви́йшла за ме́не за́між. Тобі́ сподо́балися мої́ о́чі ...

О́льга   Бо́же мій, яке́ мо́же бу́ти порівня́ння! Я ма́ю на ува́зі, що ти в ме́не кра́щий за всіх зіро́к світово́го кіно́! Я до́сі так вважа́ю, на́віть пі́сля 20 [двадцяти́] ро́ків подру́жнього життя́.

Оста́п   Бра́во, дорогі́ батьки́! Ціну́ю ва́ше почуття́ гу́мору.

Ігор	Ніяких жа́ртів! На́ша ма́ма за́вжди серйо́зна.
Оле́нка	Че́сно ка́жучи, мені́ все зрозумі́ло давно́. Вам про́сто пощасти́ло, що ви знайшли́ одне́ о́дного ... Сті́вене, а от як Ви уявля́єте собі́ ідеа́льну дружи́ну? Зо́внішність, хара́ктер, профе́сія?
Тара́с	Типо́ве неви́нне дитя́че запита́ннячко ...
Сті́вен	Я не ду́мав над цим, Оле́нко ...
Оле́нка	Ну спра́вді, ду́же ціка́во ...

фільм	film
екра́н	screen
зніма́тися (impf.)	(here:) to be filmed
своєрі́дний	original, unique
чи́мось (inst. of **щось**; something)	in some way
схо́жий (**на** + acc.)	similar (to), like
сподо́батися (pf.)	to please
тобі́ сподо́балися мої́ о́чі	you liked my eyes
порівня́ння (n)	comparison
ува́га	attention
ма́ти на ува́зі	to mean, have in mind
зі́рка	star
світови́й	(here:) world (adj.)
ти в ме́не кра́щий за всіх зіро́к світово́го кіно́	you're better than all the stars of world cinema, and you're mine!
(note that **зі́рка** is treated as an animate noun because it refers to human beings!)	
до́сі	till now, so far
подру́жній	married
подру́жнє життя́	married life
ціну́вати (ціну́ю, ціну́єш) (impf.)	to appreciate
почуття́ (n)	feeling
гу́мор	humour
почуття́ гу́мору	sense of humour
жарт	joke
нія́ких жа́ртів!	no kidding!
че́сний	honest
че́сно ка́жучи	quite frankly (lit. honestly speaking)
мені́ все зрозумі́ло давно́	I understood everything perfectly a long time ago
одне́ о́дного	each other (m + f)
ідеа́льний	ideal (adj.)
хара́ктер	character
типо́вий	typical
неви́нний	innocent
запита́ннячко (colloquial, expressive)	tricky little question
ду́мати (impf.)	to think
(When this verb is followed by the preposition **над** and inst. it has the meaning 'to consider, ponder')	

Як функціонує мова

1 Verbal adverbs

ди́влячись на екра́н телеві́зора *(looking at the TV screen)*

Ди́влячись is an example of a present-tense **verbal adverb**; it is formed from **дивитися**. There are other examples of present-tense verbal adverbs in the dialogues in this unit: **ка́жучи** from **каза́ти, бу́дучи** from **бу́ти, працю́ючи** from **працюва́ти. Описа́вши** (from **описа́ти**) and **зашарі́вшись** (from **зашарі́тися**) are examples of past-tense **verbal adverbs**.

Like adverbs they do not change their form, and like verbs they have tense. Verbal adverbs frequently correspond to English verb forms in *-ing*. Look at the following examples:

Ідучи́ ву́лицею, я поба́чив   *Walking along the street I saw*
старо́го знайо́мого.   *an old acquaintance.*

The sentence could be changed to: **Коли́ я йшо́в ву́лицею ...** (*As I walked along the street ...*).

Гово́рячи про іде́альную   *Speaking about his ideal wife,*
дружи́ну, Сті́вен зашарі́вся.   *Stephen blushed.*

Here too we could make a change: **Коли́ Сті́вен говори́в про іде́альную дружи́ну ...** (*When Stephen was talking about his ideal wife ...*).

In both sentences the action of walking along the street or speaking about an ideal wife is carried on **at the same time** as the action in the other part of the sentence: meeting the old acquaintance and blushing.

In the following examples there is a different relationship between the actions:

Увійшо́вши до кімна́ти, Ігор   *Entering the room, Ihor noticed*
помі́тив, що там нема́є   *that his wife wasn't there.*
дружи́ни.

Прочита́вши газе́ту, я пішов   *Having read the newspaper*
на робо́ту.   *I went to work.*

One action has to be completed before the other action can be started. The *-ing* forms in the first two examples correspond exactly to Ukrainian present-tense verbal adverbs. In the third the *-ing* form is slightly misleading – Ihor cannot have noticed the absence of his wife until he was already in the room. This and the 'having ...' construction in the fourth correspond to past-tense verbal adverbs.

formation of verbal adverbs

- **Present-tense** verbal adverbs are formed from the third-person plural by removing the ending **-ть** and replacing it with the suffix **-чи**. The reflexive particle **-ся** becomes **-сь**:

Infinitive	3rd pers. pl.	verbal adverb
чита́-ти	чита́ю-ть	чита́ю-**чи**
писа́-ти	пишу́-ть	пишу́-**чи**
і-ти́	іду́-ть	іду́-**чи́** (note stress!)
працюва́-ти	працю́ю-ть	працю́ю-**чи**
смія́-ти-ся	смі́ю-ть-ся	смі́ю-**чи-сь**
диви́-ти-ся	ди́вля-ть-ся	ди́вля-**чи-сь**

The verbal adverb **бу́дучи** is a slight exception, it is formed from the third-person plural future tense (бу́ду-**ть**) of the verb **бу́ти**.

- **Past-tense** verbal adverbs are formed by adding the suffix **-ши** to the masculine singular past-tense form of mainly perfective verbs. Here again **-ся** becomes **-сь**:

masc. sg. past tense	past-tense verbal adverb
сказа́в	сказа́в-**ши**
увійшо́в	увійшо́в-**ши**
прині́с	прині́с-**ши***
засмія́в-ся	засмія́в-**ши-сь**

*the combination of letters **-сш-** is pronounced as a long 'sh' sound.

use of verbal adverbs

Like verbs, verbal adverbs can also have objects (examples 1 and 2):

Ди́влячись фільм без Кла́рка   *[While] watching a film without*
Ге́йбла, О́льга заснýла.   *Clark Gable Ol'ha fell asleep.*

Ви́пивши ка́ву, я пішо́в на робо́ту.	*After I had drunk (lit. having drunk) [my] coffee I left for work.*
Ми розмовля́ли, си́дячи за столо́м.	*We chatted sitting a the table.*
Захворі́вши, Ста́хів не міг працюва́ти.	*After he fell ill (lit. having fallen ill), Stakhiv was unable to work.*

Note: The doer of the action is the same in both parts of the sentence and that the part of the sentence containing the verbal adverb is set off in writing from the rest by a comma.

Verbal adverbs often occur in set expressions such as:

чéсно ка́жучи, щи́ро ка́жучи   *quite honestly*

When preceded by the negative word **не** Ukrainian verbal adverbs translate English 'without' + the *-ing* form of the verb, e.g.

не бу́дучи нудно́ю	*without being boring*
ми йшли́ ву́лицею не поспіша́ючи	*we walked along the street without hurrying.*

2   The reciprocal pronoun – one another/ each other

Вам пощасти́ло, що ви знайшли́ одне́ о́дного.	*You were lucky to have found one another (each other).*

The forms of this compound pronoun are:

оди́н о́дного for (m + m) **одна́ о́дну** for (f + f)
одне́ (neuter!) **о́дного** for (m + f)

The case of the first part always stays the same (n); the second half can change according to its function in the sentence. Any preposition comes before the second part, e.g.

Вони розмовляли оди́н з о́дним (m + m)/одна́ з о́дною (f + f)/
одне́ з о́дним (m + f)
They were talking to (lit. with) *each other.*

3   More on impersonal sentences

The phrase **У нас так ка́жуть** (*That's what people say here/That's* *what is said around here*) occurs in dialogue 2 in this unit. The verb is in the third-person plural form with no subject (**вони**); in the past tense the verb is in the plural form:

Стівенові сказа́ли, що ...	*Stephen was told that ...*
У газе́тах пи́шуть, що ...	*The papers are saying that ...*
	(lit. it is written in the papers)

You might see a notice saying:

У НАС НЕ КУ́РЯТЬ   NO SMOKING

 ──────────── **Діало́г 2** ────────────

The debate continues.

Стівен	Щи́ро ка́жучи, я вважа́ю, що суча́сна жі́нка ма́є бу́ти самості́йною, незале́жною, акти́вною. Стосо́вно ж дружи́ни ... Напе́вно, якби́ я нава́жився одружи́тися, то ви́брав би жі́нку, яка́ має солі́дну профе́сію, можли́во, свій бі́знес ... Вона́ пови́нна бу́ти розу́мною, споко́йною, розсу́дливою, не бу́дучи нудно́ю. З весе́лим хара́ктером, із гу́мором.
Ігор	"Се́рце з пе́рцем" ...
Стівен	Що?
Ігор	У нас так ка́жуть.
Ольга	Ще ка́жуть "чорт у спідни́ці" ...
Ігор	Це про те́бе.
Оста́п	Ну го́ді вам!
Оле́нка	А портре́т?
Стівен	Я ще не ви́значився.
Оле́нка	Ну все́-таки ... Яко́го кольору́ о́чі? Чо́рні? Си́ні?
Стівен	Ні, мені́ подо́баються зеле́ні.
Оле́нка	А воло́сся?
Оста́п	Якщо́ вона́ займа́є керівну́ поса́ду, працю́ючи ці́лими дня́ми, то, ма́бу́ть, си́ве.
	(they all laugh)
Стівен	Воло́сся те́мне. Я ду́маю, вона́ була́ б шате́нка.
Тара́с	Я, здає́ться, зна́ю одну́ ду́же незале́жну й розу́мну жі́нку, яка́ відповіда́є цьому́ о́писові. Описа́вши її́ портре́т, ти ще забу́в сказа́ти, що вона́ невисо́ка й

одяга́ється ду́же елега́нтно, бо за фа́хом – худо́жник-модельє́р.

Сті́вен (зашарі́вшись – *blushing*): Я не мав ніко́го на ува́зі конкре́тно.

Тара́с Це мені́ здало́ся.

суча́сний	contemporary
самості́йний	self-reliant
незале́жний	independent
акти́вний	active
стосо́вно (+ gen.)	as for ...
нава́житися (pf.)	to dare, resolve
солі́дний	solid
розу́мний	intelligent, clever
споко́йний	calm
розсу́дливий	prudent, sensible
нудни́й	boring
весе́лий	merry
се́рце з пе́рцем	lit. a heart with pepper
чорт	devil
чорт у спідни́ці	lit. a devil in a skirt
го́ді!	enough!
ну го́ді вам	come on, that's enough from you!
ви́значитися (pf.)	to be clear (about something)
о́ко (pl.: о́чі; gen. pl.: оче́й; inst. pl.: очи́ма)	eye
воло́сся (n)	hair
керівни́й	leading
поса́да	position
займа́ти керівну́ поса́ду	to occupy a top job
працю́ючи ці́лими дня́ми	working for days on end
шате́нка	woman with chestnut hair
о́пис	description
описа́ти (опишу́, опи́шеш) (pf.)	to describe
описа́вши її́ портре́т	having described her portrait
невисо́кий	short, not tall
елега́нтний	elegant
бо	because
худо́жник	artist
худо́жник-модельє́р	fashion designer
зашарі́тися (pf.)	to blush
зашарі́вшись	blushing (lit. having blushed)
ніко́го (acc. and gen. of ніхто́)	

(*a*) Правда чи неправда?

1 Урсула любить фільми, в яких знімався Кларк Гейбл.
2 Ольга вважає свого чоловіка кращим за всіх зірок світового кіно.
3 Сучасна жінка має бути самостійною, незалежною, активною.
4 Стівен вважає гарними зелені очі.

(*b*) Дайте відповідь на запитання англійською мовою

1 Who is always serious?
2 Who asks Stephen to describe his ideal wife?
3 What is Stephen's idea of his future wife's character?
4 What does he say about her profession?

4 Stop it! That's enough!

One way of getting someone to stop doing something is to say **Ну годі вам!** The **ну** at the beginning means that the message is friendly – 'Oh, come on now, that's enough!'

If things are getting out of hand, you can also say:

Досить!	*That's enough!*
Зупиніться!	*Stop!*
Припиніть!	*Stop* [doing whatever it is you're doing]*!*

Note: both **зупиніться** and **припиніть** are second-person plural imperatives, from **зупинитися** and **припинити**, respectively.

5 Ways of getting information out of people

When Stephen hesitates, Olenka tries to wheedle information out of him with:

Ну справді	*Oh, but it really is [very interesting]!*
Ну всé-таки	*But all the same ...*

with a suitably pleading tone on the **ну**.

In more everyday conversations you can seek a reaction with:

Тобі́/Вам не здає́ться?	*Doesn't it seem to you?*
	Don't you think?
Ти не помі́тив/	*Have you noticed by any chance...?*
Ви не помі́тили?	
Чи ти не зна́єш/	*You don't happen to know,*
Чи ви не зна́єте?	*do you?*

Seeking information by asking a negative question is very polite in Ukrainian. When asking the way begin your question with **Ви не скáжете ...?**, e.g.

Ви не скáжете, як доїхати	*Could you please tell me how to*
до університéту?	*get to the University?*

With an extra degree of deference:

Ви не могли́ б сказáти ...?	*You couldn't by any chance tell me ...?*

6 Exclamations

An obvious expression of surprise is **Бóже мíй!** (*My God!*). Depending on intonation and context **ах!** and **ох!** can express surprise or fear (*oh!, ah!*), or sorrow (*alas, oh dear*).

Ой is another useful exclamation of surprise, particularly when used with another word:

ой нéне!	(*related to* нéня, *a familiar word for mother*)
ой мáмо моя́!	
ой ли́шенько!	(*oh, how awful!* (ли́шенько is a diminutive form of ли́хо (*woe, misfortune*))
оввá!	(expressing amazement: *you don't say!*)

Брáво! is used as an expression of approval, either genuine or ironic, in the same way as English 'Bravo!'.

The much-used **ну** can represent a variety of emotions, again depending on intonation and context. In the previous unit Ihor used it to give vent to his frustration: **ну чомý менí так не щасти́ть?** (*just why am I so unlucky?*). **Ну** can also be used as encouragement – 'come on!', 'get on with it'.

7 Changing the subject

Note how Olenka shifts from her parents – 'you were fortunate in finding each other' – to directing a very personal question at Stephen: **а от як Ви уявля́єте собі ідеа́льну дружи́ну?** (*Now just how do you picture to yourself your ideal wife?*). **От** is a 'pointing' word like **ось** (*here is*), but is more frequent in phrases like this one, or in exclamations:

от тобі́ й на!	*well, I never!*
от тобі́!	*take that!*
от як?!	*really?! You don't say?!*

8 Типо́ве неви́нне дитя́че запита́ннячко (*a typical innocent childish little question*)

There is irony here. The question is of course not innocent; the speaker's intentions are shown by the ending on **запита́ннячко**. The normal Ukrainian word for question is **запита́ння**. The ending gives the word the flavour of 'tricky little question'. This is part of the process by which Ukrainians can change words in an emotional sense, more often to signify endearment than in an ironical sense.

There is very little scope for doing this in English, with just a few words like 'mummy', 'daddy', 'mumsy', 'granny' and so on. It is certainly not possible to produce whole chains of derivatives from personal names. Olenka is so called because she is the young daughter of the family and the form is affectionate; she could also be addressed as **Оле́ночка**, **Оле́ся** or **Ля́ля**. Every family has its own traditions. Even the business-lady **Соломі́я** may, in the right circumstances, find herself become **Соломі́єчка**, **Солю́ня**, **Со́ля**, **Мі́я** or **І́я**. Although a foreigner, Stephen will probably not be spared such treatment; the temptation to turn his name into the Ukrainian **Степа́н** or **Сте́фан**, and thence to **Степа́йко**, **Степа́чико** and on to **Стець** might be too great to resist.

There is even scope for emotion in adjectives. 'Chubby' in Ukrainian is **пухки́й**. A baby, however, may well be 'all nice and chubby' – **пухке́нький**. If the baby is 'all nice and clean' as well, he could be described as **чисте́нький** or **чисті́сінький** rather than plain **чи́стий** (*clean*). Emotion does not have to be involved. **Га́рний** when applied to human beings can mean either 'beautiful' or 'handsome'; **гарне́нький** will almost always be used with reference to women in the meaning 'pretty'.

9 Another little word – ж

Стосо́вно ж дружи́ни *now as far as a wife is concerned ...*

The single letter **ж** is called an **emphatic particle**, i.e. it puts a lot of emphasis on the word that it follows. Like **от** above, it can also be used to change the direction of a sentence.

Some more examples:

Що ж вона́ сказа́ла на це? *So just what did she say to that?*
Іди́ ж геть зві́дси! *Oh do clear off out of here!*

 ──────────── **Впра́ви** ────────────

1 Practise describing appearances.

Here are some phrases for you to practice. Use the vocabulary at the back of the book.

Як він вигляда́є?
У ньо́го те́мне воло́сся. Він га́рний, ма́є прями́й ніс, сі́рі о́чі, чо́рні бро́ви, невели́ку те́мну бо́роду й ву́са. Я ду́маю, що в ньо́го ду́же га́рні ві́ї: те́мні й до́вгі. І ще мені́ подо́бається його́ смагля́ва шкі́ра й тонки́й про́філь.

Опиші́ть її́ зо́внішність
Вона́ гарне́нька. У не́ї відкри́те, прива́бливе обли́ччя. Вона́ ма́є хвиля́сте біля́ве воло́сся й сві́тлу шкі́ру. О́чі в не́ї ка́рі й вели́кі, ніс мале́нький. Що́ки й гу́би в не́ї рожеві́, і всім подо́бається її́ чарівна́ по́смішка.

● **facial features**

У ньо́го/не́ї: сі́рі (ка́рі) о́чі

прями́й (кирпа́тий) ніс

до́вгі (густі́, руді́) ві́ї

рум'я́ні (бліді́) що́ки

пухкі́ (тонкі́, по́вні) гу́би

бліде́/рум'я́не обли́ччя

У ньо́го/не́ї на обли́ччі змо́ршки, ластови́ння.

Чи Сті́вен но́сить окуля́ри?

Чи Соломі́я но́сить сере́жки?

● **hair**

Він лиси́й.	У ньо́го/не́ї пряме́/хвиля́сте/кучеря́ве воло́сся.
Він ма́є зали́сину.	У ньо́го те́мна борода́/сві́тлі/руді́ ву́са.

● **height**

Мій та́то висо́кого зро́сту. (**зріст**: gen.: **зро́сту**) (alt. **і/о**)

Моя́ ма́ма сере́днього зро́сту.   Мій брат низько́го зро́сту.

(i) (ii) (iii)

(iv) (v) (vi)

2   Look at the portraits of our old acquaintances. Taras, Solomiia, Stephen, Vira, Ihor and Ol'ha are among them. Try to guess who is who, using the information below.

Тара́с   Висо́кий, солі́дний, по́вний. Воло́сся сві́тле. Ма́є га́рні ву́са. Но́сить окуля́ри.

Соломі́я   Вродли́ва, невисо́ка, смагля́ва. О́чі вели́кі, воло́сся те́мне, хвиля́сте, до́вге.

Сті́вен   Елега́нтний, висо́кий, в окуля́рах. Блонди́н, о́чі невели́кі, серйо́зні.

Ві́ра   Воло́сся кучеря́ве. Обли́ччя по́вне, ніс мале́нький, кирпа́тий, на но́сі – ластови́ння. Но́сить вели́кі сере́жки.

І́гор   Міцни́й, невисо́кого зро́сту. Лоб висо́кий, із зали́синами, те́мне воло́сся і невели́ка борода́. Ніс вели́кий.

О́льга   Шате́нка, воло́сся коро́тке, пряме́. О́чі вели́кі, по́вні гу́би, весе́ле, га́рне обли́ччя.

3   Parts of the body are listed in the left-hand column; there are descriptive adjectives in the column on the right. Put each adjective with the most suitable noun, changing the form wherever necessary.

лоб	кирпа́тий
воло́сся	смагля́вий
о́чі	біля́вий
обли́ччя	висо́кий
ніс	ка́рий

4   Write out the following sentences in full in Ukrainian, translating the English phrases wherever necessary. Put the Ukrainian words in brackets into the correct case form.

(a)   Я запроси́в її в кіно́, тому́ що (*I liked her eyes*).

(b)   (*Have you though about*) (на́ша пропози́ція) пообі́дати за́втра ра́зом в (рестора́н)?

(c)   Я люблю́, коли́ моя́ дружи́на (*dresses very elegantly*).

(d)   У ме́не га́рна маши́на, але́ в (мій друг) – (*an even better one*).

(e)   Чи твоя́ сестра́ (*is like your father*)?

16

ПО́ЇЗД ПРИБУВА́Є НА ПЕ́РТУ КО́ЛІЮ

The train arriving on track number one ...

In this unit you will learn:

- about train travel in Ukraine
- about indefinite and negative words
- about participles and passive sentences

Діало́г 1

Taras, Stephen and Andrew are on Kyiv railway station, listening intently to the announcements:

Швидки́й по́мяі но́мер 11 сполу́ченням "Ки́їв – Сімферо́поль" прибува́є на пе́ршу ко́лію. Нумера́ція ваію́нів з іолові́ по́їзба.

Тара́с	Ви чу́ли? Це наш по́тяг.
Сті́вен	Яка́ платфо́рм?
Є́ндрю	Здає́ться, пе́рша, так?
Тара́с	Так. Це ду́же зру́чно.

(*One hour late in a compartment of the Kyiv-Simferopol express*):

Прові́дни́ця	Будь ла́ска, ва́ші квитки́. І приготу́йте гро́ші на пості́ль.
Тара́с	Ось, про́шу, квитки́.
Сті́вен	Скажі́ть, будь ла́ска, о котрі́й годи́ні ми бу́демо в Сімферо́полі?

Провідни́ця	За ро́зкладом ми прибува́ємо за́втра о десятій сорок ра́нку.
Éндрю	Мо́жна попроси́ти ча́ю?
Провідни́ця	Так. Вам за́раз принести́?
Тара́с	Мені́ не тре́ба, ду́же жа́рко. Хо́четься чого́-не́будь холо́дного. Я бу́ду пи́ти во́ду, яку́ ми купи́ли в доро́гу...
Сті́вен	А я б ви́пив ча́ю з вели́ким задово́ленням.
Éндрю	Будь ла́ска, дві скля́нки.
Провідни́ця	До́бре. (*She leaves*)

ко́лія	track, (here:) *platform*
швидки́й по́тяг	express (lit.: *fast train*)
по́їзд	train (means exactly the same as **по́тяг**)
сполу́чення (n)	connection
сполу́ченням (inst. sg.)	(here:) *on the route*
нумера́ція ваго́нів з голови́ по́їзда	the carriages are numbered from the head/front of the train
приготува́ти (-у́ю, -у́єш) (impf.)	to prepare, get ready
по́стіль (gen.: **посте́лі**) (f.)	bedding (alt. **і/е**)
ро́зклад	timetable
за ро́зкладом	according to the timetable
вам за́раз принести́?	Do you want me to bring it right away?
[мені́] хо́четься чого́-не́будь холо́дного	I feel like something cold
я бу́ду пи́ти во́ду, яку́ ми купи́ли в доро́гу	I'll drink the water that we bought **for the journey**
скля́нка	glass (for long drinks, incl. tea!)

Як функціону́є мо́ва

1 *Something cold* – що-не́будь холо́дне

Taras wants something cold – in the genitive. It might be more accurate to say that he wants anything (**чого́-не́будь**) cold – it doesn't matter what. Andrew asks for tea – also in the genitive. Here we have more examples of the 'partitive' use of this case; Andrew is in fact asking for some tea.

2 Interrogative pronouns Хто? and Що?

Here are the full declensions:

Nom.	хто	що
Acc.	кого́	що
Gen.	кого́	чого́
Dat.	кому́	чому́
Loc.	(на) ко́му	чо́му
Instr.	ким	чим

3 Indefinite pronouns, adjectives and adverbs

Examples of indefinite pronouns in English are 'someone', 'anything'; 'some' is in indefinite adjective; 'anywhere' is an indefinite adverb.

You already know **щось** (*something*). It changes its form exactly like the question word **що**, except that its instrumental is **чи́мось** (*in some way*). We can produce other indefinite words by adding **-сь** to the corresponding question words:

хто?	*who?*	хтось	*someone*
де?	*where?*	десь	*somewhere*
куди́?	*[to] where?*	куди́сь	*[to] somewhere*
яки́й?	*what kind of?*	яки́йсь	*some kind of*
чому́	*why?*	чому́сь	*for some reason (or other)*
коли́?	*when?*	коли́сь	*at some time (or other), sometime ago*

Other indefinite words can be formed by adding the prefix **де-**:

де́хто and **де́що** mean the same as **хтось** and **щось**, although **де́що** can be used before adjectives to mean 'a little', 'rather', e.g. **де́що бі́льше** (*a little more*). **Де́який** has the sense of 'a certain'.

In most instances these Ukrainian words are associated with the English 'some'. To be more indefinite English uses 'any'. The Ukrainian equivalents are:

хто-не́будь	*anyone*
що-не́будь	*anything*

де-нéбудь   *anywhere*
колú-нéбудь   *at some unspecified time, at any time, ever* (in the
              future or in questions, e.g. **Ти колú-нéбудь**
              працю́єш удóма? *Do you ever work at home?*)

It is not always easy to determine when to use a word with **-сь** or
нéбудь. Perhaps the most useful distinction is that words with **-сь** will
probably be associated with verbs in the past tense, and those with
-нéбудь tend to occur in questions, or with future tense or conditional
verbs.

Чи ти знайшóв щó-нéбудь   *Did you find anything interesting*
   цікáве в книгáрні?   *in the bookshop?*
Так, я купúв щось дýже   *Yes, I bought something very*
   цікáве.   *interesting.*
Чи ви булú де-нéбудь учóра? *Did you go anywhere yesterday?*
Я десь йогó бáчив, алé не   *I've seen him somewhere, but*
   пам'ятáю де.   *can't remember where.*

Even more indefinite are the words prefixed with **будь-**:

будь-хтó   *anyone at all*
будь-якá фáбрика   *any old factory*
бýдь-коли   *at any time, ever*
Будь-хтó мóже це зробúти   *Absolutely anyone can do that.*
Я мóжу це зробúти   *I can do it at any time.*
   бýдь-коли.

There are other ways of making indefinite words in Ukrainian, but you
need only to be able to recognise them, e.g. **абúхто** (*whoever, no matter
who*), **абúяк** (*any old how*). The word **кáзнá** means 'the devil only
knows!'

4   More on relative pronouns

The relative pronouns ('who', 'which', 'that') in Ukrainian are **якúй**,
котрúй, **що**. Remember that they take the gender of the noun to which
they refer:

Я вúпив вóду, якá булá в   *I drank the water that was in the*
   холодильнику.   *fridge.*

(**Водá** is the object of the verb **вúпив**, and is therefore in the accusative
case. **Якá** is feminine in gender because it refers to **водá** but is in the
nominative case because it is the subject of the verb **булá**.)

Я ви́пив во́ду, яку́ купи́в   *I drank the water which I had*
у доро́гу.   *bought for the journey.*

(Here **яку́** is accusative as the object of the verb **купи́в**.)

——————— Діало́г 2 ———————

The trio settle in for their long journey.

Тара́с	До ре́чі, ви б не хоті́ли чого́-небудь пої́сти? Як ті́льки я сіда́ю в по́їзд, я відра́зу чому́сь дуже хо́чу ї́сти.
Сті́вен	Я ма́ю пе́чиво, бутербро́ди та я́блука. І ще які́сь цуке́рки.
Є́ндрю	Я теж за́вжди беру́ щось у доро́гу. У ме́не ці́ла су́мка проду́ктів.
Провідни́ця	Ось ваш чай. З вас со́рок копі́йок.
Сті́вен	Дя́кую.
Є́ндрю	Ви́бачте, будь ла́ска ... Прибуття́ до Сімферо́поля за ро́зкладом?
Провідни́ця	Так. (*she leaves*)
Тара́с	Є́ндрю, ти не мо́жеш відчини́ти вікно́?
Є́ндрю	... Нічо́го не вихо́дить!
Тара́с	Тре́ба нати́снути на ру́чку і потягти́ вниз ... О, тепе́р до́бре. Сві́же пові́тря!
Є́ндрю	Я сього́дні з приє́мністю спа́тиму на ве́рхній поли́ці, там прохоло́дніше, якщо́ відчи́нене вікно́.
Сті́вен	Як би там не було́, а мені́ ще тре́ба прочита́ти ці́лу па́пку папе́рів, у ме́не за́втра в Сімферо́полі напру́жений день, бага́то зу́стрічей з коле́гами.

як ті́льки	*as soon as*
сіда́ти в по́їзд	*to get on a train*
цуке́рка	*a sweet, candy*
ці́лий	*whole*
проду́кти (usually pl.)	*food*
нічо́го не вихо́дить!	*it's no good, nothing happens*
нати́снути (pf.) (**нати́сну, нати́снеш**)	
(**на** + acc.)	*to press (on)*
потягти́ (**потягну́, потя́гнеш**) (pf.)	*to pull*
ве́рхній	*upper, higher*

(ни́жній	lower)
поли́ця	(here:) *berth*
відчи́нений	*open*
як би там не було́	*however that may be*

(*a*) Правда чи неправда?

1 Швидки́й по́їзд но́мер 11 прибува́є на четве́рту ко́лію.
2 Сті́вен узя́в у доро́гу котле́ти, сир і полуни́цю.
3 Прибуття́ до Сімферо́поля за ро́зкладом.
4 Е́ндрю спа́тиме в купе́ на ни́жній поли́ці.

(*b*) Да́йте ві́дповідь на ці запита́ння англі́йською мо́вою

1 What does Taras give the carriage attendant?
2 How much does a glass of tea cost?
3 How do you open the windows on a train in Ukraine?
4 What has Stephen taken to read on the journey?

5 *Negative pronouns, adjectives and adverbs*

Compare these words with the indefinite words above:

ніхто́	*no-one*
ніщо́	*nothing*

(the second part of these two words declines in the usual way; the genitive case of **ніщо́**, **нічо́го**, often functions as the subject of the sentence)

нія́кий	*no (kind of)*
ніде́	*nowhere*
ніку́ди	*(to) nowhere*
ніко́ли	*never*
нія́к	*nohow*

To this list should be added:

жо́ден/жо́дний	*no* (adj.)

Here are some examples of usage:

Я ні з кйм не розмовляв.	*I didn't speak to anyone* (note that the preposition comes between **ні** and the following case form of **хто**).
Стівен ніколи не був в Україні.	*Stephen has never been to Ukraine.*
Вони нікуди не пішли.	*They haven't gone anywhere.*
Немає ніякого сумніву ...	*There is no doubt ...*

| сумнів | *doubt* |

6 Participles

Participles are adjectives formed from verbs; they can be used to replace a relative clause, i.e. part of a sentence introduced by one of the relative pronouns 'who', 'which', 'that':

| The boy **running** (participle) along the street is my son. | *The boy **who is running*** (relative clause) ... |
| I am reading a novel **written** (participle) by Dickens. | *... a novel **which was written*** (relative clause) ... |

As adjectives, participles in Ukrainian change according to the gender and case of the noun which they accompany, but like verbs they can have tense and be either active (e.g. *running*) or passive (e.g. *written*). Only past-tense passive participles are in regular use. Many quite ordinary adjectives are historically active past participles, but you do not need to know this in order to be able to use the words concerned.

passive past participles

The word **вдягений** (*dressed*) is an example of a passive past participle. Some more examples: **зачинений** (*closed*), **відчинений** (*open*). These participles are formed only from verbs which are perfective – the few exceptions to this need not concern us here – and transitive (i.e. they have an object), by means of the adjectival suffix **-ний** (**-на, -не; -ні**) or **-тий** (**-та, -те; -ті**). Most verbs have **-ний**, but a number of important verbs take **-тий**.

Here are some of the most common verbs that form their passive past participles with **-тий**:

взяти/узяти	*to take*	взятий/узятий	*taken*
випити	*to drink (up)*	випитий	*drunk (not inebriated!)*
забути	*to forget*	забутий	*forgotten*
почати	*to begin*	початий	*begun*

Participles with **-ний**:

(*a*) first conjugation verbs where a vowel precedes the indefinite suffix **-ти**:

написати	*to write*	написаний	*written*
прочитати	*to read*	прочитаний	*read*

(*b*) first conjugation verbs with infinitives ending in **-увати**:

збудувати	*to build*	збудований	*built*
схвилювати	*to move (emotionally)*	схвильований	*moved, touched*

(*c*) first conjugation verbs with infinitives ending in **-нути**:

вдягнути	*to dress*	вдягнений	*dressed*

(*d*) first conjugation verbs with a consonant preceding the infinitive suffix **-ти**:

привезти	*to bring* привезе (*3rd sg.*)	привезений	*brought*

(*e*) second conjugation verbs

зробити	*to do*	зроблю (*1st sg.*)	зроблений	*done*
пропустити	*to miss*	пропущу (*1st sg.*)	пропущений	*missed*

7 Passive sentences

In earlier units you saw the following sentences:

Суму **вказано** в декларації.	*The sum has been delcared on the currency declaration form.*
Декларацію вже **заповнено**.	*The currency declaration form has already been completed.*
Ваш виклиик **прийнято**.	*Your call has been accepted.*

No reference is made to the person who declared the currency on the form, or who completed it, or who took the call. The sentences simply state that the action has been/was performed. A special form of the passive past participle is used, ending in **-но** or **-то**. By contrast to the English sentences which have a grammatical subject (the sum, two rooms, your call) but no object, the Ukrainian construction does have an object (in the accusative case) but no subject.

Here are some more examples:

Йому́ не рекомендо́вано пи́ти ка́ву.	*He is advised not to drink coffee.*
Кни́гу вже прочи́тано?	*Has the book been read already?*
Листи́ вже напи́сано?	*Have the letters been written already?*
Матч уже зі́грано.	*The match has already been played.*
Усі́ ті́стечка вже з'ї́дено.	*All the cakes have already been eaten.*
Поїздку заплано́вано на за́втра.	*The trip is planned for tomorrow.*
Бутербро́ди вже зро́блено, ка́ву нали́то.	*The sandwiches have already been made and the coffee poured out.*

8 The whole – a whole

Я так хо́чу пи́ти, що ви́п'ю всю пля́шку.	*I am so thirsty that I shall drink the whole bottle.*
Я так хо́чу пи́ти, що зміг би ви́пити ці́лу пля́шку.	*I am so thirsty that I could drink a whole bottle.*

9 All

Here is the declension of **увесь/ввесь** (*all*):

	Sg.			Pl.
	M	**F**	**N**	
Nom.	уве́сь	уся́	усе́	усі́
Acc.	(nom. or gen.)	усю́	усе́	(nom. or gen.)
Gen.	усьо́го	усіє́ї	усьо́го	усі́х
Dat.	усьому́	усі́й	усьому́	усі́м
Loc.	(на) усьо́му	усі́й	усьо́му	усі́х
Inst.	усі́м	усіє́ю	усі́м	усіма́

The neuter nominative singular form **усе** can mean 'everything': **все можли́ве** (*everything possible*). The plural form can mean 'everyone', e.g.

Усі́ зна́ють (*plural verb form*)   *Everyone knows Taras.*
Тара́са.

Cultural note:

At the railway station the **пасажи́р** (*passenger*) joins the queue (**че́рга**) for the ticket office (**займа́ти че́ргу до ка́си**). When booking a ticket you need to know, apart from where you want to go, the number of the train (**но́мер по́їзда**) by which you wish to travel. Your ticket will tell you the number of both your seat and the carriage in which you will be travelling. Announcements will tell you whether the carriages are numbered from the front (lit. *head*: **з голови́ по́їзда**) or from the rear (lit. *tail* (**хвіст**): **з хвоста́ по́їзда**). You should also know about different types of train and accommodation. The immediate vicinity of large towns is served by electric suburban train **електропо́їзд** (**електри́чка**). Long-distance trains are slow (**пасажи́рський по́їзд**) or fast (**швидки́й по́їзд**) and have different standards of accommodation:

спа́льний ваго́н (СВ)	*sleeping car (2 or 3 berths per compartment)* (the best accommodation, but not available on all long-distance trains)
купе́йний ваго́н	*carriage with separate compartments (4 berths per compartment* (купе́))
плацка́ртний ваго́н	*open carriage with compulsory berth reservations*
зага́льний (lit. 'common') ваго́н	*carriage with unreserved seats*

Each carriage on a long-distance train has a **провідни́к** (*steward, sleeping-car attendant*). It is from him or his female colleague, **провідни́ця**, that you buy tea and obtain your bed-linen.

---

10 *Pretend you are on Kyiv railway station*

Practice these phrases and make sure you understand them. They will be useful for the exercises that follow.

(*a*) here are some more announcements:

Ува́га! Швидки́й по́їзд но́мер 68 сполу́ченням "Берлі́н-Ки́їв" прибува́є на дру́гу ко́лію. Ви́хід до ваго́нів че́рез дру́гий по́верх вокза́лу. Нумера́ція ваго́нів з хвоста́ по́їзда.

Ува́га! Пасажи́рський по́їзд но́мер 189 сполу́ченням "Санкт-Петербу́рг-Ки́їв" запізню́ється на 20 хвили́н.

Ува́га! Швидки́й по́їзд но́мер 55 бу́де по́дано на четве́рту ко́лію. Нумера́ція ваго́нів з голови́ по́їзда.

Ува́га! Пасажи́рський по́їзд но́мер 604, "Ки́їв-Полта́ва" відправля́ється з п'я́тої ко́лії.

(*b*) you are booking tickets:

You   Будь ла́ска, оди́н купе́йний на два́дцять четве́рте тра́вня до Оде́си.
X   Но́мер по́їзда?
You   П'ятдеся́т п'ять.
X   На два́дцять четве́рте купе́йних нема́є. Є плацка́рт.
You   А на яке́ число́ є купе́йні?
X   На два́дцять шо́сте.
You   До́бре. Я візьму́ на два́дцять шо́сте.

You   Про́шу, оди́н до Москви́ на во́сьме жо́втня, по́їзд но́мер 2, і на двана́дцяте наза́д, по́їзд но́мер 1.
X   На во́сьме до Москви́?
You   Так "СВ", будь ла́ска.
X   Є "СВ" на во́сьме. Зворо́тний на двана́дцяте?
You   Так, про́шу.
X   На двана́дцяте є купе́ й плацка́рт.
You   А на трина́дцяте?
X   На трина́дцяте є "СВ". Дава́ти? (*Shall I give it? i.e., do you want it?*)

Here are the names of some Ukrainian cities for the next exercise:

Тернóпіль (*gen.*: Тернóполя)	*Ternopil* (alt. **i/o**)
Хáрків (*gen.*: Хáркова)	*Kharkiv* (alt. **i/o**)
Чернівці (*gen*: Чернівців)	*Chernivtsi* (*Czernowitz*)
Івáно-Франкíвськ (*gen.*: Івáно-Франкíвська)	*Ivano-Frankivsk*
Черкáси (*gen.*:Черкáс)	*Cherkassy*
Кам'янéць-Подíльський (*gen.*:Кам'янця́-Подíльського)	*Kamianets-Podilskii*

Впрáви

1 Now include these cities in the following enquiries and requests (in Ukrainian, of course!):

(*a*) Can you please tell me when the train from Cherkassy arrives?

(*b*) When is the next train to Kharkiv, please?

(*c*) One first-class ticket please on the express train to Ivano-Frankivsk.

(*d*) I want to go by train (first class) to Odesa.

(*e*) I want to go by suburban electric train to Poltava on 19 August.

Try constructing sentences with requests for different types of accommmodation with other destinations: don't forget about the cities of Ukraine that you already know – **Кúїв, Львíв, Сíмферóполь.** You could add some international destinations apart from **Москвá, Санкт-Петербýрг, Варшáва**:

Мíнськ	*Minsk* (the capital of Belarus – Білорýсь)
Бухарéст	*Bucharest* (the capital of Romania – Румýнія)
Будапéшт	*Budapest* (the capital of Hungary – Угóрщина)
Вíдень (gen.: Вíдня)	*Vienna*
Берлíн	*Berlin*
Прáга	*Prague*

2 On board the train.

Revise the expressions used to introduce yourself, say what your name is, what you do for a living, and why you are in Ukraine. You may wish to say:

— *I am going to Odesa* (**на** + acc.) *a conference* (**конфере́нція**).

— *I am going on holiday to Yalta for five days.*

— *I have spent* (say: I was) *two weeks in Luhans'k, I am going back to Kyiv and in two days I am flying home.*

— *I always feel very hungry when(ever) I get on a train. That's why* (**ось чому́**) *I have a large bag of food and several bottles of beer with me* (**із собо́ю**).

You will almost certainly have to say to the carriage steward:

— *Could I have a glass of tea, please? And how much do I owe you for the bed linen?*

3 Some more practice.

— *I'll wait here. I want you to buy the tickets.*

— *I was standing in the queue for* (**за** + inst.) *tickets, talking to a very interesting person.* (Remember what happens to **г** in the locative singular!)

— *The next train will arrive soon.*

— *Why are you an hour late?*

4 Translate your part in this dialogue into Ukrainian.

X Яки́й Вам квито́к?
You *One ticket to Zhytomyr and back.*
X На коли́?
You *To Zhytomyr on 4 October, and back on 22.*
X Вам купе́йний чи плацка́ртний?
You *I'll take a compartment.*

(The English in the next two exericises may sound a little odd, but it is very close to the Ukrainian way of saying things.)

5 Practice the negative words. Translate into Ukrainian:

(*a*) Nobody ever understands me.
(*b*) I don't know anyone who knows how to make good coffee.
(*c*) I haven't spoken Ukrainian to anyone for a long time.
(*d*) I haven't brought any food for the journey with me.

6 Now practice the indefinite words.

(*a*) I would drink something warm with great pleasure.
(*b*) In my childhood I used to watch any kind of film.
(*c*) Taras has gone off somewhere to buy food.
(*d*) Let's meet some time!

17

ЗА НА́ШИХ ДОРОГИ́Х ГОСТЕ́Й!

Here's to the health of our dear guests!

In this unit you will learn:

- about visiting Ukrainians as a guest
- about the major festivals celebrated in Ukraine
- more about the imperative

——————— Діало́г ———————

Solomiia Maliarchuk celebrates her birthday at home in the company of her friends. Ol'ha, Ursula, Solomiia, Stephen, Taras, Andrew and Ihor are seated round the table.

Íгор	Я пропону́ю підня́ти тост за Соломі́ю!
Тара́с	Соломі́йко, за твоє́ здоро́в'я!
О́льга	Будь щасли́ва!
Соломі́я	Дя́кую Вам усі́м, що прийшли́. Мені́ спра́вді ду́же приє́мно всіх вас ба́чити у се́бе сього́дні! І дя́кую вам за ці чудо́ві кві́ти й подару́нки!
Сті́вен	*(to Ursula)* В Украї́ні кві́ти дару́ють за́вжди чи лише́ на день наро́дження?
У́рсула	Тут існу́є тради́ція прино́сити господи́ні кві́ти, якщо́ йдеш у го́сті. Це не обов'язко́во, але́ кві́там за́вжди ра́ді.
Соломі́я	*(to Stephen)* Сті́вене, Ви принесли́ чудо́ві кві́ти. Я ду́же люблю́ троя́нди...

Сті́вен	Я ра́дий, що вони́ Вам сподо́балися.
Тара́с	Соломі́я вмі́є роби́ти чудо́ві буке́ти. І ще вона́ ро́бить компози́ції із сухи́х росли́н.
Е́ндрю	А ще мені́ подо́баються карти́ни, які́ вона́ малю́є.
Соломі́я	Я приготува́ла для вас сюрпри́з. (*Leaves the room*).
О́льга	А я зна́ю!
І́гор	Якщо́ ти ска́жеш, це вже́ бу́де не сюрпри́з!

(*Solomiia enters the room bearing a large cake with candles already lit.*)

Тара́с	Це ви́твір мисте́цтва! Шкода́ його́ рі́зати ... Соломі́йко, пе́ред тим, як дмухну́ти й загаси́ти сві́чки, не забу́дь заду́мати бажа́ння!
У́рсула	Бажа́ємо тобі́, щоб усе́, про що ти поду́мала, збуло́ся!
Тара́с	Ви́пиймо за ща́стя!
Соломі́я	Я хо́чу ви́пити за госте́й. За вас, дру́зі!
Го́сті	Бу́дьмо!

пропонува́ти (-у́ю, -у́єш) (impf.)	*to propose*
підня́ти (підніму́, підні́меш) (pf.)	*to raise*
підня́ти тост за (+ acc.)	*to raise a toast (to)*
за твоє́ здоро́в'я	*[here's] to your health*
будь (2nd pers. sg. imperative from **бу́ти**) **ща́слива**	*be happy!*
мені́ приє́мно всіх вас ба́чити у се́бе	*it is a pleasure for me to see you all here in my place*
подару́нок (gen.: **подару́нка**)	*present, gift*
дарува́ти (-у́ю, -у́єш) (impf)	*to give as a present*
на день наро́дження	*on [someone's] birthday*
існува́ти (-у́ю, -у́єш) (impf)	*to exist*
тради́ція	*tradition*
господи́ня	*mistress of the house*
обов'язко́вий	*compulsory*
кві́там за́вжди ра́ді	*[people are] always glad of flowers*
троя́нда	*rose*
умі́ти (умі́ю, умі́єш) (impf.)	*to be able (know how to)*
буке́т	*bouquet*
компози́ція	*composition*
сухи́й	*dry*
карти́на	*picture*
малюва́ти (-ю́, -ю́єш) (impf.)	*to paint, draw*
сві́чка	*candle*
ви́твір (gen.: **ви́твору**)	*product* (alt. **i/o**)

це ви́твір мисте́цтва!	*it's a work of art!*
пе́ред тим, як	*just before*
дмухну́ти (-ну́, -не́ш) (pf.)	*to give a blow, puff*
загаси́ти (загашу́, зага́сиш) (pf.)	*to put out, extinguish*
заду́мати бажа́ння	*to make a wish*
збу́тися (збу́деться, збу́дуться) (pf.)	*to come true*
ви́пиймо!	*let's drink!*
ща́стя (n)	*happiness*
бу́дьмо!	(lit.) *let us be/may we all be [healthy, happy]!*

(*a*) Пра́вда чи непра́two?

1 В Украї́ні кві́ти дару́ють, ко́ли йду́ть у го́сті.
2 Соломі́я малю́є га́рні карти́ни.
3 Тара́с вніс до кімна́ти торт.
4 У́рсула пропону́є тост за господи́ню.

(*b*) Да́йте ві́дповідь на ці запита́ння англі́йською мо́вою

1 What toasts are proposed by Solomiia's guests?
2 What are Solomiia's favourite flowers?
3 What surprise did Solomiia prepare for her guests?
4 What should she do before blowing out the candles?

——— Як функціону́є мо́ва ———

1 Visiting

There is a tradition of taking flowers to the lady of the house when you go visiting – **якщо́ йде́ш у го́сті**. In unit 10 Taras told us that he and Stephen had been invited by Ihor Ivanovych to go visit him – **І́гор Іва́нович запропонува́в *пої́хати до ньо́го в го́сті.***

The phrase answers the questions **куди́?** (*where to?*) and **до кого́?** (*to whom?*), i.e. there is motion involved:

Question: До кого (Куди) Тарáс зі Стíвеном поїхали/їдуть/поїдуть в гóсті?
Answer: Воні поїхали в гóсті до Íгоря.

2 Can

You have already met the verbs **могти** (*can, to be able*) and **уміти**, which could be translated in exactly the same way, but with a crucial difference in meaning:

могти	*to have the physical ability to do something*
уміти/вміти	*to have the necessary knowledge to do something*

Words related to these two verbs show the same difference:

міцний (believe it or not!)	*strong, robust*
міць (f)	*might*
умíлий	*skilled*

3 Ще *and* вже

Ще is normally translated in wordlists as 'still', 'yet', and **вже** as 'already'. It is important to see how these words have to be translated in quite a different way in English on a number of occasions:

(*i*) І ще вонá рóбить композиції із сухíх рослíн.	*And she does dried flower arrangements **as well.***
(*ii*) А ще менí подóбаються картíни.	*And I like the pictures **too** ...*
(*iii*) Якщó ти скáжеш, це вжé бýде не сюрпрíз.	*If you tell it won't be a surprise **any more.***
(*iv*) Що ще?	*What **else** [do you want]?*
(*v*) Хóчете ще кáви?	*Do you want **more** coffee?*

4 Пéред тим, як ... *more on joining sentences together*

This is an example of a compound conjunction – 'compound' because it consists of more than one element, 'conjunction' because it joins separate sentences together. Note that **пéред тим, як** is followed by an infinitive; the English equivalent is followed by an *-ing* form – 'just before blowing out the candles'. English frequently makes no distinction between prepositions and conjunctions, e.g.

(*i*) After (preposition) breakfast I went to work.
(*ii*) After (conjunction) I had had breakfast, I went to work.

The Ukrainian equivalents are:

(*iii*) Після (*preposition*) сніданку я пішов на роботу.
(*iv*) Після того, як (*conjunction*) я поснідав, я пішов на роботу.

Note: Don't forget the verbal adverbs introduced in unit 15! It would also be perfectly possible to say:

(*v*) Поснідавши, я пішов на роботу.

поснідати (pf.)	*to have breakfast*

5 *The imperative*

You have now seen many examples of second-person imperative forms, e.g.

infinitive	*sg.*	*pl.*
читати	читай	читайте
телефонувати	телефонуй	телефонуйте
іти	іди	ідіть
писати	пиши	пишіть
робити	роби	робіть
вибачити	вибач	вибачте

The picture is not quite as confusing as it looks at first sight. Everything depends on the **stress position** of the first-person singular and the **structure** of the second-person singular form of the present tense.

first conjugation

(*a*) If the second person singular contains the sequence of letters **аєш** (i.e. **а + й + е**) or **ієш** (**і + й + е**), the singular imperative will end in **-й**: **читаєш – читай**, to which **-те** is added to form the plural (or formal singular) – **читайте**.

Also:

розуміти	розумієш	розумій	розумійте

Note: important exception: дава́ти   даёш   **дава́й**   **дава́йте**

(*b – i*) If the first person singular has the stress on the ending (**беру́, іду́, пишу́**) and the second person singular ends with a consonant + **еш**, the singular imperative will end in **-и**, the plural in **-іть**:

брáти	берéш	бери́	берíть
іти́	ідéш	іди́	ідíть
писáти	пи́шеш	пиши́	пишíть

(*b – ii*) If the first person has the stress on any other syllable (**рі́жу**), the singular imperative has either no ending at all:

рі́зати	рі́жеш	різ	рі́жте

or a soft sign:

забу́ти	забу́деш	забу́дь	забу́дьте

second conjugation

(*a*) If the second person singular contains the sequence of letters vowel + **їш** (i.e. **й** + **і**) the singular ends in **-й**:

стоя́ти	стої́ш	стíй	стíйте

(*b – i*) If the first person singular has the stress on the ending (**роблю́**) and the second person singular consists of consonant + **иш**, the singular imperative will end in **-и**, the plural in **-іть**:

роби́ти	рóбиш	роби́	робíть

(*b – ii*) If the first person has the stress on any other syllable (**ви́бачу**), the singular imperative has no ending at all:

ви́бачити	ви́бачиш	ви́бач	ви́бачте

Obviously these rules do not account for the irregular forms, e.g. **їж(те)** from **ї́сти**; such forms have to be noted separately.

the first-person plural imperative

Examples from this unit: **ви́пиймо** (*let's drink*); **бу́дьмо** (*let us be*)

The first person plural imperative can be formed simply by replacing the ending **-те** with **-мо** or **-іть** with **-імо** (or sometimes **-м**), e.g. **чита́ймо, робíм(о), забу́дьмо**. An important oddity is the use of the past tense form **пішли́** to mean 'let's go!'.

the third-person imperative

'Let him/her/it/them ...': this is formed by combining **хай** or **нехáй** with the third-person singular or plural form of the verb:

Хай (нехáй) Íгор зустрíне Стíвена! *Let Ihor meet Stephen!*

aspect and the imperative

The advice given in unit 5 – note which aspect is used in the examples given in the dialogues and texts you will have read by the time you complete this course – still holds good. A perfective imperative tends to be used when the action is to be performed at the moment of speaking or refers to only one action, e.g. **Напишíть листíвку!** (*Write a postcard!*). More general instructions are likely to be in the imperfective, e.g. **Пишíть менí!** (*Write to me!*). One of the few clear-cut statements that can be made is that negated commands (**не** + imperative) are always in the imperfective aspect:

Не читáйте цю кнíгу!   *Don't read this book!*
Вонá дуже погáна!   *It's very bad!*

When the imperfective after **не** is in the perfective aspect, you are dealing with a warning:

Не забýдь!   *(Mind you) don't forget!*

6 *A note on number*

These are nouns in Ukrainian which do not have both singular and plural forms. Some have only **singular** forms:

- words which denote objects that can exist only in the singular, e.g. geographical terms like **Iтáлія, Львíв**.
- words which denote substances and materials, e.g. **цýкор, молокó**.
- abstract and collective terms, the names of branches of knowledge, e.g. **відпочíнок** (*holiday*), **бíзнес, óдяг, допомóга, здорóв'я, мýзика, торгíвля, математúка, цікáвість, лúстя** (*foliage*).

Words of foreign origin like **фóто, iнтерв'ю, рáдіо** form a special group; they have no case endings at all, and therefore have the same form in both the singular and plural, e.g. **вáше iнтерв'ю, вáші iнтерв'ю**.

Other Ukrainian nouns occur only in the **plural**.

- nouns denoting objects that comprise two (*cf* English: scissors, shears, trousers, glasses), e.g. **окуля́ри, ме́блі, гро́ші, лі́ки, но́жиці** (*scissors*), **ша́хи** (*chess*). Also **імени́ни** (*nameday*), **кані́кули** (*holidays*).
- certain words denoting actions or feelings, e.g. **деба́ти** (*debate*), **ра́дощі** (*joy, happiness*), **за́здрощі** (*envy, jealousy*).
- certain geographical names (mountain ranges, cities), e.g. **Карпа́ти, Су́ми** (*Sumy* – city in Ukraine), **Афі́ни** (*Athens*).

7 Vowels that disappear and reappear

You have already seen that **o** and **e** can alternate with **i** under certain conditions, and that they can also disappear entirely in declension (**вівто́рок**, gen.: **вівто́рка**). The vowels **o** and **e** can also be inserted between two consonants.

inserted vowels

As you know the genitive plural of most feminine and neuter nouns has no ending at all. If this would mean that two consonants come together at the end of the word, the vowel **o** is inserted between them to make pronunciation easier. This does not of course mean that Ukrainian words can never end in two consonants!

Nom. sg.	*Gen. pl.*
листі́вка	листі́**вок**
прогу́лянка	прогу́лян**ок**
вікно́	вік**он**

Something similar happens with masculine singular short-form adjectives, although here the inserted vowel is **e**, e.g.

    жо́дний, (m) жо́ден, (f) жо́дна

the disappearing vowels

These are often known as 'fleeting vowels'. The vowel is present in the nominative singular but drops out in all the other case forms:

Nom. sg.	Gen. sg.
ві́тер	ві́тру
ли́пень	ли́пня

сéрпень	сéрпня
кáшель	кáшлю
день	дня

O and **e** which alternate with **i** never drop out. A whole number of other words do not follow this pattern (e.g. **гýмор** (an obvious loan word), **жарт, аспéкт, рецéпт, контрáкт, харáктер**). If in doubt check the vocabulary at the back of this book, or a dictionary.

A hint. Ukrainian words ending in **-ець** or **-ок** all follow this pattern:

-ець:	украïнець	украïнця	украïнці
	стілéць	стільця́	стільці́
	карбóванець	карбóванця	карбóванці
-ок:	будúнок	будúнка	будúнки
	рахýнок	рахýнка	рахýнки
	подарýнок	подарýнка	подарýнки
	спúсок	спúску	спúски
	розрахýнок	розрахýнку	розрахýнки
	квитóк	квиткá	квиткú

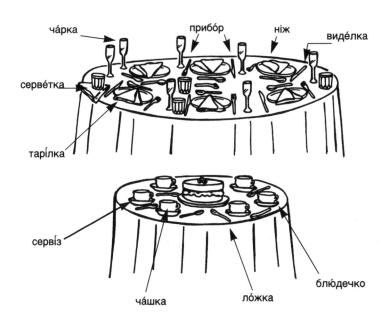

святко́вий стіл	*festive board*
ска́терка	*tablecloth*
прибо́р	*item of cutlery*
ніж (gen.: ножа́)	*knife* (alt. **i/o**)
виде́лка	*fork*
ло́жка	*spoon*
ча́йна ло́жка	*teaspoon*
серві́з	*service (of crockery)*
тарі́лка	*plate*
ча́шка	*cup*
блю́дечко	*saucer*
ча́рка	*small glass (for spirits)*
ке́лих/фуже́р	*(wine) glass*
серве́тка	*serviette*

8 Pretend you are celebrating a great occasion with your Ukrainian friends

(*a*) greetings and congraulations

Віта́ю тебе́ з (+ inst.) ...	*Best wishes on ...*
Віта́ю Вас із (+ inst.) ...	(lit. *I greet you with ...*)

Now work out the occasion:

Віта́ю тебе́/Вас із Днем наро́дження!
Віта́ю тебе́/Вас із ювіле́єм!
Віта́ю тебе́/Вас із річни́цею весі́лля!
Віта́ю тебе́/Вас зі свя́том!
Щи́ро віта́ю тебе́ з Різдво́м Христо́вим і Нови́м ро́ком!
Від усьо́го се́рця віта́ю Вас із наго́ди Ва́шого весі́лля!

(*b*) wishes

Бажа́ю Вам (dat.) (+ gen.) ...   *I wish you ...*
Бажа́ю тобі́ (dat.) (+ gen.) ...
Прийми́ть мої́ найщирі́ші побажа́ння.
Бажа́ю Вам ща́стя.
Бажа́ю тобі́ міцно́го здоро́в'я.
Я хо́чу побажа́ти тобі́ життє́вих у́спіхів (*every success in life*).
Від усьо́го се́рця бажа́ю тобі́ добра́ й ра́дості.
Неха́й цей день бу́де для Вас сві́тлим і ра́дісним.

(*c*) toasts

Toasts are a very important part of Ukrainian drinking culture. Everyone at a celebration dinner will be expected to take a turn at proposing one. Indeed a toastmaster (**тамада́**) may be appointed to ensure that this happens! Here are some simple toasts, together with English translations:

Бу́дьмо!	*Let's be/May we be!* (healthy, happy etc.) (i.e. cheers)
Я хо́чу ви́пити за твоє́ здоро́в'я!	*I would like to drink to your health!*
Я пропоную́ ви́пити за ща́стя й добро́бут ціє́ї сім'ї́!	*I propose that we drink to the happiness and prosperity of this family!*

Різдво́ Христо́ве	*Christmas*
від усьо́го се́рця	*with all [my] heart*
імени́нник	*the person whose name day (or sometimes birthday) it is*
свя́то	*feast, festival*
святкува́ти (-ку́ю, -ку́єш)* (impf.)	*to celebrate*
святкува́ння (n)	*celebration*
ювіле́й	*jubilee*
річни́ця	*anniversary*
поздоро́влення (n)	*congratulations*
привіта́ння (n)	*greetings*
побажа́ння (n)	*wishes*
добро́бут	*prosperity*

Cultural note:

The New Year (**Нови́й рік**) is observed by everyone; the parties begin on the evening of 31 December and continue throughout the next day. 1 January is a public holiday. Christmas (**Різдво́**) is observed according to the tradition of the Orthodox Church on 7 January. Some families also celebrate the Old New Year (**Стари́й нови́й рік**) on 14 January. Easter is a moveable feast, but it always falls in the spring. The dates of the Orthodox Easter rarely coincide with those of the Catholic festival. The holy days of Easter are collectively known as **Па́сха**. Easter Sunday is called **Вели́кдень**. It is customary to present bouquets of flowers to the ladies on 8 March – still known as **Міжнаро́дний жіно́чий день** (*International Women's Day*). 9 May marks the anniversary of the victory over Nazi Germany in the Second World War – **День Перемо́ги** (*Victory Day*). Ukrainian independence is celebrated on 24 August – **День Незале́жності Украї́ни.** These last two festivals are marked by public demonstrations, concerts and special open-air markets; the streets are decorated with flags and banners. Just as at New Year, people send congratulatory cards and telegrams to their friends.

 ——————— # Впра́ви ———————

1 Solomiia has prepared a list of all the items that have to be placed on the table for her guests. Check the picture on p. 239 with the list below and say:

(a) what she has forgotten;
(b) what is superfluous on the table.

Спи́сок Соломі́ї (папі́рець із блокно́та) – *Solomiia's list (a page from her notebook)*

ска́терка
7 тарі́лок для холо́дних заку́сок
7 тарілочо́к для хлі́ба
7 серве́ток
7 ножі́в
7 виде́лок
7 ложо́к для десе́рту
7 фуже́рів для шампа́нського
7 ке́лихів для вина́
7 склянО́к для води́
7 чаро́к для коньяку́
Приготува́ти ча́йний і каво́вий серві́зи: чашки́, блю́дечка, ло́жечки

2   Now practise some written Ukrainian of your own!

Напишíть запрóшення своїм дрýзям на святкувáння Новóго рóку у Вас вдóма. Запропонýйте їм приїхати до Вас на 9.00 вéчора.

3   Some grammar revision.

Where possible, put the following nouns into the form of the nominative:

(*a*)   plural: теáтр, здорóв'я, музéй, фóто, тост, поздорóвлення, подарýнок, щáстя, сервíз, джаз

(*b*)   singular: сюрпри́зи, гóсті, штани́, сувенíри, шáхи, дебáти, концéрти, канíкули, вистáви, мéблі

4   Ol'ha, Ihor, Ursula and Andrew are walking in the Botanical Gardens after visiting an art exhibition. Read the dialogue and answer the questions that follow.

Óльга   Ви́ставка булá прóсто унікáльна. Я одéржала спрáвжнє задовóлення!

Íгор   Менí шкодá, що я не знавéць живóпису. Алé як дилетáнт, я дýже люблю́ диви́тися карти́ни й ходи́ти в музéї.

Ýрсула   Я такóж. Алé найбíльшу роль у моєму житті всé-таки відігрáє мýзика. Менí дýже подóбається óпера, балéт і симфонíчна мýзика.

Éндрю   Я зáвжди дивувáвся, як люди́на, якá отримáла такý музи́чну освíту, як ти, мóже, пóряд із клáсикою, люби́ти рок, поп і джаз... Я не мóжу цьогó збагнýти!

Óльга   Про смаки́ не сперечáються.

Ýрсула   Менí подóбається спрáвжня, талановúта мýзика, незалéжно від жáнру.

Éндрю   Що не кажíть, алé найпопуля́рніший вид сучáсного мистéцтва – це кінó. Сьогóдні відео ди́вляться дорóслі й дíти. Я сам люблю́ кінофíльми.

Óльга   Я не мóжу ви́словитися прóти. Алé, якщó я мáю квитки́ до теáтру, я спокíйно пропущý будь-яки́й фільм.

Íгор   (*mysteriously*) Післязáвтра ти мáтимеш такý нагóду...

Ýрсула   Я б тако́ж не відмо́вилася піти́ до теа́тру.

Éндрю   Ну, це нева́жко. Ми з Тара́сом учо́ра купи́ли сім квиткі́в до теа́тру украї́нської дра́ми на прем'є́ру. Ви не запере́чуєте?

худо́жня ви́ставка	art exhibition
знаве́ць (gen.: **знавця́**) (+ gen.)	expert (on), connoisseur (of)
живо́пис	painting
дилета́нт	amateur
роль (f)	role
відігра́ти (3rd sg. **відіграє́**)	
(impf.) **роль**	to play a role
дивува́тися (ýюся, -ýєшся) (impf.)	to be amazed
осві́та	education
по́ряд із (+ inst.)	alongside
збагну́ти (-ну́, -не́ш) (pf.)	to grasp, comprehend
спереча́тися (impf.)	to quarrel
незале́жно від (+ gen.)	indepent(ly) of
жанр	genre
що не кажі́ть, але́ ...	whatever you say, ...
доро́слий	adult (also used as noun,
	i.e. **доро́слі**, *adults*)
я не мо́жу ви́словитися про́ти	I can't say anything against it
квито́к *до* теа́тру	ticket **for** the theatre
відмо́витися (-мо́влюся, -мо́вишся,	
-мо́вляться) (pf.)	to refuse

(a)   What is the most important art form in Ursula's life?

(b)   What is it that Andrew finds difficult to understand?

(c)   What art form does Andrew consider to be the most popular?

(d)   What have Andrew and Taras bought?

18
ДО ПОБА́ЧЕННЯ, УКРАЇ́НО!

See you again, Ukraine!

In this unit you will learn:

- about writing letters in Ukrainian
- another way of denoting possession
- some more negatives
- something about wordbuilding

 ——————— **Текст** ———————

On Stephen's last evening in Ukraine, Ostap and Natalka are asking him about his impressions of the country. Here is what he has to say while showing some slides. Read the text and answer the questions that follow.

Про приро́ду Украї́ни мені́ дуже ва́жко розповіда́ти ... Я не зна́ю, як мо́жна переда́ти слова́ми те, що я ба́чив. Ось на цих сла́йдах мо́жна поба́чити найкрасиві́ші місця́, які́ я встиг сфотографува́ти.

(1) Це Карпа́ти. Яре́мча. У ме́не ви́йшов чудо́вий слайд бі́ля водоспа́ду. Це ске́ля До́вбуша, ду́же га́рне мі́сце.

(2) А ось, подиві́ться, яке́ незвича́йне фо́то: це найбі́льший гриб, яки́й я ба́чив у своє́му житті́! Я сам його́ знайшо́в у лі́сі.

(3) Це – Я́лта, бі́ля морсько́го по́рту. Я зміг зня́ти за́хід

сóнця, мóре булó рожéвого кóльору, а кораблí – бíлі.

(4) Ще менí дýже сподóбалися ось ці місця́, недалéко від Запорíжжя. Я не мóжу забýти врáження, коли́ наш пóїзд їхав по вузькíй смýжці сýші, яку́ отóчує з обóх бокíв водá. Подивíться, це – кáзка! З óдного бóку мáйже не ви́дно бéрега, тíльки повéрхня води́, а з íншого бóку – хáти на зелéних пáгорбах, очерéт і вéрби над водóю, ти́ша і спóкій.

Я багáто читáв про красý украї́нської приро́ди, алé все однó словáми це не мóжна передáти. Украї́на – рíзна на схóді й на зáході, на пíвночі й на пíвдні. І менí вáжко сказáти вам, де менí сподóбалося найбíльше.

Менí дýже шкодá, що ми з Тарáсом зáвтра від'їжджáємо. Алé тепéр я знáю, що приї́ду сюди́ ще багáто разíв.

слайд	*(photographic) slide*
передáти словáми	*to put into words*
	(lit. to put across with words)
всти́гнути (-ну, -неш; past tense	
встиг (m), вст
и́гла (f),	
всти́гли (pl.), (pf.),	*to manage*
сфотографувáти (-ýю, -ýєш) (pf.)	*to photograph*
у мéне ви́йшов чудóвий слайд	*I had a really good slide come out*
скéля	*rock, cliff*
незвичáйний	*unusual*
змогти́ (змóжу, змóжеш; past tense	
зміг (m), змоглá (f),	
змогли́ (pl.)) (pf.)	*to manage, succeed*
зня́ти (знімý, знíмеш) (pf.)	*(lit.) to take off (e.g. clothes), remove;*
	(here): to take a photograph (of)
смýжка	*strip*
сýша	*dry land*
отóчувати (-ую, -уєш) (impf.)	*to surround*
з обóх бокíв	*on (lit. from) both sides*
кáзка	*fairy story*
не ви́дно бéрега	*the shore isn't visible*
повéрхня	*surface*
очерéт	*reeds*
вербá	*willow*
спóкій (gen.: спóкою)	*calm peace (alt. i/o)*
все однó	*all the same*
схід (gen.: схóду)	*east (alt. i/o)*

захід (gen.: заходу)	west (alt. i/o)
північ (gen.: півночі) (f)	north (alt. i/o)
південь (gen.: півдня) (m)	south (alt. i/o)
раз	time (as in 'three times etc.')
багато разів	many times

Запитання до тексту

(*a*) What is on slide no. 2?
(*b*) At what time of day was Stephen taking photographs in Yalta?
(*c*) What is so special about slide no. 4?
(*d*) What does Stephen find so difficult?
(*e*) Does Stephen think he will return to Ukraine?

 Як функціонує мова

1 Another way of denoting possession

Ukrainian has a set of commonly used adjectives, derived mainly from personal names, that denote possession. They are formed like this:

(*a*) with the suffix **-ів, -їв**:

name	adjective			
	(m)	*(f)*	*(n)*	*(pl.)*
Стівен	Стівенів	Стівенова	Стівенове	Стівенові
Петро	Петрів	Петрова	Петрове	Петрові
Ігор	Ігорів	Ігорева	Ігореве	Ігореві
Василь	Василів	Василева	Василеве	Василеві
Сергій	Сергіїв	Сергієва	Сергієве	Сергієві

Note the alternation of **i** in the suffix with **o, e** and **є**. As you can see from these examples this suffix is used with names of male human beings. It can also be tacked on to other nouns denoting males, e.g. **братів/братова/братове** (*brother's*); **батьків/батькова/батькове** (*father's*); **учителів/учителева/учителеве** (*teacher's*).

(*b*) with the suffix **-ин**, **-ïн**:

name	adjective			
	(m)	*(f)*	*(n)*	*(pl.)*
Олéна	Олéнин	Олéнина	Олéнине	Олéнині
Óльга	Óльжин	Óльжина	Óльжине	Óльжині
Марíя	Марíïн	Марíïна	Марíïне	Марíïні
Микóла	Микóлин	Микóлина	Микóлине	Микóлині

This suffix is used with names of female human beings, or with names of males (e.g. **Микóла** (Nicholas)) that decline like them. Note the change of **г** to **ж** in front of the suffix in the name **Óльга**. A similar change also occurs with **к**: **дочкá** has the possessive adjective **доччúн** (*daughter's*). Other useful possessive adjectives are: **сéстрин** (*sister's*); **мáтерин** (*mother's*). This last word derives from **мáти**, a more formal word than **мáма**.

The masculine nominative singular ending of both suffixes is like that of short form adjectives, i.e. it is without **-ий**.

Here are some examples of usage:

Стíвенові дрýзі	*Stephen's friends*
у брáтовій квартúрі	*in [my] brother's flat*
бáтькове крíсло	*father's armchair*
Марíïна машúна	*Maria's car*

2 Building up new words

(i) with prefixes

You have already seen several examples of verbs with prefixes. Let us look at one verb and see what meanings can be obtained by adding prefixes: **достáвити**, formed by adding the prefix **до-** to the imperfective verb **стáвити** (*to put, place*). This prefix has the same basic meaning as the preposition **до**, so with a little imagination we can see that **достáвити** means 'to get/put something to a particular place', i.e. deliver. The corresponding imperfective is **доставля́ти**. Here are some more prefixes:

prefix	meaning	verb (impf./pf.)	meaning
ви	*out*	виставляти/ви́ставити	*to put/set out, exhibit*
(виста́ва, ви́ставка,			*performance: exhibition)*
з(зі)	(here:) *with*	зіставляти/зіста́вити	*to put (s'thing) with (s'thing else), i.e. to compare*
у (в)	*into*	вставляти/вста́вити	*to insert*
пере	*across*	переставляти/переста́вити	*to move across, i.e. to transpose*

Sometimes the prefixes correspond to prepositions and have a similar meaning; in other instances (e.g. **пере**) there is no such relationship. Here are some more examples with the verb **роби́ти/зроби́ти**:

ви	виробля́ти/ви́робити	*to work out, produce, manufacture*
	(виробни́цтво: *manufacture, production*)	
до	доробля́ти/дороби́ти	*to finish making/doing*
за	заробля́ти/зароби́ти	*to gain by working, i.e. to earn*
	зароби́ти на хліб	*to earn one's livelihood*
	(заробі́ток (gen.: заробі́тку)	*wages)*
на	наробля́ти/нароби́ти	*to make/cause a lot of (especially unpleasant things)*
на (-ся)	наробля́тися/нароби́тися	*to overwork oneself*
пере	переробля́ти/перероби́ти	*to do over again, remake, transform*
про	проробля́ти/пророби́ти	*to spend time working*
	e.g. пророби́ти ввесь день	*to work the whole day*

Of course it is often impossible to predict exactly what a prefixed verb might mean, but these general guidelines may be of some assistance.

(*b*) with suffixes

Let us take as an example the verb **замовля́ти/замо́вити** (*to order*). By removing **-ляти** and **-ити**, and adding **-ник** to what is left, we obtain the word **замо́вник** (*someone who makes an order*); **-ник** denotes the doer of the action:

письме́нник	*someone who writes (professionally)* = *writer*
помічни́к	*someone who helps* = *assistant*
провідни́к	*someone who acompanies, 'leads through'* = *guide, train conductor/steward*

прово́дити (impf.)/провести́ (pf.) *to escort, convey*

| робітни́к | *someone who works* = *worker* |

The equivalent form for women is **-ниця**.

Doers of action can also be denoted by **-тель, -ар, -яр**:

учи́тель/вчи́тель	*someone who teaches* = *teacher* (verb: учи́ти/вчи́ти)
лі́кар	*someone who heals* = *doctor* (лікува́ти)
маля́р	*someone who paints houses* = *painter and decorator* (малюва́ти: *to paint, draw a picture*)

-ість is a suffix that often forms feminine abstract nouns from adjectives; some such nouns correspond to English words ending in *-ness*:

гість *guest*	гости́нний *hospitable* гости́нність *hospitality*
зло *evil*	злий *malicious* злість *malice*
м'яки́й *soft*	м'якість *softness, tenderness*

A few more examples will be sufficient to show how words relate to each other:

| рік *year* | річни́й *annual* | річни́ця *anniversary* |

(This example also shows that suffixes do not always mean the same thing; **-ниця** in **річни́ця** obviously does not refer to doers of actions here!)

будува́ти *to build*	буди́нок/буді́вля *building*
буді́вельний *building* (adj.)	будіве́льник *builder*
два/дво́є *two* подві́йний *double*	подві́йність *duplicity*
подво́їти *to (re)double*	
двозна́чний *ambiguous*	двоповерхо́вий *two-storeyed*

3 Some more negatives

Negative pronouns, adjectives and adverbs were introduced in unit 16. Some more words must now be listed in order to complete the picture. Compare these words with those given there:

нікого	*there is no one*
нічого	*there is nothing*
ніде	*there is nowhere*
нікуди	*there is nowhere* (motion)
ніколи	*there is no time*

First, note the stress positions – the words in fact look the same as those in unit 16, except for where the stress falls. These new negative words are used like this:

Мені нічого робити.	*I have nothing to do* (lit. there is nothing for me to do).
Нам ні з ким розмовляти українською.	*There is no-one for us to speak Ukrainian with.*
Йому ніде сісти.	*He has nowhere to sit* (lit. there is nowhere for him to sit).
Стівенові ніколи думати про Соломію.	*Stephen has no time to think about Solomiia.*

As you can see these words are preceded by a noun or pronoun in the dative case. Now look at how the shift in stress position changes the meaning. Contrast these sentences:

Я тут нікого не знаю.	*I don't know anyone here.*
Мені нікого запитати про це.	*I have no-one to ask about this (or: there is no-one that I can ask about this).*
Вона нічого не купила.	*She didn't buy anything.*
Їй нічого сказати.	*She has nothing to say.*
Він ніде не працює.	*He doesn't work anywhere.*
Йому ніде жити.	*He has nowhere to live.*
Ми нікуди не ходимо вечорами.	*We don't go anywhere in the evenings.*
Нам нікуди піти.	*We have nowhere to go.*
Тебе ніколи немає вдома.	*You're never at home.*
Тобі ніколи відпочивати.	*You have no time to rest.*

Note that the negative words with the stress on the first syllable (**нікого, нічого, ніде** etc.) requires the dative case of the noun or pronoun and are followed by an infinitive.

4 Both

The numeral meaning 'both' has the following forms:

Nom.	обидва (*m*) & (*n*) *inanimate*	обидві (*f*)
Acc.	*as nom. or gen.*	
Gen.	обох	
Dat.	обом	
Loc.	(на) обох	
Inst.	обома	

There is also **обоє**, used to refer to a pair of human beings already mentioned (*the two of them*). It has the same case forms as **обидва/обидві**.

5 Writing letters

Solomiia and Stephen are obviously going to correspond, if only on business matters. Certain established principles have to be observed if the letter is to look really Ukrainian:

Cultural note: How to address letters

Addresses are written in the following way:

> Україна
> 252138 Київ
> бульвар Шевченка, 15, кв. 24
> Малярчук Соломії Миколаївні

The order is

(*1*) country (if writing from abroad)
(*2*) post code (**індекс**) followed by the name of the town
(*3*) street name, followed by house no., after which comes the number of the flat. The abbreviation **кв.** or **к.** stands for **квартира**. Sometimes the abbreviation is omitted altogether: 15/24.
(*4*) addressee in the dative case, surname first, followed by first name and patronymic.

The letter itself begins with:

Дорогúй/Дорогá (followed by the name in the vocative case and an exclamation mark if you know the person quite well).

A greater degree of respect is shown by using **Шанóвний/Шанóвна** before the name and patronymic in the vocative or **пáне/пáні** and the surname. Even more respect can be shown by starting the letter with the words **Вельмишанóвний добрóдію** (from **добрóдій**)! (*Dear Sir*) or **Вельмишанóвна добрóдійко** (from **добрóдійка**)! (*Dear Madam*).

It is customary to write these words in the middle of the line. The letter can be concluded with the words:

Із найкрáщими побажáннями	*With best wishes*
Шúро Ваш(а)	*Yours sincerely*
З повáгою	*With respect*

These 'signing-off' words also go to the middle of the line. The date is written right at the end of the letter, on the left-hand side of the page; the signature is placed on the right-hand side. The first line of each pagaraph of a letter should begin some way into the line.

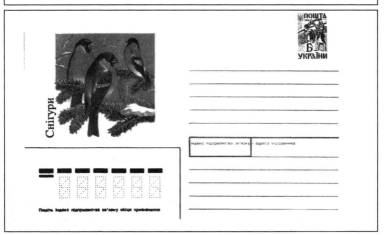

A Ukrainian envelope

Here are the standard abbreviations used in writing addresses:

вул.	ву́лиця	*street*
пл.	пло́ща	*square*
пров.	прову́лок	*lane*
просп.	проспе́кт	*avenue*
б-р	бульва́р	*boulevard*
буд.	буди́нок	*building*
корп.	ко́рпус	*block*
пов.	по́верх	*storey*
кв.	кварти́ра	*flat*
кімн.	кімна́та	*room*

 —————————— **Впра́ви** ——————————

1 Almost the last chance to test your comprehension! Read the following dialogue and text and answer the questions that follow!

 —————————— **Діало́г** ——————————

Дзвіно́к у две́рі Соломі́їної кварти́ри (*A ring at the door of Solomiia's flat*).

Соломі́я	Хто там?
Го́лос	Я з фі́рми "Конва́лія". Мені́ дору́чено доста́вити замо́влення.

(*Solomiia opens the door and sees a man standing there with an enormous bunch of lowers.*)

Поси́льний	Па́ні Малярчу́к?
Соломі́я	Так.
Поси́льний	Я із слу́жби замо́влень. Це для Вас.
Соломі́я	(*impressed*) А від ко́го це? Хто зроби́в замо́влення?
Поси́льний	Ось квита́нція. Замо́влення зро́блено з Великобрита́нії. Замо́вник – пан С. Те́йлор. Ось його́ адре́са.
Соломі́я	Дя́кую, не тре́ба, я зна́ю адре́су. Ду́же Вам вдя́чна.
Поси́льний	До поба́чення.

дзвіно́к (gen.: **дзвінка́**)	*ring (of a bell)*
го́лос	*voice*
конва́лія	*lily of the valley* [here used as the name of a florist's]
доручи́ти (pf.)	*to entrust*
доста́вити (доста́влю, доста́виш) (pf.)	*to deliver*
замо́влення (n)	*order*
мені́ дору́чено доста́вити замо́влення	*I have the job of delivering an order*
поси́льний (adj. functioning as a noun)	*delivery man*

The letter from Stephen that arrived with the flowers

Дорога́ Соломі́е!

Приймі́ть мої́ найщирі́ші поздоро́влення з Різдво́м Христо́вим і Нови́м Ро́ком! Бажа́ю Вам ща́стя, у́спіхів і міцно́го здоро́в'я. Сподіва́юся, що у Вас все до́бре, Ви щасли́ві, Ва́ша робо́та прино́сить Вам ра́дість.

Приймі́ть ці кві́ти на знак глибо́кої пова́ги й щи́рої симпа́тії. Якщо́ коли́-не́будь Ви бу́дете потребува́ти моє́ї допомо́ги, я вважа́тиму за честь зроби́ти все можли́ве, щоб допомогти́ Вам.

Ще раз віта́ю Вас зі свя́том і сподіва́юся на продо́вження на́шої спі́льної робо́ти в ново́му ро́ці.

Прошу́ Вас не вважа́ти себе́ зобов'я́заною відповіда́ти на цей лист.

До поба́чення,

Щи́ро Ваш,

Сті́вен

знак	*sign*
приймі́ть ці кві́ти на знак глибо́кої пова́ги	*accept these flowers as a sign of* [my] *deep respect*
потребува́ти (+ gen.)	*to require, demand, need*
я вважа́тиму за честь	*I shall consider* [it] *an honour*

zpoбити все можливе	to do everything possible
сподіватися (на + асс.)	to hope (for)
продовження (n)	continuation
зобов'язаний	obliged
прошу Вас не вважати себé зобов'язаною	please do not consider yourself obliged

(*a*) Правда чи неправда?

1 Соломія Малярчук одержала в подарунок букет квітів.
2 Квіти було надіслано через фірму "Роксолана".
3 У своєму листі Стівен попросив Соломію про допомогу.
4 Стівен просить Соломію обов'язково відповісти на його лист.

(*b*) Дайте відповідь на ці запитання англійською мовою

1 Who ordered the flowers?
2 Was the order placed in Kyiv?
3 What was the occasion for sending greetings to Solomiia?
4 What offer does Stephen make in the letter?

2 You take two telephone calls for Andrew in Ukrainian and have to leave the messages for him in English (i.e. who phoned and what the caller's message was).

1st call:

Алло! Це дзвонить Олексій Гончаренко з компанії "Омега". Я вчора прилетів із Лондона. У мене є терміновий лист до Ендрю від його доброго знайомого Майкла Робінсона. Майкл просив мене доставити цього листа до Києва й одразу подзвонити Ендрю. Ось моя адреса: вулиця Шовковична, 38, квартира 35. Телефон: 295 16 87. Я чекатиму на дзвінок сьогодні ввечері.

2nd call:

Добрий вечір! Це телефонує Ольга. Я зараз вдома у Соломії. З нею сьогодні стався нещасний випадк: у неї серйозна травма коліна. Ми подзвонили 03 і викликали "швидку допомогу". Коли приїхала машина, Соломію забра́ли до травматологі́чного пу́нкту. Я пої́хала ра́зом із не́ю. У ліка́рні їй зроби́ли рентге́н, по́тім її огля́нув лі́кар. Перело́му нема́є, але́ тре́ба кі́лька днів поле́жати вдо́ма. Якщо́ змо́жеш, подзвони́ уве́чері. Па.

3 Your boss gives you some instructions in English to be passed by fax to your partners in Kyiv in Ukrainian:

I want you to send birthday greetings to the manager (**нача́льник**) of Kyiv Railway Station Mr A V Pylypenko (*make sure you use all the phrases that Ukrainians like to include!*). Tell him that I hope our cooperation will continue in the future. Inform him that our company has sent him a packet with a catalogue (**катало́г**) of our latest products, and that we have booked tickets for a trip to Ukraine in February next year. We'll be phoning him next week. (*Don't forget to finish the fax properly!*)

4 Sort out the following phrases in such a way as to produce two separate messages. One is a postcard that you are going to send **to a girlfriend** while you are on holiday in Odesa, the other is a fax **to your partners** in Ukraine with information about your impending arrival.

Чека́тиму твоє́ї ві́дповіді. Я приїжджа́ю на де́сять днів, щоб відві́дати ваш інститу́т. Ти ще ніде́ не відпочива́ла цього́ ро́ку. Потрі́бно запроси́ти пре́су й телеба́чення на "кру́глий стіл", що відбу́деться 19 жо́втня. Поду́май про це, Ната́лочко. Хто доповіда́є на засі́данні? Я купу́ю собі́ шашлики́, фру́кти, моро́зиво. Ваш помі́чник телефонува́в мені́ вчо́ра, і ми розроби́ли дета́льну програ́му візи́ту. Пишу́ тобі́ з Оде́си пе́ршу листі́вку. Шано́вний Володи́мире Миха́йловичу! Приві́т, моя́ бі́лочко! Чека́ю від вас дета́льної інформа́ції. У нас тут не ду́же жа́рко, як за́вжди буває́ у ве́ресні. Я тако́ж прошу́ мене́ повідо́мити про організа́цію засі́дання 21 числа́. Люблю́, цілу́ю, Андрі́й. Мо́жете телефонува́ти мені́ на робо́ту: я пе́ред від'ї́здом працю́ю до пі́знього ве́чора. Я відпочива́ю, вра́нці й уве́чері ходжу́ на пляж, ї́жджу на екску́рсії. Чи могли́ б Ви зустрі́ти мене́ о 9.20 ра́нку 13 жо́втня? Ду́же шкода́, що ти не пої́хала зі мно́ю. З пова́гою, Кули́к О. Р. Мо́ре ду́же те́пле. Тури́стів небага́то. Прошу́ тако́ж замо́вити мені́ го́тель на час мого́ відря́дження. Я б ду́же хоті́в, щоб ти могла́ прие́хати хоча́ б на ти́ждень до Оде́си, тут за́раз спра́вжній "оксами́товий сезо́н"!

Cultural note:

Бíлочка means 'little squirrel'; Ukrainians really do use the word to address people in very special circumstances!

Оксамúтовий сезóн (lit. 'velvet season'); try to imagine just how wonderful the weather is on the Black Sea coast in September!

---

5 How many words do you know that are directly related to the words in the list below? To what parts of speech do those words belong?

Прúклад: лікувáти (*verb*) лíки (*noun*)
лíкар (*noun*)
лікáрня (*noun*)

математика, украïнський, спóкій, дóбрий, приємно, вдячний, наýка, замóвлення, пóïзд, щаслúвий, рахýнок, життєвий, приготувáти

6 (*a*) Make the following sentences negative by using the negative words from this unit and unit 16.

(*i*) Я зáвжди ïм багáто фрýктів.

(*ii*) Він мáє багáто дрýзів у рíзних містáх.

(*iii*) Нáша мáма зáвжди пíзно прихóдить з робóти.

(*b*) Translate the following sentences into Ukrainian:

(*i*) Stephen has no-one to love but he cannot say that he never loved anyone!

(*ii*) I didn't go anywhere, because I didn't have anywhere to go.

(*iii*) I've never studied foreign languages, because I have no time to do it.

7 Show that the nouns in the left-hand column belong to the persons in the right-hand column in two ways:

(*i*) by using the genitive case

(*ii*) by using the possessive adjective forms

Приклад: рýчка   тíтка
рýчка тíтки, тíтчина рýчка

День нарóдження	Ýрсула
листíвка	Сергíй
адрéса	брат
телефóн	дирéктор

KEY TO THE EXERCISES

Unit 1

(*a*) **Пра́вда чи непра́вда: (п)** *or* **(н)?**
1 (н) **2** (п) **3** (п) **4** (н)
(*b*) **1** дя́кую, непога́но. **2** They are:
Oksana, Taras' sister; Mykola, his
brother; his mother Maria and his
friend Andrew. **3** Mykola
4 Mathematician.
Впра́ви 1 Maria is a mathematician,
Andrew is a journalist, Mykola is an
actor, Oksana is a musician. **2** Хто
це? Це друг. Хто то? То учи́тель.
Хто це? Це ма́ма. Хто то? То
хло́пчик. Що це? Це ля́лька. Хто
то? То чолові́к. Що це? Це ла́мпа.
Що то? То де́рево. Хто це? Це
дівчинка. Що то? То ґа́нок? Що
це? Це мо́ре. **3** (*a*) Так, це чолові́к.
(*b*) Так, це кни́га. (*c*) Ні, то ля́лька.
(*d*) Ні, то кущ. (*e*) Так, це хло́пчик.
(*f*) Так, то це́рква. (*g*) Ні, це
оліве́ць. **4** (*i*) A (*ii*) D (*iii*) B (*iv*) C

5

M	*F*	*N*
чолові́к	жі́нка	со́нце
ґа́нок	кві́тка	де́рево
кіт	дівчинка	не́бо
хло́пчик	ї́жа	мо́ре
кущ	кни́га	я́блуко

автомобі́ль	ру́чка	фо́то
буди́нок	це́рква	
юна́к	ша́пка	
друг	ля́лька	
оліве́ць	ла́мпа	
папі́р	сестра́	
цирк		
журналі́ст		

6 (*a*) Брат висо́кий. (*b*) Кві́тка
га́рна. (*c*) Ру́чка моя́. (*d*) Я́блуко
зеле́не. (*e*) Село́ краси́ве. **7** (*a*) Це
мале́нька я́блуко. (*b*) Це краси́ва
кві́тка. (*c*) Це те́пла ша́пка. (*d*) Це
висо́ке де́рево. (*e*) Це ціка́ва
кни́га. **8** (*a*) Чия́ це ля́лька? (*b*)
Чий це оліве́ць? (*c*) Чиє́ це
я́блуко? (*d*) Чия́ це кни́га? (*e*) Чиє́
це фо́то? (*f*) Чий це кіт?
9 (*a*) – (vi); (*b*) – (i); (*c*) – (ii); (*d*) –
(v); (*e*) – (iii); (*f*) – (iv) **10** (*a*) Як Вас
звуть? Мене́ звуть ... (*b*) Це Ваш
брат? Ні, це не мій брат, це мій
друг.

Unit 2

(*a*) **Пра́вда чи непра́вда: 1** (н)
2 (п) **3** (п) **4** (н) (*b*) **1** Познайо́мся:

це мій друг Стівен. **2** The living room. **3** They are very tall. **4** It's chilly in the garden.

Впра́ви 1 (*a*) Ти сіда́єш. (*b*) Ви ма́єте сад? (*c*) Ти зна́єш Стівена? (*a*) Ви сіда́єте. (*b*) Ти ма́єш сад? (*c*) Ви зна́єте Стівена?

2 Visitor: Яка́ там кімна́та?
Host: *It's the living room.*
Visitor: Ду́же затишна́ кімна́та!
Host: *Yes, we have soft comfortable furniture here.*
Visitor: Чи це Ваш сад? Він вели́кий!
Host: *Yes, it's my garden. It's very beautiful.*

3 (*a*) ма́ю (*b*) сіда́є (*c*) запро́шуємо (*d*) зна́єш **4** (*a*) Це мій друг. (*b*) Вона́ англійка. (*c*) Він ма́є вели́кий буди́нок. (*d*) Запро́шуємо до віта́льні. (*e*) Марія – канадійка. **5** (*a*) Так, це віта́льня. (*b*) Ні, це Окса́на. (*c*) Ні, тут мале́нькі вікна. (*d*) Ні, це мій друг Éндрю. **6** (*a*) німець; (*b*) італійка; (*c*) іспа́нець; (*d*) росія́нин/росія́нка; (*e*) украї́нець/украї́нка; (*f*) австралійка. **7** Приві́т! Заходь, будь ла́ска. Дя́кую, до́бре. А ти? Про́шу сіда́ти. **8** життя́; норма́льно; жахли́во; це моя́ дружи́на; друг; ду́же; з ва́ми; перепро́шую; ім'я́; Про́шу сіда́ти; Дя́кую; моя́ ма́ма украї́нка; Ваш буди́нок ду́же га́рний; за́тишно; Так; ду́же стари́й; зру́чний; Ми ма́ємо; кімна́ти; сад.

Unit 3

(*a*) **Пра́вда чи непра́вда: 1** (п) **2** (н) **3** (н) **4** (н) (*b*) **1** Coffee. **2** No. **3** Chernihiv. **4** At nine o'clock.

Впра́ви 1 (*a*) – (*i*); (*b*) – (*ii*); (*c*) – (*ii*); (*d*) – (*i*); (*e*) – (*ii*); (*f*) – (*i*) **2** (*a*) їсть (*or* бере́) (*b*) п'єш (*c*) живе́ (*d*) п'ємо́ **3** дівчину; кни́гу; мі́сто; англійця; украї́нця **4** (*a*) Ка́ву, будь ла́ска; Так, про́шу (будь ла́ска); Ні, дя́кую; Ду́же дя́кую, я люблю́ тісте́чка; Дя́кую, дуже сма́чно; Так, про́шу. Ка́ва ду́же добра. (*b*) Перепро́шую, котра́ годи́на? Дя́кую; Так, я ду́же поспіша́ю. Я ма́ю йти додо́му; Ду́же дя́кую за гости́нність. До побаче́ння. **5** (*a*) вокза́л/мо́ре/ робо́ту (*b*) бі́знес/життя́/сім'ю (*c*) Ки́їв/мі́сто/Украї́ну (*d*) автомобі́ль/я́блуко/кни́гу (*e*) дя́дька/ті́тку **6** (*a*) У ме́не є дві сестри́ та (оди́н) брат. (*b*) У ме́не є три ону́ки. (*c*) У ме́не є чоловік/жі́нка. (дружи́на). (*d*) Я ма́ю чоловіка/жі́нку. (дружи́ну). (*e*) Я ма́ю ону́ка. (*f*) Я ма́ю батьків у Шотла́ндії.

Unit 4

(*a*) **Пра́вда чи непра́вда: 1** (н) **2** (п) **3** (н) **4** (п) (*b*) **1** Solomiia Maliarchuk (director of the 'Moda' clothing firm in Kyiv). **2** No. **3** Yes. **4** By air.

(*a*) **1** (н) **2** (п) **3** (н) **4** (н) (*b*) **1** One. **2** Because he often has to translate from English into Ukrainian. **3** From a friend in Kyiv. **4** A large calendar from Ukraine.

Впра́ви 1 до бра́та/мі́ста/ Аме́рики; з вокза́лу/ мі́ста/робо́ти; після обі́ду/ прі́звища/розмо́ви; без цу́кру/ вікна́/сестри́; для дру́га/ міністе́рства/маши́ни; біля ба́нку/де́рева/ла́мпи; буди́нок парла́менту/міністе́рства/фі́рми; ча́шка ча́ю/молока́/ка́ви; бага́то словникі́в/озе́р/справ **2** (*a*) і (*b*) й (*c*) та **3** (*a*) пі́сля, до (*b*) без (*c*) в (*d*) до (*e*) від (*f*) для **4** Я живу́ в Ло́ндоні. Ось мій кабіне́т. Кабіне́т вели́кий та сві́тлий, там ду́же зру́чні ме́блі. Я дире́ктор вели́кої компа́нії. Я хо́чу відві́дати Ки́їв та і́нші міста́ Украї́ни. Я вже замо́вив квито́к на Украї́нські авіалі́нії. Я неодру́жений (незамі́жня), але́ ма́ю вели́ку роди́ну. У ме́не є батьки́ в Шотла́ндії, п'ять брати́в і чоти́ри сестри́. У ме́не тако́ж є бага́то дру́зів. **5** До́брий день. Це Вас турбу́є ... [Це гово́рить ...] Одну́ хвили́ночку, будь ла́ска. Перепро́шую, як Ва́ше прі́звище?

Unit 5

(*a*) **Пра́вда чи непра́вда: 1** (п) **2** (н) **3** (н) **4** (н) (*b*) **1** Thursday. **2** Two. **3** Two. **4** Information about how to pay for goods in Ukraine and the current exchange rate.

Впра́ви 1 оди́н до́лар, одна́ гри́вня/ти́сяча; чоти́ри гри́вні/до́лари/ти́сячі; п'ять гри́вень/до́ларів/ти́сяч; два́дцять два до́лари; два́цять дві гри́вні/ти́сячі; 78 гри́вень/ до́ларів/ти́сяч; 200 гри́вень/ до́ларів/ти́сяч; 312 гри́вень/ до́ларів/ти́сяч; 645 гри́вень/ до́ларів/ти́сяч; бага́то гро́шей/ валю́ти/гри́вень/до́ларів/ти́сяч; ма́ло гро́шей/валю́ти/ гри́вень/до́ларів/ти́сяч; тро́хи гро́шей/валю́ти/гри́вень/до́ларів. **2** (*a*) Я не ма́ю маши́ни. (*b*) У ме́не є сад. (*c*) Ві́ра не ма́є

тісте́чка. (*d*) У дире́ктора є помічни́к. (*e*) Фі́рма не ма́є літака́. (*f*) Чи у те́бе є квито́к? **3** (*a*) Ти не ма́єш кни́ги? У те́бе нема́є кни́ги? (*b*) Вони́ не ма́ють паспорті́в. У них нема́є паспорті́в. (*c*) Я не ма́ю са́ду. У ме́не нема́є са́ду. (*d*) Чи Ви не ма́єте словника́? Чи у Вас нема́є словника́? (*e*) Ві́ра не ма́є сестри́. У Ві́ри нема́є сестри́. (*f*) Се́стри не ма́ють гро́шей. У сесте́р нема́є гро́шей. (*g*) Сті́вен іще́ не ма́є ві́зи. У Сті́вена ще нема́є ві́зи. **4** Я ма́ю ([Мені́] тре́ба) замо́вити но́мер. На сього́дні. На двох. На чоти́ри (дні). **5** Де? — там, ось, тут; Зві́дки? — зві́дти, спе́реду, зві́дси; Куди́? — вперед, сюди́, наза́д, туди́. **6** (*a*) (*i*) Я хо́чу но́мер на двох. (*ii*) На ти́ждень, мабу́ть на два (ти́жні). (*iii*) Я не ма́ю грошей/У ме́не ма́ло гро́шей. (*iv*) Тре́ба/Я ма́ю поміня́ти до́лари на украї́нські гро́ші. (*b*) (*i*) Ході́мо до рестора́ну. Я ду́же хо́чу ї́сти, але: (*ii*) Я не ма́ю/У ме́не нема́є украї́нських гро́шей. (*c*) (*i*) Он там пункт о́бміну (валю́ти). Скі́льки ти хо́чеш поміня́ти? (*ii*) До́ларів два́дцять п'ять.

Unit 6

(*a*) **Пра́вда чи непра́вда: 1** (н) **2** (п) **3** (н) **4** (н) (*b*) **1** Two years. **2** His business card. **3** He is a lawyer. **4** No.

Впра́ви 1 (*i*) (*a*) true (*b*) false (*c*) false (*d*) false (*e*) true (*f*) false (*ii*) (*a*) Олексі́єві Дми́тровичу три́дцять чоти́ри ро́ки. (*b*) Людми́лі Андрії́вні два́дцять оди́н рік.

(c) Петро́ві Іва́новичу со́рок ві́сім ро́ків. (d) Мико́лі Григо́ровичу п'ятдеся́т шість ро́ків. (e) Окса́ні Миха́йлівні два́дцять ві́сім ро́ків. **2** (a) Джо́ну/Джо́нові (b) дружи́ні (c) дире́ктору/дире́кторові/до дире́ктора (d) учи́тельці (e) Оле́гу/Оле́гові (f) Тетя́ні (g) Андрі́ю/Андрі́єві (h) Катери́ні (i) Вади́му/Вади́мові (j) Їй **3** (a) Студе́нт пи́ше листи́ учителя́м (b) Мико́ла пи́ше кни́гу. (c) Я пи́шу ім'я́. (d) Ми пи́шемо прі́звища. (e) Вони́ пи́шуть факс партне́рам. **4** (a) (iv); (b) (i); (c) (ii); (d) (iii) **5** (a) Нам тре́ба/Ми ма́ємо замо́вити но́мер. (b) Я плану́ю відві́дати Фра́нцію. (c) Нам тре́ба два но́мери "люкс". (d) Я бізнесме́н і ча́сто бува́ю в Украї́ні. (e) Я не ма́ю/У ме́не нема́є інформа́ції щодо фіна́нсів. (f) Мій друг чита́в украї́нську газе́ту. (g) Ми вже бува́ли в Украї́ні. (h) На́ша фі́рма ро́бить маши́ни/автомобі́лі. **6** (a) 5(f); (b) 5(h); (c) 5(b); (d) 5(d) **7** (a) autumn (b) 8 hours 37 minutes (c) during the day (d) +3 – +8

Unit 7

(a) **Пра́вда чи непра́вда: 1** (п) **2** (н) **3** (п) **4** (п) (b) **1** The National Bank of Ukraine. **2** In order to understand his colleagues in Kyiv and L'viv without an interpreter. **3** A Ukrainian friend. **4** Good-looking fashionable clothes.
Впра́ви 1 (a) кореспонде́нтові (b) Націона́льному ба́нку (c) Ло́ндоні (d) Льво́ві (e) гіта́рі **2** (a) кня́зі (b) по́друга (c) жі́нці (d) ля́лька (e) ка́ртка (f) пої́здці (g) му́сі (h) ру́чка **3** (a) У, в (b) в (c) в (d) у (d) у (f) У

(g) в **4** (a) ї́здити (b) ката́тися (c) чита́ти (d) ї́сти (e) танцюва́ти (f) гра́ти **5** (a) телефону́є до Ки́єва (b) телефону́є до Ки́єва (c) чита́в, учо́ра (c) чита́ла, щодня́ **6** Some possible answers: (a) Мені́ три́дцять три ро́ки/шістдеся́т оди́н рік. (b) Я народи́вся/народи́лася в ти́сяча сімдеся́т пе́ршому ро́ці. (c) Я народи́вся/народи́лася в сі́чні/листопа́ді. (d) Я народи́вся/ народи́лася в А́нглії/Сполу́чених Шта́тах Аме́рики. (e) Я народи́вся/народи́лася в Лі́дсі/Нью-Йо́рку. (f) Я тепе́р живу́ в Ло́ндоні. (g) Ні, я ще не був/була́ в Украї́ні.

Unit 8

(a) **Пра́вда чи непра́вда: 1** (п) **2** (н) **3** (н) **4** (п) (b) **1** Yes. **2** He has never been there before. **3** Train, steamer, perhaps car. **4** Six o'clock.
Впра́ви 1 (a) не був (b) не літа́в (c) не говори́в (d) не відліта́в **2** бу́деш писа́ти, писа́тимеш; бу́де писа́ти, писа́тиме; бу́демо писа́ти, писа́тимемо; бу́дете писа́ти, писа́тимете; бу́дуть писа́ти, писа́тимуть **3** бу́ду леті́ти/ леті́тиму; бу́деш працюва́ти/ працюва́тимеш; бу́де займа́тися/ займа́тиметься; бу́демо жи́ти/жи́тимемо; бу́дете міня́ти/міня́тимете; бу́дуть чека́ти/чека́тимуть **4** Я лечу́ літако́м. Ти ї́деш авто́бусом. Він гуля́є ву́лицею. Ми летімо́ літака́ми. Вони́ ї́дуть авто́бусами. Ви гуля́єте ву́лицями. **5** (a) помічнико́м дире́ктора (b) матема́тиком (c) жі́нкою Джо́на, три роки́ (d) з англі́йськими

бізнесме́нами **6** (*a*) a lawyer (*b*) don't forget the documents! (*c*) at the factory (*d*) Thursday 29 July (*e*) tickets (*f*) pay her telephone bill, play tennis (*g*) she is going to phone Ursula about a concert (*h*) Stephen is arriving on Thursday 29 July at 2200

Unit 9

(*a*) **Пра́вда чи непра́вда: 1** (н) **2** (п) **3** (н) **4** (п) (*b*) **1** They go through passport and customs control. **2** His passport. **3** Weapons, drugs. **4** US dollars
Впра́ви 1 nom., acc., gen., loc., dat., inst. **2** блаки́тне не́бо; зеле́на трава́; жо́втий лимо́н; си́льний чолові́к; важки́й ка́мінь; до́вга доро́га **3** (*a*) хо́дить (*b*) іде́ (*c*) ї́де (*d*) ї́здить **4** (*a*) прийду́, принесу́ (*b*) прийшла́, принесла́ (*c*) приїжджа́є, привезла́ (*d*) приї́хав, приві́з **5** (*a*) Ось мій па́спорт, квито́к і ми́тна деклара́ція. Я приї́хав/приї́хала на відпочи́нок. (*b*) Я не зна́ю, що заборо́нене/які́ предме́ти заборо́нені. (*c*) Дві́сті америка́нських до́ларів, сто три́дцять п'ять фу́нтів. Ні, у ме́не нема́є/я не ма́ю украї́нських гро́шей.

Unit 10

(*a*) **Пра́вда чи непра́вда: 1** (п) **2** (н) **3** (н) **4** (п) (*b*) **1** Ihor's wife, Ol'ha. **2** Two. **3** They went for a walk to the river, sat down by the water and chatted. Stephen, Ihor and Ostap had a swim. **4** Very late.
Впра́ви 1 (*a*) Я мо́жу розмовля́ти францу́зькою мо́вою. Я хо́чу розмовля́ти німе́цькою мо́вою. Я мо́жу розумі́ти цей текст. Я хо́чу

зна́ти це сло́во. (*b*) Він мо́же розмовля́ти францу́зькою мо́вою. Він хо́че розмовля́ти німе́цькою мо́вою. Вона́ мо́же розумі́ти цей текст. Вона́ хо́че зна́ти це сло́во. Ви мо́жете розмовля́ти францу́зькою мо́вою. Ми хо́чемо розмовля́ти німе́цькою мо́вою. Ви мо́жете розумі́ти цей текст. Ми хо́чемо зна́ти це сло́во. (*c*) Мені́ тре́ба розмовля́ти францу́зькою мо́вою. Тобі́ тре́ба розмовля́ти німе́цькою мо́вою. Нам тре́ба розумі́ти цей текст. Вам тре́ба зна́ти це сло́во. (*d*) Яки́ми мо́вами Ви володі́єте? Я зна́ю німе́цьку мо́ву, тако́ж володі́ю украї́нською (мо́вою). **2** Іва́не – п'ятна́дцятого – тра́вня – ро́ку – двадця́того – ли́пня – се́реду – я – Украї́ни – Чо́рному мо́рі – я – но́мер – га́рному готе́лі – дружи́ни – готе́ля – чудо́вий парк – готе́лем – мо́ре – готе́лем – го́ри – наш но́мер – тре́тьому по́версі – телеві́зором – холоди́льником – телефо́ном – ду́шем – план – я – дружи́ною – їй – він – вона́ – по́їздом – Ки́єва – квитки́ – ми – літако́м – квитки́ – Ки́єва – Оде́си – по́їздом – годи́н – одна́ ніч – оди́н ра́нок – ми – комфо́ртом – моя́ дружи́на – по́їздом – купе́ – чай – вікно́ – кни́гу – робо́ту – усі́ спра́ви – Ки́єві – ми – переса́дку – Оде́сі – електри́чку – місця́ відпочи́нку – Оде́си – мо́ря – Оде́сі – ми – но́мер – готе́лі – двох – два – ти́жні – Оде́си – дру́га – він – Херсо́ні – я – лист – дру́га – він – мене́ – ми – дружи́ною – два ти́жні – Херсо́на – тридця́того ли́пня – днів – вам – на́ші пла́ни – лі́то – зу́стрічі.

3

N	стіле́ць	підло́га	лі́жко	коридо́ри	поли́ці	дзерка́ла
A	стіле́ць	підло́гу	лі́жко	коридо́ри	поли́ці	дзерка́ла
G	стільця́	підло́ги	лі́жка	коридо́рів	поли́ць	дзерка́л
D	стільцю́	підло́зі	лі́жку	коридо́рам	поли́цям	дзерка́лам
L (на-у/в)	стільці́	підло́зі	лі́жку	коридо́рах	поли́цях	дзерка́лах
I	стільце́м	підло́гою	лі́жком	коридо́рами	поли́цями	дзерка́лами

4 (*a*) п'ю, п'єш, п'є, п'ємо́, п'єте́, п'ють; бу́ду пи́ти, бу́деш пи́ти, бу́де пи́ти, бу́демо пи́ти, бу́дете пи́ти, бу́дуть пи́ти; пи́тиму, пи́тимеш, пи́тиме, пи́тимемо, пи́тимете, пи́тимуть (*b*) пишу́, пи́шеш, пи́ше, пи́шемо, пи́шете, пи́шуть; бу́ду писа́ти, бу́деш писа́ти, бу́де писа́ти, бу́демо писа́ти, бу́дете писа́ти, бу́дуть писа́ти; писа́тиму, писа́тимеш, писа́тиме, писа́тимемо, писа́тимете, писа́тимуть (*c*) їм, їси, їсть, їмо́, їсте́, їдя́ть: бу́ду їсти, бу́деш їсти, бу́де їсти, бу́демо їсти, бу́дете їсти, бу́дуть їсти; їстиму, їстимеш, їстиме, їстимемо, їстимете, їстимуть
5 (*a*) чита́в, чита́ла, чита́ло, чита́ли (*b*) ішо́в, ішла́, ишло́, ишли́ (*c*) летів, летіла, летіло, летіли
6 (*a*) лежа́ло, столі́; ньо́му, лежа́ла (*b*) п'єте́; п'ю, ка́ву, її (*c*) ким, розмовля́ли; розмовля́в/розмовля́ла, нови́м дире́ктором, зна́єте, його́ **7** (*a*) living room (*b*) kitchen (*c*) study **8** flat no. 4

Unit 11

(*a*) **Пра́вда чи непра́вда: 1** (п) **2** (п) **3** (н) **4** (н) (*b*) **1** Vegetable salad. **2** No. **3** Vira is writing a dissertation, works in libraries a lot. **4** No, Taras did.
Впра́ви 1 ча́шка зі столу́; две́рі з кімна́ти; стіле́ць із ку́хні; дзвони́ти з кабіне́ту

2

заку́ски	пе́рші стра́ви	дру́гі стра́ви	напо́ї
гриби́ марино́вані	борщ украї́нський з пампушка́ми,	голубці́ овоче́ві	горі́лка украї́нська з пе́рцем, конья́к "Ай-Пе́трі",
ковбаса́	ю́шка грибна́, соля́нка осетро́ва	варе́ники з м'я́сом	шампа́нське напівсухе́, ка́ва з молоко́м.
	омле́т із трьох яє́ць		

3 (*i*) гриби́ марино́вані (*ii*) ю́шку грибну́ або́ соля́нку осетро́ву (*iii*) варе́ники з карто́плею (*iv*) ка́ву з молоко́м **4** Приві́т! Я не ба́чив (-ла) тебе́ ма́йже сто ро́ків. Що (в тебе́) ново́го? Що відбуло́ся за оста́нні мі́сяці? Нови́н ма́ло. Я одружи́вся (ви́йшла за́між) і купи́в(-ла) трикімна́тну кварти́ру в це́нтрі міста. Мені́ тре́ба було́ зна́ти! У те́бе таке́ ти́хе (споко́йне) життя́! **5** (*a*) Які́ у Вас є супи́? Я не люблю́ соля́нку. (*b*) Чи Ви не ма́єте пи́ва? У Вас є сухе́ бі́ле вино́? (*c*) Я не їм ри́би. Я б хоті́в(-ла) сма́жений біфште́кс з карто́плею та сала́том. (*d*) Я беру́ (Я візьму́) креве́ток (але́ без майоне́зу, будь ла́ска), голубці́ овоче́ві та яки́йсь сік – апельси́новий, якщо́ є. Я не хо́чу пе́ршого (пе́ршої стра́ви).

Unit 12

(*a*) **Пра́вда чи непра́вда: 1** (н) **2** (н) **3** (п) **4** (п) (*b*) **1** He was twenty minutes late. **2** No. **3** On the left hand side. **4** She was born in Kyiv, and loves it very much.
Впра́ви 1 Ста́нція "Вокза́льна". Обере́жно, две́рі зачиня́ються. Насту́пна ста́нція "Університе́т". / Ста́нція "Університе́т". Обере́жно, две́рі зачиня́ються. Насту́пна ста́нція "Театра́льна". / Ста́нція "Театра́льна". Перехі́д на ста́нцію "Золоті́ воро́та" Обере́жно, две́рі зачиня́ються. Насту́пна ста́нція "Хреща́тик". / Ста́нція "Хреща́тик". Перехі́д на ста́нцію "Майда́н Незале́жності". Обере́жно, две́рі зачиня́ються. Насту́пна ста́нція "Арсена́льна". / Ста́нція "Арсена́льна". Обере́жно, две́рі зачиня́ються. Насту́пна ста́нція "Дніпро́".
2 (*a*) на́шу (*b*) мої́й (*c*) її́ **3** (*a*) Ба́тько живе́ на схо́ді Украї́ни. (*b*) Літа́к лети́ть пря́мо на за́хід. (*c*) У Карпа́тах бага́то гір. (*d*) Мо́єму си́нові ві́сім ро́ків. **4** (*a*) Микола хо́че леті́ти до Пра́ги літако́м, а я за́вжди ї́джу по́їздом. (*b*) Я не мо́жу купи́ти словни́к, бо я ніко́ли не ношу́ вели́кі кни́ги в рука́х. (*c*) Я прошу́ тебе́ замо́вити дороге́ вино́, я сього́дні плачу́. (*d*) Він за́раз пи́ше лист дружи́ні, що не мо́же прии́хати у се́рпні.

Unit 13

(*a*) **Пра́вда чи непра́вда: 1** (н) **2** (п) **3** (п) **4** (п) (*b*) **1** A set of documents. **2** Two. **3** It should make

its own cloth. **4** Stephen.
Впра́ви 1 Я хо́чу чо́рне пла́ття. Я хо́чу кори́чневі штани́. Я хо́чу зеле́ний дже́мпер. Я хо́чу купи́ти бі́ло-жо́вту футбо́лкгу. Я хо́чу купи́ти си́ні пла́вки. Я хо́чу купи́ти чо́рні колго́ти. Я хо́чу купи́ти сі́рий костю́м. Я ма́ю купи́ти ора́нжеві шо́рти. Я ма́ю купи́ти вели́кий светр. Я ма́ю купи́ти мале́ньку парасо́льку. Мені́ тре́ба купи́ти мали́нову спідни́цю. Мені́ тре́ба купи́ти блаки́тний плащ. Мені́ тре́ба купи́ти фіоле́тову су́мку. **2** (*a*) Де я мо́жу поміня́ти до́лари? Де я мо́жу поміня́ти су́кню? Де я мо́жу поміня́ти костю́м? Де я мо́жу поміня́ти крава́тку? (*b*) Де я мо́жу помі́ряти плащ? Де я мо́жу помі́ряти соро́чку? Де я мо́жу помі́ряти ку́ртку? Де я мо́жу помі́ряти окуля́ри? (*c*) Де я мо́жу купи́ти бі́лий папі́р? Де я мо́жу купи́ти чо́рну ру́чку? Де я мо́жу купи́ти вели́кий портфе́ль? Де я мо́жу купи́ти черво́ний олі́вець? Де я мо́жу купи́ти мале́нький магнітофо́н? Де я мо́жу купи́ти па́ру шкарпе́ток? **3** Я ношу́ кори́чневий ко́лір. Я люблю́ зеле́ний ко́лір. Я одяга́ю бі́лий ко́лір. Мені́ подо́баються мали́новий та блаки́тний кольори́. Я не ношу́ си́нього ко́льору Я не люблю́ фіоле́тового ко́льору. Я не одяга́ю ора́нжевого ко́льору. Мені́ не подо́баються жо́втий та сі́рий кольори́. **4** (*a*) Я не приві́з(-везла́) паке́т докуме́нтів щодо створе́ння ново́ї компа́нії, тому́ що я хворі́в(-іла)/че́рез хворо́бу. (*b*) Я б хоті́в(-і́ла) купи́ти кни́гу про

Україну для своєї дружини/для свого чоловіка *or* Я б хотів(-іла) купити дружині/чоловікові (dat.) книгу про Україну. (*c*) Якого кольору ти хочеш купити джемпер (плаття, костюм, спідницю, светр, плащ, сорочку)? **5** (*a*) Мені потрібен дешевший номер. (*b*) Дешевшого немає. Ви вже мешкаєте у найдешевшому номері у готелі. (*c*) Я б хотіла обміняти цю блузку. Вона занадто мала для моєї дружини – їй потрібна більша. (*d*) Як називається найглибше озеро в Україні? (*e*) Українська мова значно простіша, ніж я думав (-ла)! **6** (*a*) Олена дивитиметься телевізор, якщо вона матиме час. (*b*) Олег покаже нам місто, якщо буде мати час. (*c*) Сусід працював би таксистом, якби він мав права. (*d*) Онучка допомагала б бабусі, якби бабуся жила не так далеко. **7** (*a*) Я б хотів відразу розпочати роботу. (*b*) Я б хотів висловити свої міркування під час наших наступних зустрічей. (*c*) Я б хотів перейти до конкретних аспектів нашого контракту (*d*) Я б хотів узяти на себе переговори з можливими інвесторами. (*e*) Я б хотів продовжити цю розмову після Вашої поїздки.

Unit 14

(*a*) **Правда чи неправда: 1** (н) **2** (п) **3** (н) **4** (п) (*b*) **1** In the first part of the day. **2** A mixture and pills. **3** In order to collect the medicine after 4 p.m. **4** The duty receptionist.

Впра́ви 1 алергія – *allergy*; бронхіт – *bronchitis*; діабет – *diabetis*; антибіотик – *antiobiotics*; пневмонія – *pneumonia*; ін'єкція – *injection*; операція – *operation*; інфекція – *infection*; пульс – *pulse*; таблетка – *tablet*; аналіз – *analysis*; термометр – *thermometer*; масаж – *massage*; мікстура – *mixture*; вітамін – *vitamin* **2** She is a friend, and she called yesterday to say that her husband was ill. He has a high temperature, a headache, a cough and a headcold. The doctor said he has the 'flu. The doctor explained how to take the medicine. She got tablets, drops and mixture. **3** (*a*) Він приймає ліки. (*b*) Вона викликає лікаря. (*c*) Вона замовляє їх в аптеці. (*d*) Йому потрібно лежати в ліжку. **4** (*a*) На стадіоні люди грають у футбол. На стадіоні люди дивляться матч. На стадіоні люди займаються спортом. (*b*) Оксана читає підручник, тому що вона вчиться в університеті. (*c*) Остап сміється, тому що він читає книгу. Остап сміється, тому що він дивиться фільм. Остап сміється, тому що друг розповідає йому смішну історію. **5** (*a*) У мене болить голова. У мене немає часу піти до аптеки й купити ліки від головного болю. У мене болить горло, я не можу ковтати. У мене висока температура/Мене лихоманить і мені треба полежати вдома кілька днів. (*b*) – Я не можу піти в поліклініку до лікаря, тому що я дуже хворий (хвора). Дуже прошу тебе подзвонити до поліклініки й викликати лікаря якомога скоріше. – Я зателефонував(-ала)

до поліклі́ніки. Чергови́й
(Чергова́) в реєстрату́рі сказа́в
(сказа́ла), що лі́кар при́йде за́втра
у дру́гій полови́ні дня. Він
перепро́шує, що не мо́же прийти́
рані́ше, але́ ка́же, що у полікли́ніці
бі́льше хво́рих, ніж лікарі́в. Тобі́
тре́ба полежа́ти.

Unit 15

(*a*) **Пра́вда чи непра́вда:** 1 (п) 2 (п)
3 (п) 4 (п) (*b*) 1 Ol'ha. 2 Olenka.
3 She has to be intelligent, calm,
sensible, but not boring, with a merry
character and a sense of humour.
4 She should have a profession, perhaps
her own business.
Впра́ви 1 (for reading practice) 2 Taras
– (iii); Solomiia – (i); Vira – (vi);
Stephen – (v); Ihor – (ii) 3 Висо́кий
лоб, біля́ве воло́сся, ка́рі о́чі,
смагля́ве обли́ччя, кирпа́тий ніс. 4
(*a*) Я запроси́в її до кіно́, тому́ що
мені́ сподо́балися її о́чі. (*b*) Ти
поду́мав про на́шу пропози́цію
пообі́дати за́втра ра́зом у
рестора́ні? (*c*) Я люблю́, коли́ моя́
дружи́на одяга́ється ду́же елега́нтно.
(*d*) У ме́не га́рна маши́на, але́ в
мого́ дру́га – ще кра́ща. (*e*) Чи твоя́
сестра́ схо́жа на твого́ ба́тька?

Unit 16

(*a*) **Пра́вда чи непра́вда:** 1 (н) 2 (н)
3 (п) 4 (н) (*b*) 1 The train tickets.
2 20 copecks (he ordered two!) 3 You
push down on them. 4 A folder with
documents.
Впра́ви 1 Скажі́ть, будь ла́ска,
коли́ прибува́є по́їзд із Черка́с? /
Будь ла́ска, коли́ насту́пний по́їзд

до Ха́ркова? / Оди́н купе́йний
квито́к на швидки́й по́їзд до
Іва́но-Франкі́вська. / Я хо́чу
їхати по́їздом (у купе́йному
вагоні) до Оде́си/Я б хоті́в/-ла
поїхати електри́чкою до Полта́ви
19 се́рпня. 2 Я ї́ду до Оде́си на
конфере́нцію. Я ї́ду на відпочи́нок
до Я́лти на п'ять днів. Я був/-ла́
два ти́жні в Луга́нську, я ї́ду до
Ки́єва, а че́рез два дні я лечу́
додо́му. Я за́вжди ду́же хо́чу і́сти,
коли́ сіда́ю в по́їзд. Ось чому́ я
ма́ю вели́ку су́мку їжі (проду́ктів)
та кі́лька пляшо́к пи́ва із собо́ю.
Мо́жна попроси́ти скля́нку ча́ю?
А скі́льки я ма́ю заплати́ти за
по́стіль? 3 Я тут бу́ду
чека́ти/чека́тиму/почека́ю. Я
хо́чу, щоб Ти купи́в(и́ла)/Ви
купи́ли квитки́. / Я стоя́в(-я́ла) в
че́рзі за квитка́ми й розмовля́в(-ла)
із ду́же ціка́вою люди́ною.
Незаба́ром приї́де/при́йде/
прибу́де насту́пний по́їзд. / Чому́
Ви запізни́лися на годи́ну?
4 Оди́н квито́к до Жито́мира і
наза́д. У Жито́мир на 4 жо́втня, а
наза́д на 22. Я візьму́ купе́.
5 (*a*) Ніхто́ ніко́ли мене́ не розумі́є.
(*b*) Я не зна́ю ніко́го, хто знає
як/вмі́є роби́ти га́рну ка́ву. (*c*) Я
до́вго не розмовля́в(-я́ла) ні з ким
украї́нською мо́вою. (*d*) Я не
приніс(-не́сла)/привіз(-везла́) із
собо́ю нія́кої їжі (нія́ких проду́ктів)
для подоро́жі (в доро́гу). 6 (*a*) Я б
ви́пив(-ила) чого́-небудь/чого́сь
те́плого з вели́ким задово́ленням.
(*b*) У дити́нстві я диви́вся будь-які́
фі́льми. (*c*) Тара́с пішо́в куди́сь
купи́ти їжі (проду́ктів). (*d*)
Зустрі́ньмося коли́-небудь/коли́сь.

Unit 17

(*a*) **Пра́вда чи непра́вда: 1** (п) **2** (п) **3** (н) **4** (п) (*b*) **1** "To Solomiia!", "To Solomiia's health!", "To happiness!" **2** Roses. **3** A large cake. **4** Make a wish.

Впра́ви 1 (*a*) хлі́бниця, 1 тарі́лка, 7 тарілочо́к для хлі́ба, 2 ножі́, 1 ло́жка для десе́рту, 7 ке́лихів для вина́, 7 склянок для води́, 3 ча́рки для коньяку́ (*b*) торт

2 (*an example of a simple letter of invitation*)

Ната́лко й Олексі́ю!
Запро́шуємо Вас у го́сті на святкува́ння Ново́го ро́ку! Приїжджа́йте до нас на 9.00 годи́ну ве́чора. Чека́тимемо вас,
Ю́рко й Тетя́на

3 (*a*) теа́три, музе́ї, то́сти, подару́нки, серві́зи (*b*) сюрпри́з, гість, сувені́р, конце́рт, виста́ва

4 (*a*) Music (*b*) Why she likes such different kinds of music. (*c*) Cinema (*d*) 7 tickets for a first-night at the Ukrainian drama theatre.

Unit 18

Запита́ння до те́ксту (*a*) A large mushroom. (b) At sunrise. (c) A strip of land surrounded by water – it's like a fairy story. (d) It's difficult for Stephen to find the words to describe the wonders of nature in Ukraine. (e) Yes, he does.

Впра́ви (*a*) **Пра́вда чи непра́вда: 1** (п) **2** (н) **3** (н) **4** (н) (*b*) **1** Stephen. **2** No, in Great Britain. **3** Christmas and the New Year. **4** He offers his help to Solomiia, should she ever need it. **2** 1st call:

Mr Oleksiy Honcharenko called. He came yesterday from London and brought an urgent letter from Mr Robinson. He was asked to give you a ring just after his arrival in Kyiv. His address in Kyiv is: flat 35, 38, Shovkovychna St. Phone: 295 1687. He is expecting a phone call from you tonight.

2nd call:

Ol'ha phoned. She is at Solomiia's flat. Solomiia has had an accident: her knee was seriously hurt. An ambulance was called. Solomiia was taken to emergency. Ol'ha went there with her. After an X-ray, she was examined by a doctor. The bone was not broken, but she needs to stay in bed for a couple of days. Call them tonight.

3 Нача́льнику Ки́ївського залізни́чного вокза́лу па́нові М.А. Пилипе́нку.

Шано́вний па́не Пилипе́нко! Щи́ро віта́ю Вас із Днем наро́дження! Бажа́ю Вам ща́стя, у́спіху, міцно́го здоро́в'я! Сподіва́юся, що на́ша співпра́ця продо́вжиться у майбу́тньому. Незаба́ром ви оде́ржите катало́г на́шої найнові́шої проду́кції, яки́й на́ша компа́нія Вам надісла́ла. Ми тако́ж замо́вили квитки́ для пої́здки до Украї́ни в лю́тому. Ми зателефону́ємо Вам насту́пного ти́жня.
З найкра́щими побажа́ннями,
Щи́ро Ваш,
Ни́колас Де́йвіс

4 (*a*)

Приві́т, моя́ бі́лочко! Пишу́ тобі́ з Оде́си пе́ршу листі́вку. У нас тут не ду́же жа́рко, як за́вжди бува́є у ве́ресні. Я відпочива́ю, вра́нці й увече́рі

ходжу́ на пляж, ї́жджу на екску́рсії. Мо́ре ду́же те́пле. Тури́стів небага́то. Я купу́ю собі́ шашлики́, фру́кти, моро́зиво. Ду́же шкода́, що ти не пої́хала зі мно́ю. Ти ще ніде́ не відпочива́ла цього ро́ку. Я б ду́же хоті́в, щоб ти могла́ приї́хати хоча́ б на ти́ждень до Оде́си, тут за́раз спра́вжній "оксами́товий сезо́н"! поду́май про це, Ната́лочко. Чека́тиму твоє́ї ві́дповіді.
Люблю́, цілу́ю, Андрі́й.
(b)
Шано́вний Володи́мире Миха́йловичу!
Я приїжджа́ю на де́сять днів, щоб відві́дати ваш інститу́т. Ваш помічни́к телефонува́в мені́ вчо́ра, і ми розроби́ли дета́льну програ́му візи́ту. Потрі́бно запро́сити пре́су й телеба́чення на "кру́глий стіл", що відбу́деться 19 жо́втня. Хто доповіда́є на засіда́нні? Я тако́ж прошу́ мене́ повідо́мити про організа́цію засіда́ння 21 числа́. Мо́жете телефонува́ти мені́ на робо́ту: я пе́ред від'ї́здом працю́ю до пі́знього ве́чора. Чи могли́ б Ви зустрі́ти мене́ о 9.20 ра́нку 13 жо́втня? Прошу́ тако́ж замо́вити мені́ го́тель на час мого́ відря́дження. Чека́ю від вас докла́дної інформа́ції.
З пова́гою,
Кули́к О.Р.
5 матема́тика (n), матема́тик (n), математи́чний (adj.); украї́нський (adj.), Украї́на (n), украї́нець (n), украї́нка (n); спо́кій (n), споко́йний (adj.); до́брий (adj.), добро́ (n); приє́мно (adv.), приє́мний (adj.); вдя́чний (adj.), дя́кувати (v),

вдя́чність (n); нау́ка (n), науко́вий (adj.), науко́вець (n); замо́влення (n), замовля́ти (v), замо́вник (n); по́їзд (n), ї́здити (v), пої́здка (n); щасли́вий (adj.), ща́стя (n); раху́нок (n), рахува́ти (v); життє́вий (adj.), життя́ (n), жи́ти (v); приготува́ти (v), гото́вий (adj.), підгото́вка (n) **6** (a) (i) Я ніко́ли не їм бага́то фру́ктів. (ii) У ньо́го нема́є дру́зів ні в яки́х міста́х. (iii) На́ша ма́ма ніко́ли не прихо́дить пі́зно з робо́ти. (b) (i) Сті́вену ніко́го люби́ти, але́ він не мо́же сказа́ти, що він ніко́ли ніко́го не люби́в! (ii) Я ніку́ди не ї́жджу, тому́ що мені́ ніку́ди ї́здити./ Я ніку́ди не ходжу́, тому́ що мені́ ніку́ди ходи́ти. (iii) Я ніко́ли не вивча́в (-ла) інозе́мні мо́ви, тому́ що в ме́не нема́є ча́су (мені́ ніко́ли) це роби́ти. **7** (i) День наро́дження У́рсули, листі́вка Сергі́я, адре́са бра́та, телефо́н дире́ктора; (ii) У́рсулин День наро́дження, Сергі́єва листі́вка, бра́това адре́са, дире́кторів телефо́н

UKRAINIAN–ENGLISH VOCABULARY

The information presented in this vocabulary is derived from the most recent orthographical dictionary published in Kyiv, Орфографічний словник української мови, *1994.*

Nouns: *the ending of the gen. sg. is given for all declinable nouns, followed where necessary by the forms for other cases which cannot easily be derived from the nom. sg. The gender of each noun is also indicated.*

Adjectives: *the nom. endings for fem., n. and pl. are also given. Where an adjective functions as a noun (eg.* лютий, перехо́жий) *this is stated.*

Verbs: *the conjugation pattern for each verb (1 or 2) is given, followed by a note on aspect (impf. or pf.). The first and second persons sg. of the present (impf.) or future (pf.) are given whenever they cannot directly be derived from the form of the infinitive (as is the form of the third person pl. where the letter -л- is inserted). Imperative (imp.) and past tense m. & f. sg. forms are also added whenever guidance is required.*

а *and, but*
абúхто, indef. pron. *whoever,*
  no matter who
абó *or*
абó ..., абó *either ..., or ...*
абсолю́тно *absolutely*
авіаконве́рт, -а, m. *air-mail envelope*
авіалíнія, -ї, f. *airline*
австралíєць, -íйця, m. *Australian (man)*
австралíйка, -и, dat. & loc. sg. -йці,
  gen. pl. -йок *Australian (woman)*
Австрáлія, -ї, f. *Australia*
австрíйський, -а, -е; -і, adj. *Austrian*
автóбус, -а, m. *bus*
автомобíль, -я, m. *car*
автовідповідáч, -á, m. *answering*
  machine
аджé *after all*
адре́са, -и, f. *address*
адресáт, -а, m. *addressee*
аеропóрт, -у, loc. в аеропортý, m.
  airport
аксесуáри, -ів, pl. *accessories*
актúвний, -а, -е; -і, adj. *active*
актóр, -а, m. *actor*
алé *but*
алергíя, -ї, f. *allergy*
але́я, -ї, f. *avenue*
алкогóльний, -а, -е; -і, adj. *alcoholic*
аллó! *hallo! (telephone word)*
Аме́рика, -и dat. & loc. sg. -иці, f.
  America
америкáнець, -нця, m. *American (man)*
америкáнка, -ки, dat. & loc. sg. -нці, gen.
  pl. -нок, f. *American (woman)*
анáліз, -у, m. *analysis*
англíєць, -ійця, m. *Enligshman*
англíйка, -и, dat. & loc. sg. -йці, gen. pl. -
  йок, f. *Englishwoman*
Áнглія, -ї, f. *England, Great Britain*
анí ..., анí *neither ..., nor*
антибіóтик, -а, m. *antibiotic*
апельсúн, -а, m. *orange*
апельсúновий, -а, -е; -і, adj. *orange*
  (adj.)
апте́ка, -и, dat. & loc. sg. -еці, f.
  chemist's shop
архітектýра, -и, f. *architecture*
ас, -а, m. *ace*

аспе́кт, -у, m. *aspect*
ассортí, n. indecl *assortment*

бабýся, -і, f. *granny*
багáж, -у, m. *luggage, baggage*
багáто (+ gen.) *much, a lot of*
бажáння, -я, n. *wish*
бажáти, 1, vb. impf. (+ gen.) *wish*
балкóн, -а, m. *balcony*
банáн, -а, m. *banana*
банк, -у, m. *bank*
бар, -у, m. *bar*
баскетбóл, -у, m. *basketball*
бáтько, -а, m. *father*
батькú, -íв, pl. *parents*
бáчити, 2, vb. impf. *see*
без, prep. (+ gen.) *without*
безцíнний, -а, -е; -і, adj. *invaluable*
бе́рег, -а, m. *shore*
бере́за, -и, gen. pl. -рíз, f. *birch tree*
бе́резень, -зня, m. *March*
бібліоте́ка, -и, dat. & loc. sg. -еці, f.
  library
бíгати, 1, vb. impf. *run*
бíгти, 2, vb. impf., біжý, біжúш; past
  tense біг, бíгла *run*
бізнесме́н, -а, m. *businessman*
бік, бóку, loc. sg. (на) бóці *or* бокý *side*
бíлий, -а, -е; -і, adj. *white*
бíлка, -и, dat. & loc. sg. -лці, gen. pl.
  -лок, f. *squirrel*
бíля, prep. (+ gen.) *by, next to*
біля́вий, -а, е; -і, adj. *blond*
біль, бóлю, m. *pain*
бíльший, -а, -е; -і, comp. adj. *bigger*
бíржа, -і, f. *stock exchange*
біфште́кс, -а, m. *beefsteak*
блакúтний, -а, -е; -і, adj. *blue, light blue*
бланк, -а, m. *form*
блú́зько *near*
блідúй, -á, é; í, adj. *pale*
блокнóт, -а, m. *notebook*
блондúн, -а, m. *blond (person – male)*
блю́дечко, -а, gen. pl. -чок, n. *saucer*
бо *because*
Бог, -а, voc. Бóже!, m. *God*
болгáрський, -а, -е; -і, adj. *Bulgarian*
болíти, 2, vb. impf., 3rd sg. болúть, 3rd
  pl. боля́ть *hurt*

борода́, -и, gen. pl. -рі́д, f. *beard*
борщ, -у, m. *borshch (beetroot soup)*
брак, -у, m. *shortage*
бракува́ти, 1, vb. impf. 3rd sg. -ýє (impers.
+ dat.) *be short (of)*
мені́ бракýє гро́шей *I am short of
money*
бра́ма, -и, f. *city gate*
брат, -а, m. *brother*
бра́ти, 1, vb. impf., берý, бере́ш; imp.
бери́! бері́ть! *take*
брова́, -й, gen. pl. брів, f. *eyebrow*
бронхі́т, -у, m. *bronchitis*
брва́ти, 1, vb. impf. *visit, spend time in*
бува́й(те)! *bye for now!*
буди́нок, -нку, m. *building, house*
будіве́льний, -а, -е; -i, adj. *building (adj.)*
будіве́льник, -а, m. *builder*
будíвля, -i, gen. pl. -вель, f. *building*
будува́ти, 1, vb. impf., -ýю, -ýеш *build*
будь-коли́, indef. adv. *at any time*
будь ла́ска *please*
бýдьмо! *cheers! (as a drinking toast)*
бýдь-хто́, indef. pron. *anyone at all*
бýдь-яки́й, -á, -é; -í, adj. *any kind of*
буке́т, -а, m. *bouquet*
бульва́р, -у, m. *boulevard*
бутербро́д, -а, m. *sandwich*
бýти, vb., present tense є; future tense
бýду, бýдеш; imp. будь! бýдьте! *be*

ваго́н, -а, m. *carriage (railway)*
важки́й, -á, -é; -í, adj. *heavy, difficult*
ва́жко *it is difficult*
важли́вий, -а, -е; -i, adj. *important*
важли́во *it is important*
ва́жчий, -а, -е; -i, comp. adj. *heavier, more
difficult*
валíза, -и, f. *suitcase*
валю́та, -и, f. *currency*
ва́нна кімна́та *bathroom*
варе́ник; -а, m. *varenyk*
ваш, -а, -е; -i, poss. pron. *your (sg.
polite/pl.)*
вбіга́ти, 1, vb. impf. *run into*
ввéзення, -я, n. *import*
вдя́гнений, -а, -е; -i, adj. *dressed*
вдя́чний, -а, -е; -i, adj. *grateful*
везти́, 1, vb. impf., -зý, -зе́ш; past tense

віз, везла́ *take, lead (by transport)*
Вели́кдень, -ко́дня, m. *Easter Sunday*
Великódні свя́та *Easter festival*
вели́кий, -а, -е; -i, adj. *big, great, large*
вельмишано́вний, -а, е; -i, adj. *highly
esteemed*
верба́, -й, f. *willow*
ве́ресень, -сня, m. *September*
вермішéль, -i, f. *vermicelli*
ве́рхній, -я, -є; -i, adj. *upper*
весéлий, -а, -е; -i, adj. *merry*
весíлля, -я, n. *wedding*
весна́, -й, f. *spring*
вести́, 1, vb. impf. ведý, веде́ш; past tense
вів, вела́ *take, lead (on foot)*
вече́ря, -i, f. *supper*
ве́чір, -чора, m. *evening*
вечíрній, -я, -є; -i, adj. *evening (adj.)*
вечорíти, 1, vb. impf., 3rd sg. -iє (impers)
decline towards evening
взя́ти, 1, vb. pf., візьмý, ві́зьмеш; imp.
візьми́! візьмі́ть! *take*
ви, pers. pron., acc. gen. & voc. вас, dat.
вам, inst. ва́ми *you (sg. polite/plural)*
ви́бачити, 2, vb. pf., -чу, -чиш, -чать;
imp. ви́бач(те)! (+ dat.) *excuse, forgive*
ви́брати, 1, vb. pf., -беру, -береш
choose
вивча́ти, 1, vb. impf. *learn*
ви́вчити, 2, vb. pf. *learn (completely)*
вигляда́ти, 1, vb. impf. *look (like)*
вид, -у, loc. sg. на видý, m. (на + acc)
view (of)
виде́лка, -и, dat. & loc. sg. -лці, gen. pl.
-лок, f. *fork*
ви́дний, -а, -е; -i, adj. *visible*
ви́значитися, 2, vb. pf. *be clear (about
something)*
ви́їхати, 1, vb. pf., -íду, -íдеш *leave, drive
out (of somewhere)*
ви́йти, 1, vb. pf., -йду, -йдеш; past tense
-йшов, -йшла *leave, go out, get off*
ви́йти за́між (за + acc.) *marry (woman to
a man)*
ви́клик, -у, m. *call*
виклика́ти, 1, vb. impf. *call out*
ви́кликати, 1, vb. pf., ичу, -ичеш *call out*
ви́конати, 1, vb. pf., *fulfil, carry out*
ви́нний, -а, -е; -i, adj. *guilty*

вино́, -á, n. *wine*

ви́падок, -дку, m. *chance, occurrence, incident*

нещáсний ви́падок *accident*

ви́писати, 1, vb. pf., -ишу, -ишеш *write out*

ви́пити, 1, vb. pf., -п'ю, -п'єш; imp. -пий(те)! *drink up*

ви́пиймо! *let's drink!*

ви́раз, -у, m. *phrase, expression*

ви́рішити, 2, vb. pf. *decide*

ви́робити, 2, vb. pf., -блю, -бим, -блять *produce, manufacture*

вироблáти, 1, vb. impf. *produce, manufacture*

виробни́цтво, -а, n. *production*

ви́сіти, 2, vb. impf., -ишу, -йсиш *hang* (intrans.)

ви́словити, 2, vb. pf., -влю, -виш, -влять *express*

ви́словитися, 2, vb. pf., -влюся, -вишся, -вляться *express oneself*

висо́кий, -а, -е; -і, adj. *high, tall*

ви́соко *high*

вистáва, -и, f. *performance*

ви́ставити, 2, vb. pf., -влю, -виш, -влять *put out, exhibit*

ви́ставка, -и, dat. & loc. sg. -вці, gen. pl. -вок, f. *exhibition*

виставлáти, 1, vb. impf. *put out, exhibit*

вистачáти, 1, vb. impf. (impers. + dat.) *be sufficient*

ви́твір, -вору, m. *work, creation*

ви́трата, -и, f. (на + acc) *expenditure (on)*

ви́хід, -ходу, m. *exit*

вихідни́й день *day off*

вихо́дити, 2, vb. impf., -джу, -диш *leave, go out*

ви́щий, -а, -е; -і, comp. adj. *higher, taller*

вівто́рок, -рка, m. *Tuesday*

від, prep. (+ gen.) *from*

відбивнá, -о́ї, f. adj. functioning as noun *chop*

відбувáтися, 1, vb. impf. *happen, take place*

відбу́тися, 1, vb. pf., 3rd sg. відбу́деться *happen, take place*

відварни́й, -á, -é; -і, adj. *boiled*

відвезти́, 1, vb. pf., -зу́, -зе́ш, past tense -віз, -везлá *take (someone somewhere)*

відве́ртість, -тості, inst. sg. -тістю, f. *frankness, sincerity*

відві́дання, -я, n. *visit*

відві́дати, 1, vb. pf. *visit*

відві́дувати, 1, vb. impf., -ую, -уєш *visit*

відві́дувач, -а, m. *visitor*

відділ, -у, m. *department*

відігравáти, 1, vb. impf., -аю, -аєш *play (a part, role)*

від'ї́зд, -у, m. *departure*

відкри́ти, 1, vb. pf., -йю, -йеш *reveal, open*

відкри́тий, -а, -е; -і, adj. *open; sincere, frank, candid*

відлеті́ти, 2, vb. pf., -ечу́, -ети́ш *leave, depart (by air)*

відлітáти, 1, vb. impf. *leave, depart (by air)*

відмо́витися, 2, vb. pf., -влюся, -вишся, -вляться *refuse*

відо́мий, -а, -е; -і, adj. *known, renowned*

відпові́дь, -і, inst. sg. -ддю, gen. pl. -дей, f. *answer*

відповісти́, vb. pf, -ві́м, -віси́, -ві́сть; -вімо́, -вісте́, дадуть відповідь *answer*

відпочивáти, 1, vb. impf. *rest, relax, have a holiday*

відпочи́нок, -нку m. *holiday*

відпочи́ти, 2, vb. pf., -йну, -йнеш; impf. -чи́нь(те)! *have a rest*

відпрáвник, -а, m. *sender*

відпу́стка, -и, dat. & loc. sg. -тці, gen. pl., -ток, f. *holiday*

відрáзу (одрáзу) *at once*

відрекомендувáтися, 1, vb. pf., -у́юся, -у́єшся *introduce onself*

відря́дження, -я, n. *business trip*

відчи́нений, -а, -е; -і, adj. *open*

відчини́ти, 2, vb. pf. *open*

відчувáти, 1, vb. impf. *feel, be aware*

ві́за, -и, f. *visa*

візи́т, -у м. *visit*

візи́тна кáртка *business card*

вікно́, -á, gen. pl.-кон, n. *window*

ві́льний,-а, -е; -і, adj. *free*

ві́льно *fluently, freely*

він, pers. pron., acc. & gen. його (нього), dat.йому, inst. ним, loc.ньому *he, it (referring to inanimate m. nouns)*

вірус, -у, m. *virus*

вірусний, -а, -е; -i adj. *viral*

вісім, card. num. *eight*

вісімдесят, card. num. *eighty*

вісімдесятий, -а, -е; -i, ord. num. *eightieth*

вісімнадцятий, -а, -е; -i, ord. num. *eighteenth*

вісімнадцять, card. num. *eighteen*

вісімсот, card. num. *eight hundred*

вітальня, -i, gen. pl. -лень, f. *reception room, parlour*

вітамін, -у, m. *vitamin*

вітати, 1, vb. impf. (з + inst.) *welcome; congratulate (on)*

вітер, -тру, m. *wind*

вішалка,-и, dat. & loc. sg. -лці, gen. pl. -лок, f. *hanger (for clothes)*

вія, -ї, f. *eyelash*

в'їжджати, 1, vb. impf. *enter, drive into*

в'їзд (до + gen.) *entry (to)*

в'їздити, , vb. impf., їжджу, -їздиш *enter, drive into*

в'їхати, 1, vb. pf., -їду, -їдеш *enter, drive into*

власне *precisely, exactly*

влетіти, 2, vb. pf., -ечу, -етиш *fly into*

влітати, 1, vb. impf. *fly into*

водити, 2, vb. impf., -джу, -диш *take, lead (on foot)*

водій, -я, m. *driver*

водночас *at the same time*

возити, 2, vb. impf., -ожу, -озиш *take, lead (by transport)*

вокзал, -у, m. *station*

волейбол, -у, m. *volleyball*

володіти, 1, vb. impf., -iю, -ieш (+ inst.) *possess*

волосся, -я, n. (always sg.) *hair*

вона, pers. pron., acc., i (gen. ї їнеї), dat. їй, inst. нею, loc. ній *she, it (referring to f. inanimate nouns)*

вони, pers. pron., acc. & gen. їх (них), dat. їм, inst. ими, loc. них *they*

воно, pers. pron., acc. & gen. його (нього), dat. йому, inst. ним, loc. нім/ньому *it*

ворота, -ріт, pl. *gates*

восени *in autumn*

восьмеро, coll. num. *eight*

восьмий, -а, -е; -i, ord. num. *eighth*

восьмисотий, -а, -е; -i, ord. num. *eight hundredth*

вперед *forwards, to the front*

впізнати, 1, vb. pf. *recognise*

вплинути, 1, vb. pf., -ну, -неш (на + acc.) *have an influence (on)*

вправа, -и, f. *exercise*

вродливий, -а, -е; -i, adj. *beautiful, handsome*

все одно *all the same*

все-таки *all the same*

всесвітній, -я, -е; -i, adj. *universal*

всесвітньо відомий *world renowned*

вужчий, -а, -е; -i, comp. adj. *narrower*

вузький, -а, -е; -i, adj. *narrow*

вулиця, -i, f. *street*

вус, -а, nom. pl. вуса *or* вуси, m. *moustache*

вухо, -а, n. *ear*

вхід, входу, m. *entrance*

входити, 2, vb. impf., -джу, -диш *enter, go into*

вчасно *on time*

в'язати, 1, vb. impf., -яжу, -яжеш *knit*

гадати, 1, vb. impf. *think, imagine*

газета, -и, f. *newspaper*

газовий, -а, -е; -i, adj. *gas (adj.)*

гай, гаю, m. *grove of trees*

галерея, -ї, f. *gallery*

гараж, -а, m. *garage*

гаразд, *fine, OK*

гарненький, -а, -е; -i, adj. *pretty*

гарний, -а, -е; -i, adj. *beautiful*

гарнір, -у, m. *garnish*

гарячий, -а, -е; -i, adj. *hot*

гідрометцентр, -у, m. *meteorological centre*

гірка, -и, dat. & loc. sg. -рці, gen. pl. -рок, f. *hill*

гірчичник, -а, m. *mustard poultice*

гірший, -а, -е; -i, comp. adj. *worse*

гість, гостя, m. *guest*

іти/їхати в гості (до + gen.) *to visit (someone)*

гіта́ра, -и, f. *guitar*
глибо́кий, -а, -е; -і, adj. *deep*
гли́бше, comp. adv. *more deeply*
гли́бший, -а, -е; -і, сомр. adj. *deeper*
гні́ватися, 1, vb. impf. (на + acc.) *be angry (with)*
говори́ти, 2, vb. юмрf. *speak*
годи́на, -и, f. *hour*
годи́нник, -а, m. *watch, clock*
го́ді! *that's enough!*
голова́, -и, f., gen. pl. голі́в *head*
головни́й, -á, -é; -í, adj. *main, chief*
голо́дний, -а, -е; -і, adj. *hungry*
го́лос, -у, m. *voice*
го́лосно *loudly*
голубе́ць, -бця́, m. *cabbage roll, stuffed cabbage*
голуби́й, -á, -é; -í, adj. *blue, light blue*
гольф, -а, m. *golf*
гора́, -и́, gen. pl. гір, f. *mountain, hill*
горі́лка, -и, dat. & loc. sg. -ці, f. *vodka*
горі́х, -а, m. *nut(s)*
го́рло, а, n. *throat*
госпо́дар, -я, m. *host, master of the house*
господи́ня, -і, f. *hostess, mistress of the house*
гости́нний, -а, -е; -і, adj. *hospitable*
гости́нність, -ності, inst. sg., -ністю, f. *hospitality*
готе́ль, -ю, m. *hotel*
готі́вка, -и, dat. & loc. sg. -вці, f. *cash, ready money*
гото́вий,-а, -е; -і, adj. *ready, prepared*
готува́ти, 1, vb. impf.,-у́ю, -у́єш *cook*
гра́дус, -а, m. *degree*
гра́ти, 1, vb. impf. *play*
гриб, -а, m. *mushroom*
грибни́й, -á, -é; -í, adj. *mushroom (adj)*
гри́вня, -і, gen. pl. -вень, f. *hryvnia*
грип. -у, m. *flu*
гро́ші, -шей, pl. *money*
гру́день, -дня, m. *December*
губа́, -и́, f. *lip*
гуля́ти, 1, vb. impf. *walk*
гу́мор, -у, m. *humour*
густи́й, -á, -é; -í, adj. *thick, bushy*

га́нок, -нку, m. *porch*

дава́ти, 1, vb. impf., даю́, дає́ш; imp.

дава́й(те)! *give*
давно́ *for a long time*
дале́кий, -а, -е; -і, adj. *distant*
дале́ко *far off*
дале́ко (+ comp. adj.) *far*
да́лі *further, and so on*
да́льший, -а, -е; -і, comp. adj. *further off, more distant*
да́ні, -них, pl. adj. *data*
дарма́ *it doesn't matter!*
дарува́ти, 1, vb. impf., -у́ю, -у́єш *give (as a gift)*
да́ти, vb. pf., дам, даси́, дасть; дамо́, дасте́, даду́ть; imp. да́й(те)! *give*
дах, -у, loc. sg. на даху́, m. *roof*
да́ча, -і, f. *summer house, dacha*
два, m. & n.; дві, f., card. num. *two*
двадця́тий, -а, -е; -і, ord. num. *twentieth*
два́дцять, card. num. *twenty*
двана́дцятий, -а, -е; i, ord. num. *twelfth*
двана́дцять, card. num. *twelve*
две́рі, -ей, inst. -рми́ or -ри́ма, pl. *door*
двісті, card. num. *two hundred*
дві́чі *twice*
дво́є, coll. num. *two*
двозна́чний, -а, -е; -і, adj. *ambiguous*
двокімна́тний, -а, -е; -і, adj. *two-roomed*
двоповерхо́вий, -а, -е; -і, adj. *two-storey*
двохсо́тий, -а -е; -і, adj. *two hundredth*
де? *where?*
деба́ти, -ів, pl. *debate*
дев'яно́стий, -а, -е; -і, ord. num. *ninetieth*
дев'яно́сто, card. num. *ninety*
де́в'ятеро, coll. num. *nine*
дев'я́тий, -а, -е; -і, ord. num. *ninth*
дев'ятисо́тий, -а, -е; -і, ord. num. *nine hundredth*
дев'ятна́дцятий, -а, -е; -і, ord. num. *nineteenth*
дев'ятна́дцять, card. num. *nineteen*
дев'ятсо́т, card. num. *nine hundred*
де́в'ять, card. num. *nine*
де́кілька (+ gen.) *several, a few*
деклара́ція, -ї, f. *customs declaration form*
де-не́будь, indef. adv. *anywhere, somewhere*
день, дня, m. *day*
день наро́дження *birthday*

де́рево, -а, n. *tree*
дерев'я́ний, -а, -е; -i, adj. *wooden*
деру́н, á, m. *potato pancake*
десе́рт, -у, m. *dessert*
де́сятеро, coll. num. *ten*
деся́тий, -а, -е; -i, ord. num. *tenth*
де́сять, card. num. *ten*
десь, indef. adv. *somewhere*
дета́льний, -а, -е; -i, adj. *detailed*
дета́льно *in detail*
де́хто, indef. pron. *someone*
де́що, indef. pron. *something;* (followed by comp. adj. or adv.) *a little (more)*
де́який, -а, -е;-i, indef. adj. *certain*
джéмпер, -а, m. *jumper*
джерелó, -á, n. *source*
дзвінóк, -нкá, m. *call (telephone), ring (at the door)*
дзéркало, -а, n. *mirror*
диви́тися, 2, vb. impf., -влю́ся, -вишся *look; watch (film, TV)*
дивови́жний, -а, -е; -i, adj. *strange, amazing*
дивува́ти, 1, vb. impf., -ýю, -ýєш *surprise*
дивува́тися, 1, vb. impf., -ýюся, -ýєшся (+ dat.) *be amazed*
дилетáнт, -а, m. *amateur*
дирéктор, -а, m. *director*
дискéта, -и, f. *floppy disk*
дити́нство, -а, n. *childhood*
дитя́чий, -а, -е; -i, adj. *children's*
діабéт, -у, m. *diabetes*
діалóг, -у, m. *dialogue*
дíвчина, -и, f. *girl*
дíвчинка, -и, dat. & loc. sg. -нці, gen. pl. -нок, f. *little girl*
дідýсь, -ус.я́, m. *granddad*
дізна́тися, 1, vb. pf. *find out*
дійти́, 1, vb. pf., -йдý, -йдеш; past tense -йшóв, -йшлá *reach, get to (on foot)*
діловúй, -á, -é, -í, adj. *business (adj.)*
дістáтися, 1, vb. pf., -áнуся, -áнешся *get (somewhere)*
дíти, -éй, inst. дíтьми, pl. *children*
дíя, -ï, f. *act (of a play)*
для, prep. (+ gen.) *for*
дмухнýти, 1, vb. pf., -нý, -нéш *puff*
Дніпрó, -á, m. *Dnipro*

до, prep. (+ gen.) *to*
до побáчення! *goodbye*
до рéчі *by the way, incidentally*
добá, -и́, f., gen. pl. діб *twenty-four hours*
дóбре! *fine!*
дóбрий, -а, -е;-i, adj. *good, kind*
добри́день! *hello!*
дóбрий день! *hello!*
добрó, -á, n. *good*
добрóбут, -у, m. *prosperity*
добрóдій, -я, voc. sg. -ію!, m. *sir*
добрóдійка, -и, voc. sg. -ко!, gen. pl. -йок, f. *madam*
дóвгий, -а, -е; -i, adj. *long*
дóвго *long, for a long time*
довести́ся, 1, vb. pf., 3rd sg. доведéться; past tense довелóся (impers. + dat.) *have to*
дóвший, -а, -е; -i, comp. adj. *longer*
додóму *home(wards)*
дозвóлити, 2, vb. pf. (+ dat.) *permit*
дозвóльте! *let me/us, allow me/us...*
доïхати, 1, vb. pf., -ïду, -ïдеш *reach, get as far as*
доклáдний, -а, -е; -i, adj. *exact, precise*
докумéнт, -а, m. *document*
долетíти, vb. pf., -ечý, -ети́ш *arrive (by plane)*
дóля, -i, f. *fate*
домáшній, -я, -є; -i, adj. *domestic*
домóвитися, 2, vb. pf., -влюся, -вишся, -вляться (з + inst.) *agree, arrange (with)*
дóнька, -и, dat. & loc. sg. -нці, gen. pl. -ньок, f. *daughter*
доповідáти, 1, vb. impf. *report*
допомагáти, 1, vb. impf. (+ dat.) *help*
допомóга, -и, dat. & loc. sg. -озі, f. *help, assistance*
допомогти́, 1, vb. pf., -можý, -мóжеш, past tense, -мíг, -моглá (+ dat.) *help*
дороби́ти, 2, vb. pf., -блю́, -биш, -блять *finish making/doing*
доробля́ти, vb. impf. *finish making/doing*
дорóга, -и, dat. & loc. sg. -озі, gen. pl. -рíг, f. *road, journey, way*
дорогúй, -á, -é; í, adj. *dear, expensive*
дóрого *it is expensive*

доро́жчий, -а, -е;-і, comp. adj. *dearer*
доро́слий, -а, -е; -і, adj. & noun *adult*
доручи́ти, 2, vb. pf. *entrust*
до́сить! *that's enough!*
до́сі *till now, so far*
доста́вити, 2, vb. pf., -влю, -виш, -влять *deliver*
дощ, -у, m. *rain*
дощи́ти, 2, vb. impf. (impers.) *be raining*
дрібни́ця, -і, f. *trifle, small matter*
друг, a, nom. pl. дру́зі, m. *friend*
дру́гий, -а, -е; -і, ord. num. *second*
дружи́на, -и, f. *wife*
дружи́ти, 2, vb. impf. *be good friends*
дру́жній, -я, -є; -і, adj. *friendly, amicable*
дубля́нка, -и, dat. & loc. sg. -нці, gen. pl. -нок, f. *leather overcoat*
ду́же *very*
ду́мати, 1, vb. impf. (над + inst.) *think; ponder on*
ду́мка, -и, dat. & loc. sg. -мці, gen. pl. -мок, f. *idea, thought*
ду́рень, -рня, m. *fool*
дурни́й,-á, -é; -í, adj. *stupid*
душ, -у, m. *shower*
душе́вний, -а -е; -і, adj. *spiritual*
дя́дько, -а, m. *uncle*
дя́кувати, 1, vb. impf., -ую, -уєш, (+ dat.) *thank*
дя́кую! *thank you!*

еконо́міка, -и, dat. & loc. sg. -ці, f. *economics*
екра́н, -а, m. *screen*
екску́рсія, -ї, f. *excursion*
експре́с-по́шта, -и, f. *express post*
елега́нтний, -а, -е; -і, adj. *elegant*
елега́нтно *elegantly*
еле́ктрика, -и, dat. & loc. sg. -ці, f. *electricity*
електри́чка, -и, dat. & loc. sg. -ці, gen. pl. -чок, f. *electric suburban train*
електроене́ргія, -ї, f. *electricity*
емо́ція, -ї, f. *emotion*

європе́йський, -а, -е; -і adj. *European*

жанр, -у, m. *genre*
жа́рко *it is hot*
жарт, у, m. *joke*

жахли́вий, -а, -е; -і, adj. *terrible*
жахли́во! *awful!*
жето́н, a, m. *token*
живо́пис, -у, m. *painting (genre)*
жи́ти, 1, vb. impf., живу́, живе́ш *live*
житло́, -á, n. *dwelling*
життє́вий, -а, -е; -і, adj. *life (adj.)*
життя́, -я́, n. *life*
жі́нка, -и, dat. & loc. sg. -нці, f., gen. pl. -но́к *woman, wife*
жіно́чий, -а, -е; -і, adj. *female*
жо́втень, -вня, m. *October*
жо́втий, -а, -е; -і, adj. *yellow*
жо́ден, short form adj., -дна, -дне; -дні *none, no (kind of)*
журна́л, -у, m. *journal*
журналі́ст, -а, m. *journalist*

з (із, зі), prep. (+ gen.) *from*
з (із, зі), prep. (+ inst.) *with*
за, prep. (+ acc.) *for; during, over* (in time expressions); *beyond; than* (after comparatives)
за, prep. (+ inst.) *behind, beyond, on the other side of; according to*
за Це́льсієм *centigrade*
заблука́ти, 1, vb. pf. *get lost*
заборо́нений, -а, -е; -і, adj. *forbidden*
забра́ти, 1, vb. pf., -беру́, бере́ш *take (someone off somewhere)*
забува́ти, 1, vb. impf. *forget*
забути, 1, vb. pf., -у́ду, -у́деш; imp. -бу́дь(те)! *forget*
завдава́ти, 1, vb. impf., -даю́, -дає́ш *cause*
за́вжди *always*
за́втра *tomorrow*
зага́льний, -а, -е; -і, adj. *general*
загаси́ти, 2, vb., д., -ашу́, -а́сиш *extinguish, put out*
задово́лення, -я, n. *satisfaction*
заду́мати, 1, vb. pf. *think up*
за́здрощі, -ів, pl. *envy, jealousy*
заї́хати, 1, vb. pf., -ї́ду, -ідеш *get somewhere (a long way off)*
займа́тися, 1, vb. impf. (+ inst.) *deal with, be busy with, go in for*
за́йнятий, -а, -е; -і, adj. *busy*
зайти, 1, vb. pf., зайду́, за́йдеш; past

tense -йшóв, -йшлá (по + acc.) *call (for); set (of the Sun)*

закупíвля, -i, f. *purchase in bulk*

закýска, -и, dat. & loc. sg. -сцí, gen. pl. -сок, f. *hors d'oeuvre*

залúсина, -и, f. *bald patch*

залишáтися, 1, vb. impf. *remain*

залишúтися, 2, vb. pf. *remain*

замóвити, 2, vb. f., -влю, -виш, -влять *order, reserve, book*

замóвлення, -я, n. *order*

замовлЯти, 1, vb. impf. *order, reserve, book*

замóвник, -a, m. *person who places an order*

замóк, -мкá, m. *lock*

занáдто *excessively*

заперéчувати, 1, vb. impf., -ую, -уєш *object*

запéчений, -a, -e; -i, adj. *baked*

запитáння, -я, n. *question*

запитáти, 1, vb. pf. *ask (a question)*

запізнúтися, 2, vb. pf. (на + acc.) *be late (for)*

запíзнюватися, 1, vb. impf., -ююся, -юєшся (на + acc.) *be late (for)*

запланóваний, a, -e; -i, adj. *planned*

запланувáти, 1, vb. pf., -ýю, -ýєш, *plan*

запóвнити, 2, vb. pf. *complete, fill in*

запропонувáти, 1, vb. pf.,-ýю, -ýєш *propose, suggest*

запросúти, 2, vb. pf., -ошý, -óсиш *invite*

запрóшення, -я, n. *invitation*

запрóшувати, 1, vb. impf., -ую, -уєш *invite*

зáраз *now, at any moment*

заразúтися, 2, vb. pf., -ажýся, -áзишся *get infected*

заробúти, 2, vb. pf.,-блю́, -биш, -блять *earn*

заробíтна платнЯ *wage, salary*

заробíток, -тку, m. *wage, salary*

зароблЯти, 1, vb. impf. *earn*

засíдання, -я, n. *meeting*

засміЯтися, 1, vb. pf., -іЮся, -іЄшся *burst out laughing*

заснýти, 1, vb, pf., -нý, -нéш *fall asleep*

зателефонувáти, 1, vb. pf.,-ýю, -ýєш *phone*

затишнúй, -á, -é; -í, adj. *quiet, peaceful, cosy*

зáтишно *it is cosy*

затрúмуватися, 1, vb. impf.,-уся, -уєшся *be held up, stay*

захворíти, 1, vb. pf., -íю, -íйш *fall ill*

захвóрювання, -я, n. *ailment*

зáхід, -ходу, m. *west*

зáхідний, -a, -e; -i, adj. *western*

захóдити, 2, vb. impf., -джу, -диш *come in, enter*

захопúти, 2, vb. д., -плю́, -пиш, -плять *catch*

зацікáвити, 2, vb. pf., -влю, -виш, -влять (у/в + loc.) *interest (someone in something)*

зачинЯти, 1, vb. impf. *close (transitive)*

зачинЯтися, 1, vb. impf. *close (intransitive)*

зашарíтися, 1, vb. pf.,-íюся, -íєшся *blush*

збагнýти, 1, vb. pf., -нý, -нéш *grasp, comprehend*

зберегтú, 1, vb. pf., -ежý, -ежéш; past tense -рíг, реглá *preserve*

збирáтися, 1, vb. impf.*plan, get ready*

збúтий, -a, -e; -i, adj. *whipped*

збíгати, 1, vb.pf. *run down, pop down*

збрóя, -ï, f. (always sg.) *weapons*

збудувáти, 1, vb. pf., -ýю, -ýєш *build*

збýтися, 1, vb. pf., 3rd sg. -ýдеться *come true*

зважáти, 1, vb. impf. (на + acc) *pay attention (to)*

звáти, 1, vb. impf., зву, звеш *call*

звертáтися, 1, vb. pf., (до + gen.) *apply (to)*

звúкнути, 1, vb. pf., -ну, -неш; past tense звик, звúкла *get used (to)*

звичáйний, -a, -e; -i, adj. *usual*

Звичáйноǃ *Of course!*

звíдки? *where from? whence?*

звíдси *from here, hence*

звíдти *from there, thence*

зворóтний, -a, -e; i, adj. *return*

згáдувати, 1, vb. impf., -ую, -уєш *mention, recall*

згóда, -и, f. *agreement*

Згóдаǃ *That's agreed!*

згóден, short form adj., -дна, -дне; -дні

in agreement
я згóден/згóдна з Вáми *I agree with you*
здавáти, 1, vb.impf., -даю́, -дає́ш *let (property)*
здавáтися, 1, vb. impf. (impers. + dat.), 3rd sg. здає́ться *seem*
здáти, 1, vb. pf.,-дам, -даси́, -дасть, -дамó, -дасте́, -даду́ть *let (property)*
здогадáтися, 1, vb. pf. *guess*
здóму *from home*
здорóвий, -а, -е; -і, adj. *healthy*
здорóв'я, -я, n. *health*
зелéний, -а, -е; -і, adj. *green*
зелéнка, -и, dat & loc. sg. -нці, f. *zelenka (a green antiseptic liquid)*
зéлень, -і, inst. sg. -нню, f. *greenery*
земля́, -í, f. *ground*
Земля́, -í, f. *Earth*
зерни́стий, -а, -е; -і, adj. *granular*
ззáду *from behind*
зимá, -и́, f. *winter*
зи́чити, 2, vb. impf. *wish*
зігрáти, 1, vb. pf. *play*
зійти́, 1, vb. pf., зійду́, зійдеш; past tense -йшóв, -йшлá *ascend, go up; rise (of the sun)*
зíрка, -и, dat. & loc. sg. -рці, gen. pl. зірóк, f. *star*
зістáвити, 2, vb. pf.,-влю, -виш, -влять *compare*
зіставля́ти, 1, vb. impf. *compare*
з'їздити, 2, vb. pf, -íжджу, -íздиш *make a trip*
з'їсти, vb. pf., їм, -їси́, -їсть; -їмó, -їсте́, -їдя́ть; imp. -íж(те)!; past tense -їв, -їлá *eat (up)*
зло, -а, gen. pl. зол, n. *evil*
злий, -а, -е; -і, adj. *evil, malicious*
злість, злóсті, inst. sg. злíстю, f. *malice*
змíшувати, 1, vb. impf., -ую, -уєш *mix*
змогти́, 1, vb. pf., -óжу, -óжеш; past tense зміг, змоглá *be able; manage, succeed*
змóршка, -и, dat. & loc. sg. -шці, gen. pl. -шок, f. *wrinkle*
знавéць, -вця́, m. (+ gen.) *expert (on)*
знайóмий, -а, -е; -і, -а, -е; -і, adj. & noun *familiar; [as noun] acquaintance*
знайти́, 1, vb. pf., -йду́, -йдеш; past tense

-йшóв, -йшлá *find*
знак, -а, m. *sign*
знáти, 1, vb. impf. *know*
знахóдитися, 1, vb. impf., -джуся, -дишся *be situated*
знáчно (+ comp. adj.) *considerably*
зненáцька *unawares*
знімáтися, 1, vb. impf. *be filmed*
зня́ти, 1, vb. pf., знíму́, знíмеш *take off (clothes), remove; take a photograph of*
зóвнішність, -ності, inst. sg. -ністю, f. *external appearance*
золоти́й, -á, -é; -і, adj. *golden*
зріст, -рóсту, m. *size*
зроби́ти, 2, vb. pf., -блю́, -биш, -блять *do, make*
зрозумíлий, -а, -е; -і, adj. *intelligible*
зрозумíти, 1, vb. pf., -íю, -íєш *understand*
зрýчний, а, -е; -і, adj. *comfortable*
зрýчно *it is convenient*
зуб, -а, m. *tooth*
зупини́тися, 2, vb. pf. *stay, stop*
зупи́нка, -и, dat. & loc. sg. -нці, f. *stop*
кінцéва зупи́нка *terminus*
зустрíти, 1, vb. pf., -íну, -íнеш; imp. -íнь(те) *meet*
зустрíтися, 1, vb. pf., -íнуся, -íнешся *meet each other*
зустрíньмося! *let's meet!*
зýстріч, -і, inst. -ччю, gen. pl. -чей, f. *meeting*
зустрічáти, 1, vb. impf. *meet*
зустрічáтися, 1, vb. impf. *meet with each other*
з'ясóвувати, 1, vb. impf., -ую, -ує *clarify*

і *and*
Івáно-Франкíвськ, -а, m. *Ivano-Frankivsk*
ідеáльний, -а, -е; -і, adj. *ideal*
ідéя, -ї, f. *idea*
ікрá, -и́, f. *caviare*
імени́ни, -ни́н, pl. *nameday*
іменни́ник, -а, m. *person celebrating nameday*
імпонувáти, 1, vb. impf., -ýю, -ýєш (+ dat.) *inspire respect (in)*

імпо́ртний, -а, -е; -і, adj. *imported*

ім'я́, і́мени, n. *name, first name*

  ім'я́ по ба́тькові *patronymic*

інве́стор, -а, m. *investor*

і́ндекс, -у, m. *post code*

ін'є́кція, -ї, f. *injection*

інозе́мний, -а, -е; -ї adj. *foreign*

інститу́т, -у, m. *institute*

інтеліге́нтний, -а, -е; -і, adj. *cultured, polite*

інтерв'ю́, n. indecl. *interview*

інтере́с, -у, m. *interest*

інфе́кція, f. *infection*

інформа́ція, -ї, f. *information*

і́нший, -а, -е; -і, adj. *other*

існува́ти, 1, vb. impf., -у́ю, -у́єш *exist*

іспа́нець, -ця, m. *Spaniard (m.)*

Іспа́нія, -ї, f. *Spain*

іспа́нка, -и, dat. & loc. sg. -нці, gen. pl. -нок *Spaniard (f.)*

і́спит, -у, m. *examination*

італі́єць, -ійця, m. *Italian (m.)*

італі́йка, -и, dat. & loc. sg. -йці, gen. pl. -йок *Italian (f.)*

Іта́лія, -ї, f. *Italy*

іти́, 1, vb. impf., іду́, іде́ш; imp. іди́! іді́ть!; past tense ішо́в, ішла́ *go (on foot)*

їда́льня, -і, gen. pl. -лень, f. *dining room*

ї́жа, -і, f. *food*

ї́здити, 2, vb. impf., ї́жджу, ї́здиш *go, travel, ride*

ї́й, poss. pron. indecl. *her, its* (referring to inanimate f. nouns)

ї́сти, vb. impf., їм, їси́, їсть; їмо́, їсте́, ідя́ть; imp. ї́ж(те)!; past tense їв, ї́ла *eat*

ї́х, poss. pron. indecl. *their*

ї́хати, 1, vb. impf. ї́ду, ї́деш *go, travel*

й *and*

його́, poss. adj., indecl. *his, its* (with reference to m. nouns)

йод, -у, m. *iodine*

кабачо́к, -чка́, m. *marrow*

кабіне́т, -у, m. *office, study*

ка́ва, -и, f. *coffee*

каза́ти, 1, vb. impf., -ажу́, -а́жеш *say*

ка́зка, -и, dat. & loc. sg. -зці, gen. pl. -зок, f. *fairy story*

календа́р, -я́, m. *calendar*

калькуля́тор, а, m. *calculator*

ка́мінь, -меня, m. *stone*

Кана́да, -и, f. *Canada*

канаді́єць, -і́йця, m. *Canadian (m.)*

канаді́йка, -и, dat & loc. sg. -йці, gen. pl. -йок, f. *Canadian (f.)*

кана́па, -и, f. *divan*

кані́кули, -ул, pl. *holidays*

капіталовкла́днення, -я, n. *capital investment*

карбо́ванець, -нця, m. *karbovanets*

ка́рий, -а, -е; -і, adj. *hazel (colour of eyes)*

Карпа́ти, gen. -ат, pl. *the Carpathian mountains*

карти́на, -и, f. *picture*

карти́нний, -а, -е; -і, adj. *picture (adj.)*

ка́ртка, -и, dat. & loc. sg. -тці, gen. pl. -ток, f. *card*

карто́пля, -і, f. *potato(es)*

ка́са, -и. f. *cash desk*

каси́р, -а, m. *cashier*

катало́г, -у, m. *catalogue*

ка́шель, -шлю, m. *cough*

квадра́тний, -а, -е; -і, adj. *square (adj.)*

кварти́ра, -и, f. *flat*

квита́нція, -ї, f. *receipt*

квито́к, -тка́, m. (до + gen.) *ticket (for)*

кві́тень, -тня, m. *April*

кві́тка, -и, dat. & loc. sg. -тці, nom. pl. кві́ти *flower*

ке́лих, -а, m. *glass (for wine)*

керівни́й, -а́, -е́; -і, adj. *leading*

керівни́цтво, а, n. *management*

керува́ти, 1, vb. impf., -у́ю, -у́єш (+ inst.) *manage, rule*

Ки́їв, Ки́єва, m. *Kyiv*

ки́лим, -а, m. *carpet, rug*

кирпа́тий, -а, -е; -і, adj. *snub-nosed*

ки́ця, -і, f. *kitten*

кі́лька (+ gen.) *several, a few*

кіт, кота́, m. *cat*

клі́мат, -у, m. *climate*

кни́га, -и, dat. & loc. sg. -йзі, f. *book*

книга́рня, -і, gen. pl. -рень, f. *bookshop*

кни́жка, -и, dat. & loc. sg. -жці, gen. pl.

-жо́к, f. *book*
ко́бза, -и, f. *kobza*
кобза́р, -я́, m. *kobza player*
ковбаса́, -и́, f. *salami, sausage*
ковта́ти, 1, vb. impf. *swallow*
код, -у, m. *code*
ко́жний, -а, -е; -і (also short m. form
    ко́жен), adj. *each, every, anyone*
колго́ти, -го́т, pl. *tights*
коле́га, -и, dat. & loc. sg. -езі, m. or f.
    colleague
коли́? *when?*
коли́-не́будь, indef. adv. *anytime, ever,*
    some time (or other)
коли́сь, indef. adv. *sometime ago, at one*
    time
колі́но, -а, n. *knee*
ко́лір, -льору, m. *colour*
ко́лія, -ї, f. *track, platform*
комерці́йний, -а, -е; -і, adj. *commercial*
коме́рція, -ї, f. *commerce*
комо́ра, -и, f. *pantry, storeroom*
компа́нія, -ї, f. *company*
компози́тор, -а, m. *composer*
компози́ція, -ї, f. *composition*
комп'ю́тер, -а, m. *computer*
комфо́рт, -у, m. *comfort*
конва́лія, -ї, f. *lily of the valley*
конве́рт, -а, m. *envelope*
конкре́тний, -а, -е; -і, adj. *concrete*
ко́нсул, -а, m. *consul*
ко́нсульский, -а, -е; -і, adj. *consular*
контра́кт, -у, m. *contract*
контроле́р, -а, m. *inspector*
контро́ль, -ю, m. *control*
коньяк, -у́, m. *cognac*
копі́йка, -и, gen. pl. -йо́к, f. *kopiyka*
    (100th part of a hryvnia)
(NB: nom. pl. копійки́, but дві копі́йки;
    п'ять копі́йок)
коре́ктний, -а, -е; -і, adj. *correct*
кореспонде́нт, -а, m. *correspondent*
коридо́р, -у, m. *corridor*
кори́чневий, -а, -е; -і, adj. *brown*
коро́ткий, -а, -е; -і, adj. *short*
коро́тший, -а, -е; -і, comp. adj. *shorter*
ко́рпус, -а, m. *block*
костю́м, -а, m. *suit*
котле́та, -и, f. *cutlet*

котри́й, -а́, -е́; -і́ *which?*
коха́ний, -а, -е; -і, adj. functioning as a
    noun *beloved*
коха́ння, -я, n. *love*
коха́ти, 1, vb. impf. *love*
кошт, -у, m. *cost, expense*
ко́штувати, 1, vb. pf., 3rd sg. ко́штує
    cost
краб, а, m. *crab*
крава́тка, -и, dat. & loc. sg. -тці, gen pl.
    -ток, f. *tie*
краї́на, -и, f. *country*
кра́пля, -і, gen. pl. -пель, f. *drop*
краса́, -и́, f. *beauty*
краси́вий, -а, -е; -і, adj. *beautiful,*
    handsome
кра́щий, -а, -е; -і, adj. *better*
креве́тка, -и, dat. & loc. sg. -тці, gen. pl.
    -ток, f. *prawn*
креди́т, -у, m. *credit*
креди́тна ка́ртка *credit card*
кремéзний, -а, -е; -і, adj. *robust, sturdy*
Крим. -у, loc. sg. у Криму́, m. *Crimea*
кри́мський, -а, -е; -і, adj. *Crimean*
крім, prep. (+ gen.) *apart from*
крі́плений, -а, -е; -і, adj. *fortified*
крі́сло, -а, gen. pl. -сел, n. *armchair*
кру́глий, -а, -е; -і, adj. *round*
куди́? *where to? whither?*
куди́ (+ comp. adj.) *far*
куди́сь, indef. adv. *somewhere (to)*
культу́ра, -и, f. *culture*
купé, n. indecl. *compartment*
купи́ти, 2, vb. pf., -плю́, -пиш, -плять
    buy
купо́н, -а, m. *coupon (also 'karbovanets')*
купува́ти, 1, vb. impf., -у́ю, -у́єш *buy*
куро́рт, -у, m. *resort*
курс, у, m. *exchange rate*
ку́ртка, -и, dat. & loc. sg. -тці gen pl.
    -ток, f. *jacket*
ку́хня, -і, gen. pl. -хонь, f. *kitchen*
кучеря́вий, -а, -е; -і, adj. *curly*
кущ, -а, m. *bush*

ла́мпа, -и, f. *lamp*
ластови́ння, -я, n. (always sg.) *freckles*
легки́й, -а́, -е́; -і́, adj. *light, easy*
ле́гко *easily, it it easy*

легкова́жний, -а, е; -і, adj. *frivolous*

ле́гший, -а, -е; -і, comp. adj. *lighter, easier*

лежа́ти, 2, vb. impf., -жу́, -жи́ш *lie*

леті́ти, 2, vb. impf,. -ечу́, -ети́ш *fly*

лимо́н, -а, m. *lemon*

ли́пень, -пня, m. *July*

ли́сий, -а, -е; -і, adj. *bald*

лист, -а́, m. (до + gen.) *letter (to/for)*

листі́вка, -и, dat. & loc. sg. -вці, gen. pl. -вок, f. *postcard*

листопа́д, -а, m. *November*

ли́стя, -я, n. *foliage*

лихома́нити, 2, vb. impf. (impers. + dat.) *feel feverish*

лише́ *only, just*

лі́вий,-а, -е; -і, adj. *left*

ліво́руч *on the left, to the left*

лі́жко, -а, loc. sg. у лі́жку, gen. pl. -жок, n. *bed*

лі́кар, -я, m. *doctor*

ліка́рня, -і, gen. pl. -рень, f. *hospital*

лі́ки, -ів, pl. *medicine*

лікува́ти, 1, vb. impf., -у́ю, -у́єш *heal*

ліс, -у, m. *forest*

літа́к, -а́, m. *plane*

літа́ти, 1, vb. impf. *fly*

лі́то, -а, n. *summer*

ліфт, -а, m. *lift*

лічи́льник, -а, m. *meter*

ло́жа, -і, f. *box (in a theatre)*

ло́жа бенуа́р *Grand Circle (in a theatre)*

ло́жечка, -и, dat. & loc. sg. -чці, gen. pl. -чок, f. *small spoon, teaspoon*

ло́жка, -и, dat. & loc. sg. -жці, gen. pl. -жок, f. *spoon*

Луга́нськ, -а, m. *Luhansk*

Львів, Льво́ва, m. *Lviv*

люби́ти, 2, vb. impf., -блю́, -биш, -блять *love, like*

любо́в, -і, inst. sg. -ов'ю, f. *love*

лю́ди, -де́й, inst. -дьми́, pl. *people*

лю́стра, -и, f. *chandelier*

лю́тий, -ого, m. adj. functioning as noun *February*

ля́лька, -и, dat. & loc. sg. -льці, gen. pl. -льо́к, f. *doll*

мабу́ть *perhaps, maybe*

магази́н, -у, m. *shop*

магнітофо́н, -а, m. *tape recorder*

маде́ра, -и, f. *madeira*

майбу́тнє, -нього, n. adj. functioning as noun *the future*

майбу́тній, -я, -є; -і, adj. *future*

майда́н, -у, m. *square*

ма́йже *almost, nearly*

майоне́з, -у, m. *mayonnaise*

мале́нький, -а, -е; -і, adj. *little, small*

мали́й, -а́, -е́ -і, adj. *little, small*

мали́новий, -а, -е; -і, adj. *crimson*

ма́ло (+ gen.) *few, little*

малюва́ти, 1, vb. impf., -ю́ю, -ю́єш *paint*

маля́р, -а́, m. *painter (house)*

ма́ма, -и, f. *mother, mummy*

мане́ра, -и, f. *manner*

марино́ваний, -а, -е; -і, adj. *marinated*

ма́рка, -и, dat. & loc. sg. -рці, gen. pl. -рок, f. *postage stamp*

маршру́т, -у, m. *route*

маса́ж, -у, m. *massage*

ма́сло, -а, n. *butter*

матема́тик, -а, m. *mathematician*

матема́тика, -и, dat. & loc. sg. -иці, f. *mathematics*

ма́ти, 1, vb. impf. *have*

ма́ти ра́цію *be right*

матч, -у, m. *match (sporting)*

маши́на, -и, f. (coll.) *car*

ме́блі, -ів, pl. *furniture*

мед, -у, loc. sg. на меду́, m. *honey*

ме́нше (+ gen.) *fewer, less*

ме́нший, -а, -е; -і, comp. adj. *smaller*

меню́, n. indecl. *menu*

мере́жа, -і, f. *net(work)*

мета́, -и́, f. *aim, purpose*

метр, -а, m. *metre*

метро́, n. indecl. *underground railway*

ме́шкати, 1, vb. impf. *live, dwell*

ми, pers. pron., acc., gen. & loc. нас, dat. нам, inst. на́ми *we*

мину́лий, -а, -е; -і, adj. *last*

мисте́цтво, -а, n. *art*

ми́тний, -а, -е; -і, adj. *customs (adj.)*

ми́тниця, -і, f. *customs*

між, prep. (+ inst.) *between*

міжнаро́дний, -а, -е; -і, adj.

international

мій, m., моя́, f., моє́, n.; мої́, pl., poss. pron. *my, mine*

мікстýра, -и, f. *liquid medicine, mixture*

мілíція, -ї, f. *police*

мільйóн, -a, m., card, num. *million*

мільйóнний, -a, -e; -i, ord. num. *millionth*

міністéрство, -a, n. *ministry*

мінíстр, -a, m. *minister*

міркувáння, -я, n. *consideration*

мíсто, -a, n. *town, city*

мíсце, -я, n. *place; seat (in a theatre)*

місцéвий, -a, -e; -i, adj. *local*

мíсяць, -ця, m. *month*

міцнúй, -á, -é; -í, adj. *powerful, strong*

міць, мóці, inst. sg., мíццю, f. *might, power*

мóва, -и, f. *language*

могтú, 1, vb. impf., мóжу, мóжеш; past tense міг, моглá *can, be able*

модернізáція, -ї, f. *modernisation*

модернізувáти, 1, vb. impf., -ýю, -ýєш *modernise*

мóдний, -a, -e; -i, adj. *fashionable*

мóже бýти *maybe, perhaps*

можлúвий, -a, -e; -i, adj. *possible*

можлúвість, -ості, inst. sg. -істю, f. *possibility*

можлúво *possibly*

мóжна *it is possible*

молодúй, -á, -é; -í, adj. *young*

молóдший, -a, -e; -i, adj. *youngest*

молокó, -á, n. *milk*

мóре, -я, n. *sea*

морóз, -у, m. *frost*

морóзиво, -a, n. *ice cream*

морóзити, 2, vb. impf., -óжу, -óзиш *chill (also used as impers.)*

мрячúти, 2, vb. impf. (impers.) *drizzle*

мýзика, -и, dat. & loc. sg. -ці, f. *music*

музикáнт, -a, m. *musician*

мýсити, 2, vb. impf., -ýшу, -ýсиш *must, have to*

мýха, -и, dat. & loc. sg. -ci, f. *fly*

м'якúй, -á, -é; -í, adj. *soft*

м'якість, -кості, inst. sg. -кістю, f. *softness, tenderness*

м'яснúй, -á, -é; -í, adj. *meat (adj.)*

м'ясо, -a, n. *meat*

на, prep.(+ acc.) *to*

на все дóбре! *all the best!*

на жаль *unfortunately*

на мою дýмку *in my opinion*

на, prep. (+ loc.) *at*

набагáто (+ comp. adj.) *much*

нáбережна, -ої, adj. functioning as f. noun *embankment*

навáжитися, 2, vb. pf. *dare, resolve*

навеснí *in spring*

нáвіть *even*

навкóло, prep. (+ gen.) *around*

навчúтися, 2, vb. pf. *learn*

нагóда, -и, f. *occasion*

нагорí *upstairs*

над, prep. (+ inst.) *over, above*

надавáти, 1, vb. impf., -даю, -даєш (+ gen.) *give (a lot of something)*

надáлі *in the future*

надзвичáйно *extraordinarily*

надóвго *for long*

назáд *backwards, to the rear*

нáзва, -и, f. *name*

наївний, -a, -e; -i, adj. *naive*

найбíльш (+ adj.) *most*

найбíльше *most of all*

найбíльший, -a, -e; -i, super. adj. *biggest*

найблúжчим чáсом *in the very near future*

найгíрший, -a, -e; -i, super. adj. *worst*

найдавнíший, -a, -e; -i, super. adj. *oldest, most ancient*

найкрáщий, -a, -e; -i, super. adj. *best, very best*

наймáти, 1, vb. impf. *rent*

наймéнш (+ adj.) *least*

наймéнший, -a, -e; -i, super. adj. *smallest*

найняти, vb. pf., -йму́, -ймеш *rent*

налáгодити, 2, vb. pf., -джу, -диш *arrange*

налúти, 1, vb. pf., -ллю́, -ллєш *pour (out)*

напéвно *probably, for sure*

написáти, 1, vb. pf., -ишý, -ишеш *write*

напíй, -пóю, m. *beverage, drink*

наприклáд *for example*

напрýжений, -a, -e; -i, adj. *busy*

наркотúчний, -a, -e; -i, adj. *narcotic*

наробúти, 2, vb. pf., -блю́, -биш, -блять

make (a lot of)
наробитися, 2, vb. pf., -блюся, -бишся,
-бляться overwork oneself
наробляти, 1, vb. impf. make (a lot of)
наробля́тися, 1, vb. impf. overwork
oneself
наро́д, -у, m. people, nation
наро́дження, -я, n. birth
народити, 2, vb. pf., -джу́, -диш give
birth to
народитися, 2, vb. pf., джу́ся, -дишся
be born
наскі́льки as far as
насті́льки to such an extend
насті́льний, -а, -е; -i, adj. table (adj.)
на́стрій, -рою, m. mood
насту́пний, -а, -е; -i, adj. next
натиснути, 1, vb. pf., -ну, -неш (на +
acc.) press (on)
натура́льний, -а, -е; -i, adj. natural
нау́ка, -и, f. science
науко́вець, -вця, m. scientist
науко́вий, -а, -е; -i, adj. scientific
націона́льний, -а, -е; -i, adj. national
нача́льник, -а, m. manager, head
наш, -а, -е; -i, poss. pron. our, ours
не not
    не ви́дно (+ gen.) ...is/are not visible
    не той, ... wrong
не́бо, -а, nom. pl. небеса́, gen. pl. небе́с,
    n. sky
невже́? is it really possible?
неви́нннй, -а, -е; -i, adj. innocent
невисо́кий, -а, -е; -i, adj. short
недале́ко (від) not far (from)
неді́ля, -i, f. Sunday
не́жить, -ю, m. cold (in the head)
незаба́ром soon
незале́жний, -а, -е; -i, adj. independent
незале́жно від (+ gen.) independently of
незвича́йний, -а, -е; -i, adj. unusual
незмі́нний, -а, -е; -i, adj. unchanged
неодмі́нно without fail
неодру́жений, -а, -е; -i, adj. unmarried
непога́но not bad
непра́вда, -и, f. falsehood
несподі́ваний, -а, -е; -i, adj. unexpected
нести, 1, vb. impf., -су́, -се́ш; past tense
    ніс, несла́ carry

неха́й... may...
нещасли́вий, -а, -е; -i, adj. unlucky
неща́сний, -а, -е; -i, adj. unhappy
неща́сний ви́падок accident
нещода́вно recently
ни́жній, -я, -є; -i, adj. lower
ни́жчий, -а, -е; -i, comp. adj. lower
низьки́й, -á, -é; -i, adj. low
ни́зько low
ні no
ніде́, neg. adv. nowhere
ні́де, neg. adv. there is nowhere
ніж than (after comparatives)
ніж, ножа́, m. knife
ніко́го, neg. pron. there is no-one
ніко́ли, neg. adv. never
ні́коли, neg. adv. there is no time
ніку́ди, neg. adv. nowhere (to)
ні́куди, neg. adv. there is nowhere (motion)
ні́мець, -мця, m. German (m.)
Німе́ччина, -и, f. Germany
німке́ня, -i, f. German (f.)
ніс, но́са, m. nose
ніхто́, neg. pron. no-one, nobody
ні́чого, neg. pron. there is nothing
Нічо́го! It doesn't matter!
ніщо́, neg. pron. nothing
нія́кий, -а, -е; -i, neg. adj. no (kind of)
нови́й, -á, -é; -i, adj. new
новина́, -й, f. news
нога́, -и, dat. & loc. sg. -озí, gen. pl. ніг, f.
    leg, foot
но́жиці, -иць, pl. scissors
но́мер, -а, m. room (in a hotel)
норма́льно! OK!
носи́ти, 2, vb. impf., -ошу́, -о́сиш carry,
    wear
нуди́ти, 2, vb. impf. (impers. + acc.) feel
    sick
нудни́й, -á, -é; -i, adj. boring

о (об), prep. (+ loc.) at (in clock time
    phrases)
обере́жний, -а, -е; -i, adj. careful
оби́два, m. & n.; оби́дві, f. both
обі́д, -у, m. lunch
обі́дати, 1, vb. impf. have lunch
обладна́ння, -я, n. equipment
обли́ччя, -я, n. face

обмін, -у, m. *exchange*
обов'язко́вий, -а, -е; -і, adj. *compulsory*
обов'язко́во *it is compulsory*
обража́тися, vb. impf. *be offended*
овва́! *you don't say!*
овоче́вий, -а, -е; -і, adj. *vegetable (adj.)*
огіро́к, -рка́, m. *cucumber*
огля́нути, 1, vb. pf., -ну, -неш *examine, look over*
оголоси́ти, 2, vb. pf., -ошу́, -о́сиш *announce*
оголо́шення, -я, n. *advertisement, small ad*
оде́ржати, 2, vb. pf., -жу, -жиш *get, obtain*
оде́ржувати, 1, vb. impf., -ую, -уєш *get, obtain*
Оде́са, -и, f. *Odesa*
оди́н, m.; одна́, f.; одне́, n., card. num. *one*
оди́н о́дного (m. + m.); одна́ о́дну (f. + f.); одне́ о́дного (m. + f.) *one another*
одина́дцятий, -а, -е; -і, ord. num. *eleventh*
одина́дцять, card. num. *eleven*
одна́к *however*
однокімна́тний, -а, -е; -і, adj. *one-roomed*
одра́зу (відра́зу) *at once*
одру́жений, -а, -е; -і, adj. *married*
одружи́тися, 2, vb. pf., *get married (man to a woman)*
оду́жання, -я, n. *recovery*
о́дяг, -у, m. *clothing*
одяга́ти, 1, vb. impf. *dress (someone)*
одяга́тися, 1, vb. impf. *dress onself, get dressed*
о́зеро, -а, n. *lake*
ознайо́митися, 2, vb. pf., -млюся, -мишся, -мляться (з + inst.) *familiarise oneself (with)*
о́ко, -а, nom. pl. о́чі, gen. pl. -че́й, inst. pl. -чи́ма *eye*
окре́мий, -а, -е; -і, adj. *separate*
оксами́товий, -а, -е; -і, adj. *velvet*
окуля́ри, -ів, pl. *glasses*
олі́вець, -вця́, m. *pencil*
омле́т, -у, m. *omelette*
он *over there (is/are)*

ону́к, -а, m. *grandson*
ону́чка, -и, dat. & loc. sg. -чці, gen. pl. -чок, f. *granddaughter*
опера́ція, -ї, f. *operation*
описа́ти, 1, vb. pf., -ишу́, -и́шеш *describe*
ора́нжевий, -а, -е; -і, adj. *orange (colour)*
осві́та, -и, f. *education*
оселе́дець, -дця, m. *herring*
осетри́на, -и, f. *sturgeon*
осетро́вий, -а, -е; -і, adj. *sturgeon (adj.)*
о́сінь, о́сені, inst. sg. о́сінню, f. *autumn*
особли́вий, -а, -е; -і, adj. *special*
оста́нній, -я, -є; -і, adj. *last, final*
ось *here is*
от *here, there, behold! look!*
о́тже *so, well then!*
офіціа́нт, -а, m. *waiter*
офіціа́нтка, -и, dat. & loc. sg. -тці, gen. pl. -ток, f. *waitress*
офіці́йний, -а, -е; -і, adj. *official*
офо́рмити, 2, vb. pf., -млю, -миш, -млять *obtain (a visa)*
охолоди́ти, 2, vb. pf., -джу́, -диш *cool down*
очере́т, -у, m. *reeds*

па! *bye-bye!*
па́горб, -а, m. *hill*
пальто́, n. indecl. *overcoat*
пампу́шка, -и, dat. & loc. sg. -шці, gen. pl. -шо́к, f. *garlic bun*
пам'ята́ти, 1, vb. impf. *remember*
па́м'ятка, -и, dat. & loc. sg. -тці, f. *monument*
па́м'ятка архітекту́ри *listed building*
пан, -а, voc. па́не!, m. *Mr*
па́ні, f. indecl. *Mrs*
папі́р, -пе́ра, m. *paper (document)*
папі́р, -пе́ру, m. *paper (material)*
папіре́ць, -рця́, m. *sheet of paper*
па́пка, -и, dat. & loc. sg. -пці, gen. pl. -пок, f. *file, folder*
па́ра, -и, f. *pair*
парасо́лька, -и dat. & loc. sg. -льці, gen. pl. -льок, f. *umbrella*
парла́мент, -у, m. *parliament*
паропла́в, -а, m. *steamer*
парте́р, -у, m. *stalls (in a theatre)*

партнéр, -а, m. *partner*

пасажи́р, -а, m. *passenger*

пáспорт, -а, m. *passport*

пáспортний, -а, -е; -і, adj. *passport (adj.)*

пáсха, -и, f. *Easter*

пáхнути, 1, vb. impf., 3rd sg. пáхне (+ inst.) *smell*

пáхне горíлкою! *there's a smell of vodka!*

пéвен, short m. form, -вна, -вне: -вні adj. *certain, sure*

пенсіонéр, -а, m. *pensioner* (m.)

пенсіонéрка, -и, dat. & loc. sg. -рці, gen. pl. -рок, f. *pensioner* (f.)

перебíльшувати, 1, vb. impf., -ую, -уєш *exaggerate*

перевести́, 1, vb. pf., -еду́, -едéш; past tense -вíв, -велá *transfer*

переговóри, -ів, pl. *talks*

передавáти, 1, vb. impf., -даю́, -даєш *hand over, pass*

передáти, vb. pf., -дам, -даси́, -дасть: -дамó, -дастé, -даду́ть *hand over, pass*

передáти словáми *put into words*

передпóкій, -кою, m. *vestibule*

перейти́, 1, vb. pf., -йду́, -йдеш, past tense -йшóв, -йшлá *cross, go across*

перéкис, -у, m. *peroxide*

перéклад, -у, m. *translation*

перекладáч, -á, m. *interpreter, translator*

переклáсти, 1, vb. pf., -аду́, -адéш: past tense -áв, -áла *translate*

перекóнаний, -а, -е: -і, adj. (у/в + loc.) *convinced (of something)*

переконáти, 1, vb. pf. (у/в + loc.) *convince (someone of something)*

перéлік, -у, m. *list*

перелóм, -у, m. *fracture*

перемóга, -и, dat. & loc. sg. -озі, f. *victory*

перепрóшувати, 1, vb. impf., -ую, -уєш *apologise, beg pardon*

перепрóшую! *I'm sorry!*

перероби́ти, 2, vb. pf., -блю́, -биш, -блять *do over again, remake, transform*

переробля́ти, vb. impf. *do over again, remake, transform*

пересáдка, -и, dat. & loc. sg. -дці, gen. pl. -док, f. *change (of transport)*

пересідáти, 1, vb. impf. *change (means of transport)*

пересíсти, 1, vb. pf., -ся́ду, -ся́деш *change (means of transport)*

перестáвити, 2, vb. pf., -влю, -виш, -влять *move across, transpose*

переставля́ти, 1, vb. impf. *move across, transpose*

перехíд, -хóду, m. *transfer, crossing*

перехóдити, 2, vb. impf., -джу́, -диш *cross, go across*

перехóжий, -а; -і, adj. functioning as noun *passer-by*

пéрець, -рцю, m. *pepper, paprika*

пéрший, -а, -е; -і, ord. num. *first*

печери́ця, -і, f. *champignon*

пéчиво, -а, n. (always sg.) *biscuits*

печíнка, -и, dat. & loc. sg. -нці, f. *liver*

пи́во, -а, n. *beer*

писáти, 1, vb. impf., пишу́, пи́шеш *write*

письмéнник, -а, m. *writer*

письмóвий, -а, -е; -і, adj. *writing* (adj.); *written*

питáння, -я, n. *question*

питáти, 1, vb. impf., *ask*

пи́ти, 1, vb. impf., п'ю, п'єш; imp. пий(те)! *drink*

пів *half*

пíвдень, -дня, m. *south*

пíвніч, -ночі, inst. sg. -ніччю, f. *north*

під, prep. (+ inst.) *under, below*

під час (+ gen.) *during*

підвечíрок, -рку, m. *tea (meal)*

підвóзити, 2, vb. impf., -óжу, -óзиш *give someone a lift*

підготóвка, -и, dat. & loc. sg. -вці, gen. pl. -вок, f. *preparation*

підготóвлений, -а, -е; -і, adj. *prepared*

підготувáти, 1, vb. pf., -ую, -уєш *prepare*

піджáк, -á, m. *jacket*

підійти́, 1, vb. pf., -йду́, -йдеш, past tense -йшóв, -йшлá *approach, come/go up to*

під'їзд, -у, m. *main entrance door to a block of flats*

підлóга, -и, dat. & loc. sg. -озі, f. *floor*

підня́ти, 1, vb. pf., -німу́, -нíмеш *raise*

підня́тися, 1, vb. pf., -німу́ся, -нíмешся *ascend, go up*

підприємство, -а, n. *enterprise*

підру́чник, -a, m. *textbook*
підхо́дити, 2, vb. impf., -джу́, -диш *approach, come/go up to*
підхопи́ти, 2, vb. pf., -плю́, -пиш, -плять *pick up, catch*
пізній, -я, -є; -і, adj. *late*
пізно *it is late*
після, prep. (+ gen.) *after*
післяза́втра *the day after tomorrow*
піти́, 1, vb. pf., піду́, підеш; past tense пішо́в, пішла́ *go, set off*
піч, печі, inst. sg. пі́ччю, gen. pl., пече́й, f. *oven, stove*
пла́вки, -вок, pl. *swimming costume*
пла́кати, 1, vb. impf., -а́чу, -а́чеш *cry*
план, -у, m. *plan; town map*
планува́ти, 1, vb. impf., -у́ю, -у́єш *to plan*
плати́ти, 2, vb. impf., -ачу́, -а́тиш *pay*
пла́ття, -я, n. *dress*
платфо́рма, -и, f. *platform*
плащ, -а́, m. *raincoat*
племі́нник, -a, m *nephew*
племі́нниця, -i, f. *niece*
плита́, -и́, f. *cooker*
пло́ща, -i, f. *square*
плюс *plus (in temperatures)*
пляж, -у, m. *beach*
пля́шка, -и, dat. & loc. sg. -щі, gen. pl. -шо́к, f. *bottle*
пневмонія, -ї, f. *pneumonia*
по, prep. (+ loc.) *through*
по-ки́ївськи *Kyiv style, a la Kyiv*
побажа́ння, -я, n. *wish*
поба́чити, 2, vb. pf. *see*
поба́читися, 2, vb. pf. *see one another*
побі́гти, 2, vb. pf., -іжу́, -іжиш; past tense -біг, -бігла *run*
побу́ти, 1, vb. pf., -у́ду, -у́деш *spend a little time*
пова́га, -и, dat. & loc. sg. -азі, f. *respect*
поважа́ний, -a, -e; -i, adj. *respected*
поважа́ти, 1, vb. impf. *respect*
поверну́ти, 1, vb. pf., -ну́, -неш *turn*
поверну́тися, 1, vb. pf., -ну́ся, -нешся *return*
по́верх, -у, dat. & loc. sg. -рсі, m. *storey*
повести́, 1, vb. pf., -еду́, -едеш; past tense -вів, -вела́ *take (someone somewhere*

on foot)
повече́ряти, 1, vb. pf. *have supper*
повз, prep. (+ acc.) *by, past*
пови́нен, short form m. -нна, -нне; -нні, adj. *obliged*
повідо́мити, 2, vb. pf., -млю, -миш, -млять; imp. -до́м(те)! *inform*
пові́льно *slowly*
пові́тря, -я, n. *air*
по́вний, -a, -e; -i, adj. *full*
повтори́ти, 2, vb. pf. *repeat*
пога́ний, -a, -e; -i, adj. *bad*
пога́но! *bad! rotten!*
поговори́ти, 2, vb. pf. *have a talk*
пого́да, -и, f. *weather*
пого́дитися, 2, vb. pf., -джуся, -дишся *agree*
погуля́ти, 1, vb. pf. *go for a walk, have a walk*
пода́лі *a bit further off*
подару́нок, -нка, -m. *present, gift*
подві́йний, -a, -e; -i, adj. *double*
подві́йність, -ності, inst. sg. -ністю, f. *duplicity*
подво́їти, 2, vb. impf., -о́ю, -о́їш *redouble*
подзвони́ти, 2, vb. pf. *give a phone call*
подиви́тися, 2, vb. impf., -влю́ся, -вишся, -вляться *have a look*
поді́бний, -a, -e; -i, adj. *similar*
подо́батися, 1, vb. impf. (+ dat.) *please*
по́дорож, -i, inst. sg. -жжю, gen. pl. -жей, f. *journey*
подорожува́ти, 1, vb. impf., -у́ю, -у́єш *travel*
подру́га, -и, dat. & loc. sg. -узі, f. *friend (female)*
подру́жній, -я, -є; -i, adj. *married*
поду́мати, 1, vb. pf. *think (for a bit)*
позавчо́ра *the day before yesterday*
поза́ду *behind*
поздоро́влення, -я, n. *congratulations*
по́зика, -и, dat. & loc. sg. -иці, f. *loan*
познайо́мити, 2, vb. pf., -млю, -миш, -млять (з + inst.) *introduce (someone to someone)*
познайо́митися, 2, vb. pf., -млюся, -мишся, -мляться (з + inst.) *become acquainted (with)*

поїзд, -а, m. *train*

поїздка, -и, dat. & loc. sg. -дці, f. *trip*

поїсти, vb. pf., -їм, -їси, -їсть: -їмо́, -їсте́, -їдя́ть; imp. -їж(те)!: past tense -їв, -їла *have a bite to eat*

поїхати, 1, vb. pf., -їду, -їдеш *set off, make a trip*

показа́ти, 1, vb. pf., -ажу́, -а́жеш *show*

по́ки *while*

по́ки не (+ pf. verb) *until*

по́ки що *for the time being*

поклада́ти, 1, vb. impf. *put, place*

покла́сти, 1, vb. pf., -аду́, -аде́ш; past tense -а́в, -а́ла *put, place*

пола́годити, 2, vb. pf., -джу, -диш *settle*

полама́тися, 1, vb. pf. *break down*

по́ле, -я, n. *field*

полегшити, 2, vb. pf. *make easier*

поле́жати, 1, vb. pf., -жу, -жиш: imp. -ле́ж(те)! *have a lie-down*

поли́ця, -і, f. *shelf; berth*

полікліні́ка, -и, dat. & loc. sg. -ці, f. *health centre*

полуни́ця, -і, f. *strawberry*

полюби́ти, 2, vb. pf., -блю́, -биш, -блять *become fond of*

поля́к, -а, m. *Pole* (m.)

По́льща, -і, f. *Poland*

помідо́р -а, m. *tomato*

поміня́ти, 1, vb. pf. *change*

помі́ряти, 1, vb. pf. *try on (clothing)*

помі́тити, 2, vb. pf., -і́чу, -і́тиш *notice*

помічни́к, -а́, m. *assistant, helper*

понеді́лок, -лка, m. *Monday*

пообі́дати, 1, vb. pf. *have some lunch*

попе́реду *in front*

попла́вати, 1, vb. pf. *have a swim*

попроси́ти, 2, vb. pf., -ошу́, -о́сиш *ask for, request; ask (somebody to do something)*

пора́, -и́, f. *proper time*

пора́ ро́ку *season*

порівня́ння, -я, n. *comparison*

порошо́к, -шку́, m. *powder*

портве́йн, -у, m. *port (drink)*

по́руч *close by*

по́ряд із (+ inst.) *alongside*

поса́да, -и, f. *position*

поса́дка, -и, dat. & loc. sg. -дці, f. *landing*

(of an aircraft)

посели́тися, 2, vb. pf., *settle in (eg. in a hotel room)*

посере́дині *in the middle*

посере́дник, -а, m. *agent*

поси́льний, -а; -і, adj. functioning as noun *delivery person*

по́слуга, -и, dat. & loc. sg. -узі, f. *service, favour*

по́смішка, -и, dat. & loc. sg. -шці, gen. pl. -шок, f. *smile*

посні́дати, 1, vb. pf. *have breakfast*

посо́льство, -а, n. *embassy*

поспа́ти, 2, vb. pf., -плю́, -пиш, -пля́ть *get some sleep*

поспіша́ти, 1, vb. impf. *hurry, be in a hurry*

поста́вити, 2, vb. pf., -влю, -виш, -влять; imp. -ста́в(те)! *place, put*

поста́вка, -и, dat. & loc. sg. -вці, gen. pl. -вок, f. *delivery*

постара́тися, vb. pf. *try*

по́стіль, -те́лі, inst. sg. пості́ллю or посте́лею, f. *bedding*

по́суд, -у, m. *crockery*

по́тім *then, later*

потребува́ти, 1, vb. pf., -у́ю, -у́єш (+ gen.) *demand, need*

потрі́бний, -а, -е; -і, adj. (для + gen.) (also short m. form потрі́бен) *necessary (for)*

по́тяг, -а, m. *train*

потягти́, 1, vb. pf., -гну́, -гнеш *pull*

поча́ти, 1, vb. pf., -чну́, -чне́ш *begin*

поча́ток, -тку, m. *beginning*

почека́ти, 1, vb. pf. *wait for a bit*

почина́тися, 1, vb. impf. *begin* (intrans.)

почува́ти, 1, vb. impf. себе́ *feel*

почуття́, -я́, n, *feeling*

пошиття́, -я́, n. *sewing*

по́шта, -и, f. *post*

пощасти́ти, 2, vb. pf. (impers. + dat.) *be lucky*

мені́ пощасти́ло *I had a stroke of luck*

поясни́ти, 2, vb. pf. *explain*

пра́вда, -и, f. *truth*

пра́вий, -а, -е; -і, adj. *right*

пра́во, -а, n. (на + acc.) *right (to)*

право́руч *on the right, to the right*

прáпор, -a, m. *flag*
працівни́ця, -i, f. *official (f.)*
працювáти, 1, vb. impf., -ю́ю, -ю́єш *work*
прáця, -i, f. *work*
предмéт, -a, m. *item, object*
предстáвити, 2, vb. pf., -влю, -виш, -влять *introduce (someone)*
представни́к, -á, m. *representative*
прем'éра, -и, f. *first night of a play*
прéса, -и, f. *press*
прибігáти, 1, vb. impf. *come running*
прибі́гти, 2, vb. pf., -ижу́, -іжи́ш: past tense -бі́г, -бі́гла *come running*
прибувáти, 1, vb. impf. *arrive*
прива́бливий, -a, -e; -i, adj. *attractive*
прива́тний, -a, -e; -i, adj. *private*
привезти́, 1, vb. pf., -зу́, -зéш; past tense -ві́з, -везлá *bring (by transport)*
приві́т! *hi!*
привітáння, -я, n. *greetings*
привітáти, 1, vb. pf. (з + inst.) *welcome; congratulate (on)*
привóзити, 2, vb. impf., -óжу, -óзиш *bring (by transport)*
приголóмшити, 2, vb. pf. *stun, amaze*
приготувáти, 1, vb. pf., -у́ю, -у́єш *prepare, get ready*
пригощáтися, 1, vb. impf. *help oneself*
приéмний, -a, -e; -i, adj. *pleasant, nice*
приéмність, -ності, inst. sg. -ністю, f. *pleasure*
приéмно *it is nice*
приземлéння, -я, n. *landing*
приїжджáти, 1, vb. impf. *come, arrive (by transport)*
приїзд, -у, m. *arrival*
приїзди́ти, 2, vb. impf., -їжджу́, -їзди́ш *come, arrive (by transport)*
прийхати, 1, vb. pf., -ду, -деш *come, arrive*
прийня́ти, 1, vb. pf., -йму́, -ймеш *receive, accept, take*
прийом, -у, m. *reception*
прийти́, 1, vb. pf., -йду́, -йдеш past tense -йшóв, -йшлá *come, arrive (on foot)*
при́клад, -у, m. *example*
прикордóнник, -a, m. *frontier guard*
прикрáса, -и, f. *ornament*

прилетíти, 2, vb. pf., -ечу́, -ети́ш *come, arrive (by plane)*
прилітáти, 1, vb. impf. *come, arrive (by plane)*
принести́, 1, vb. pf., -су́, -сéш: past tense -ні́с, -неслá *bring (on foot)*
принóсити, 2, vb. impf., -óшу, -óсиш *bring (on foot)*
припини́ти, 2, vb. pf. *stop (doing something)*
прирóда, -и, f. *nature*
прихóдити, 2, vb. impf., -джу, -диш *come, arrive (on foot)*
при́ятель, -я, m. *friend*
при́ятелька, -и, dat. & loc. sg. -льці, gen. pl. -льок, f. *friend (female)*
приятелювáти, 1, vb. impf., -ю́ю, -ю́єш *be friends*
прíзвище, -a, n. *surname*
про, prep. (+ acc.) *about*
проаналізувáти, 1, vb. pf., -у́ю, -у́єш *analyse*
пробáчити, 2, vb. pf., imp. -бáч(те)! *forgive, excuse*
пробігáти, 1 vb. impf. *run past*
пробі́гти, 2, vb. pf., -іжу́, -іжи́ш; past tense -бі́г, -бі́глá *run past*
проблéма, -и, f. *problem*
пробу́ти, 1, vb. pf., -у́ду, -у́деш *spend time*
провести́, 1, vb. pf., -еду́, -едéш; past tense -ві́в, -велá *escort, convey*
провідни́к, -á, m. *sleeping-car attendant (male)*
провідни́ця, -i, -f. *sleeping-car attendant (female)*
провóдити, 2, vb. impf., -джу, -диш *escort, convey*
провýлок, -лка, m. *lane*
прогрáма, -и, f. *programme*
прогулянка, -и, dat. & loc. sg. -ці, gen. pl. -нок, f. *walk*
продавáти, 1, vb. impf., -аю́, -аéш *sell*
прóдаж, -у, loc. sg. (в) прóдажу, m. *sale*
продáти, vb. pf., -дáм, -даси́, -дáсть; -дамó, -дастé, -даду́ть *sell*
продóвження, -я, n. *continuation*
продóвжити, 2, vb. pf. *continue*
продýкти, -ів, pl. *food*

проéкт, -у, m. *project*
проїжджа́ти, 1, vb. impf. *drive past/through*
проїзди́ти, 2, vb. impf., -їжджу́, - їзди́ш *drive past/through*
проїзни́й квито́к *travel pass*
проїхати, 1, vb. pf., -і́ду, -і́деш *drive past/through*
пройти́, 1, vb. pf., -йду́, -йдеш: past tense -йшо́в, -йшла́ *pass (through)*
пролеті́ти, 2, vb. pf., -ечу́, -ети́ш *fly past/ through*
проліта́ти, 1, vb. impf. *fly past/through*
пропози́ція, -ї, f. *proposal*
пропонува́ти, 1, vb. impf., -ую, -уєш *propose*
пропусти́ти, 2, vb. pf., -ущу́, -у́стиш *miss*
пророби́ти, 2, vb. pf., -блю́, -биш, -блять *spend time working*
проробля́ти, 1, vb. impf. *spend time working*
проси́ти, 2, vb. impf. -ошу́, -о́сиш *ask for, request*
проспéкт, -у, m. *avenue*
про́сто *simply*
проте́ *however*
про́ти, prep. (+ gen.) *against*
профе́сор, -а, voc. -ре!, m. *professor*
про́філь, -ю, m. *profile*
проха́ння, -я, n. *request*
прохо́дити, 2, vb. impf,. -джу, -диш *pass, go through*
прохоло́дний, -а, -е; -і, adj. *cool*
прохоло́дно *it is cool*
прочита́ти, 1, vb. pf. *read (through)*
проя́снення, -я, n. *clear period*
прями́й, -á, -é; -і́, adj. *straight, direct*
пря́мо *straight (ahead)*
пульс, -у, m. *pulse*
пункт, -у, m. *point, spot, place*
пункт о́бміну *bureau de change*
пухки́й, -á, -é; -і́, adj. *chubby*
пшени́ця, -і, f. *wheat*
п'ятдеся́т, card. num. *fifty*
п'ятдеся́тий, -а, -е; -і, ord. num. *fiftieth*
п'я́теро, coll. num. *five*
п'я́тий, -а, -е; -і, ord. num. *fifth*
п'ятисо́тий, -а, -е; -і, ord. num. *five*

hundredth
п'ятна́дцятий, -а, -е; -і, ord. num. *fifteenth*
п'ятна́дцять, card. num. *fifteen*
п'я́тниця, -і, f. *Friday*
п'ятсо́т, card. num. *five hundred*
п'ять, card. num. *five*

ра́дий, -а, -е; -і, adj. (+ dat.) *glad*
ра́дісний, -а, -е; -і, adj. *joyful*
ра́дість, -дості, inst. sg. -дістю, f. *joy*
раді́ти, 1, vb. impf., -і́ю, -і́єш *be pleased*
ра́дощі, -ів, pl. *joy, happiness*
раз, -у, m. *time*
ра́зом із (+ gen.) *together with*
райо́н, -у, m. *district*
ра́на, -ни, f. *wound*
ра́нок, -нку, m. *morning*
ра́птом *suddenly*
раху́нок, -нка, m. *bill*
реєстрату́ра, -и, f. *registration*
рейс, -у, m. *journey, flight*
рекла́ма, -и, f. *advertising, advertisement*
рентге́н, -у, m. *X-ray*
рестора́н, -у, m. *restaurant*
реце́пт, -а, m. *prescription*
речовина́, -й, f. *substance*
ри́ба, -и, f. *fish*
ри́бний, -а, -е; -і, adj. *fish* (adj.)
риболо́вля, -і, f. *fishing*
ри́нок, -нку, loc. sg. -нку, m. *market*
рис, -у, m. *rice*
рідкі́сний, -а, -е; -і, adj. *rare, unusual*
рі́зати, 1, vb. impf., рі́жу, рі́жеш *cut*
Різдво́, -а (Різдво́ Христо́ве), n. *Christmas*
рік, ро́ку, m. *year*
ріка́, -й, dat. & loc. sg. ріці́, f. *river*
річ, ре́чі, inst. sg. рі́ччю, gen. pl. рече́й, f. *thing*
до ре́чі *by the way*
рі́чка, -и, dat. & loc. sg. -чці, gen. pl. -чо́к, f. *river, stream*
річкови́й вокза́л *landing stage*
річни́й, -á, -é; -і́, adj. *annual*
річни́ця, -і, f. *anniversary*
роби́ти, 2, vb. impf., -блю́, -биш, -блять *do, make*

робітни́к, -á, m. *worker*
робо́та, -и, f. *work*
роди́на, -и, f. *family (extended)*
роже́вий, -а, -е; -i, adj. *rosy, pink*
розва́жливий, -а, -е; -i, adj. *thoughtful, careful*
розвива́ти, 1, vb. impf. *develop*
ро́згляд, -у, m. *inspection, scrutiny*
розібра́тися, 1, vb. pf., -зберу́ся, -збере́шся (в + loc.) *make sense (of), understand*
розказа́ти, 1, vb. pf., -ажу́, -а́жеш; imp. -кажи́!, -кажі́ть! *tell*
ро́зклад, -у, m. *timetable*
розлучи́тися, 2, vb. pf., (з + inst.) *get divorced (from)*
розмо́ва, -и, f. *conversation*
розмовля́ти, 1, vb. impf. *speak, converse*
розповіда́ти, 1, vb. impf. *tell, relate, narrate*
ро́зповідь, -i, inst sg. -ддю, f. *account (of events)*
розпоча́ти, 1, vb. pf., -чну́, -чне́ш *begin*
розрахо́вувати, 1, vb. impf., -ую, -уеш *reckon*
розрахо́вуватися, 1, vb. impf., -уюся, -уешся *pay, settle up*
розраху́нок, -нку, m. *calculation*
розроби́ти, 2, vb. pf., -блю́, -биш, -блять *work out, draw up*
розсу́дливий, -а, -е; -i, adj. *prudent, sensible*
ро́зум, -у, m. *reason, mind*
розумі́ти, vb. impf., -íю, -íеш *understand*
розу́мний, -а, -е; -i, adj. *intelligent, clever*
роль, -i, inst. sg. ро́ллю, f. *role*
романти́чний, -а, -е; -i, adj. *romantic*
Росі́я, -ї, f. *Russia*
росія́нин, -а, nom. pl. росія́ни, gen. pl. росія́н *Russian* (m.)
росія́нка, -и, dat. & loc. sg. -ці, gen. pl. -нок, f. *Russian* (f.)
росли́на, -и, f. *plant*
руди́й, -á, -é; -i, adj. *red (of hair)*
рука́, -и́, dat. & loc. sg. руці, f. *hand, arm*
Румýнія, -ї, f. *Romania*

рум'я́ний, -а, -е; -i, adj. *ruddy*
ру́чка, -и, dat. & loc. sg. -чці, gen. pl. -чо́к, f. *pen*
ряд, -у, loc. sg. (у)ряду́/ря́ді, m. *row*
сад, -у, loc. у саду́, m. *garden*
сала́т, -у, m. *salad*
сало́н, -у, m. *salon*
сам, emphatic pron. *(one)self*
са́ме *precisely*
са́мий, -а, -е; -i, emphatic adj. *very*
самості́йний, -а, -е; -i, adj. *self-reliant*
светр, -а, m. *sweater*
свини́на, -и, f. *pork*
сві́дчення, -я, n. *evidence*
сві́жий, -а, -е; -i, adj. *fresh*
свій, m.; своя́, f.; своє́, n.; свої́, pl. *my, your, his, her, our, their (own)*
світ, -у, m. *world*
світови́й, -á, -é, -í, adj. *world (adj.)*
сві́тлий, -а, -е; -i, adj. *bright, light*
сві́чка, -и, dat. & loc. sg. -чці, gen. pl. -чо́к, f. *candle*
своєрі́дний, -а, -е; -i, adj. *original, unique*
свя́то, -а, n. *festival*
святко́вий, -а, -е; -i, adj. *festive*
святкува́ння, -я, n. *celebration*
святкува́ти, 1, vb. impf., -у́ю, -у́еш *celebrate*
себе́, reflexive pron., no nom., acc. & gen. себе́, dat. & loc. собі́, inst. собо́ю *self*
сезо́н, -у, m. *season*
секре́т, -у, m. *secret*
секрета́р, -я́, m. *secretary*
секу́нда, -и, f. *second*
село́, -а, gen. pl. сіл, n. *village*
се́меро, coll. num. *seven*
семисо́тий, -а, -е; -i, ord. num. *seven hundredth*
серве́тка, -и dat. & loc. sg. -тці, gen. pl. -ток, f. *serviette*
серві́з, -у, m. *service (of crockery)*
се́рдитися, vb. impf., -джуся, -дишся (на + acc.) *be angry (with)*
середа́, -и́, f. *Wednesday*
сере́дній, -я, -є; -i, adj. *middle, medium*
сере́жка, -и dat. & loc. sg. -ці, gen. pl. -жок, f. *earring*

серйо́зний, -а, -е; -і, adj. *serious*

се́рпень, -пня, m. *August*

се́рце, -я, gen. pl. серде́ць or серць, n. *heart*

сестра́, -и́, gen. pl. сесте́р, f. *sister*

сигаре́та, -и, f. *cigarette*

си́льний, -а, -е; -і, adj. *strong*

син, -а, m. *son*

си́ній, -я, -е; -і, adj. *blue, dark blue*

сир, -у, m. *cheese*

сіда́ти, 1, vb. impf. *sit down*

сік, со́ку, loc. sg. у соку́, m. *juice*

сім, card. num. *seven*

сімдеся́т, card. num. *seventy*

сімдеся́тий, -а, -е; -і, ord. num. *seventieth*

сімна́дцятий, -а, -е; -і, ord. num. *seventeenth*

сімна́дцять, card. num. *seventeen*

сімсо́т, card. num. *seven hundred*

Сімферо́поль, -я, m. *Simferopol*

сім'я́, -ї́, f. *family*

сі́рий, -а, -е; -і, adj. *grey*

сі́сти, 1, vb. pf., ся́ду, ся́деш *sit down*

сі́сти на (+ acc.) *get on (means of transport)*

сі́чень, -чня, m. *January*

ска́ржитися, 2, vb. impf. (на + acc.) *complain (of)*

ска́терка, -и, dat. & loc. sg. -рці, gen. pl. -ро́к, f. *tablecloth*

ске́ля, -і, f. *rock, cliff*

скі́льки? *how many?*

скла́сти, 1, vb. pf., -аду́, -аде́ш: past tense -ав, -а́ла *put together, form*

скля́нка, -и, dat. & loc. sg. -нці, gen. pl. -но́к, f. *glass (for drinking)*

ско́ро *soon*

ску́чити, 2, vb. pf., (за + inst.) *miss, long for*

сла́бість, -бості, inst. sg. -бістю, f. *weakness*

слайд, -а, m. *slide (photographic)*

слід (+ dat.) *ought, should*

словни́к, -а́, m. *dictionary*

сло́во, -а, gen. pl. слів, n. *word*

службо́вий, -а, -е; -і, adj. *official*

служи́ти, 2, vb. impf. *serve*

слу́хати, 1, vb. impf. *listen*

слу́шний, -а, -е; -і, adj. *proper, reasonable*

слю́сар, -я, m. *plumber*

смагля́вий, -а, -е; -і, adj. *swarthy, tanned*

сма́жений, -а, -е; -і, adj. *fried*

смак, -у, m. *taste*

смачни́й, -а́, -е́; -і́, adj. *tasty*

сма́чно *it is tasty*

смерка́ти, 1, vb. impf. (impers.) *get dark*

смета́на, -и, f. *sour cream*

смія́тися, 1, vb. impf., -ію́ся, -іє́шся *laugh*

сму́жка, -и, dat. & loc. sg. -жці, gen. pl. -жок, f. *strip*

сніг, -у, loc. sg. у снігу́, m. *snow*

сніда́нок, -нку, m. *breakfast*

собо́р, -у, m. *cathedral*

солі́дний, -а, -е; -і, adj. *solid*

соло́дкий, -а, -е; -і, adj. *sweet*

соля́нка, -и, dat. & loc. sg. -нці, f. *solyanka (a kind of soup)*

со́нце, -я, n. *sun*

со́рок, card. num. *forty*

сороко́вий, -а, -е; -і, ord. num. *fortieth*

соро́чка, -и, dat. & loc. sg. -чці, gen. pl. -чо́к, f. *shirt*

соси́ска, -и, dat. & loc. sg. -ці, gen. pl. -сок, f. *(frankfurter) sausage*

со́тий, -а, -е; -і, ord. num. *hundredth*

со́ус, -у, m. *(culinary) sauce*

сою́з, -у, m. *union*

спа́льний ваго́н *sleeping car*

спа́льня, -і, gen. pl. -лень, f. *bedroom*

спа́ти, 2, vb. impf., сплю, спиш, сплять *sleep*

спе́реду *from the front*

спереча́тися, 1, vb. impf. *quarrel*

спеціалізува́тися, 1, vb. impf., -ю́юся, -ує́шся (на + loc.) *specialise (in)*

спини́ти, 2, vb. pf., *stop (transitive)*

спини́тися, 2, vb. pf. *stop (intransitive)*

спита́ти, 1, vb. pf. *ask*

співпрацюва́ти, 1, vb. impf., -ю́ю, -ує́ш *collaborate*

співпра́ця, -і, f. *collaboration*

співчува́ти, 1, vb. impf. (+ dat.) *sympathise (with)*

спідни́ця, -і, f. *skirt*

спільний, -а, -е: -і, adj. *joint*

сподіватися, 1, vb. impf. (на + acc.) *hope (for)*

сподобатися, 1, vb. pf. (+ dat.) *please*

спокій, -кою, m. *calm, peace*

спокійний, -а, -е: -і, adj. *calm*

спорт, -у, m. *sport*

справа, -и, f. *affair, business, matter*

справді *really, truly*

справжній, -я, -є: -і, adj. *real, genuine*

спуститися, 2, vb. pf., -ущуся, -устишся *descend, do down*

ставати, 1, vb. impf., стаю, стаєш (+ inst.) *become*

ставити, 2, vb. impf., -влю, -виш, -влять: imp. став(те)! *put, ask (a question)*

ставлення, -я, n. (до + gen.) *attitude (towards)*

станція, -ї, f. *station*

старий, -á, -é; -і, adj. *old*

старший, -а, -е; -і, comp. & super. adj. *elder, eldest*

статися, 1, vb. pf., 3rd sg. станеться (з + inst.) *happen (to)*

створення, -я, n. *creation*

створити, 2, vb. pf. *create*

стежити, 2, vb. impf. (за + inst.) *look after*

стеля, -і, f. *ceiling*

стіл, стола, m. *table*

стілець, -льця, m. *chair*

стіна, -й, f. *wall*

сто, card. num. *hundred*

столичний, -а, -е; -і, adj. *capital (adj.)*

стомитися, 2, vb. pf., -млюся, -мишся, -мляться *get tired*

я стомився *I am tired*

стомлений, -а, -е; -і, adj. *tired*

стосовно (+ gen.) *relating to, on the matter of*

стосунок, -нку, m. *relation, attitude*

стояти, 1, vb. impf., -ою, -оїш, imp. стій(те)! *stand*

страва, -и, f. *dish, course*

страхова компанія *insurance company*

страхування, -я, n. *insurance*

страшно *terribly*

стриманість, -ності, inst. sg. -ністю, f. *reserve*

субота, -и, f. *Saturday*

сукня, -і, gen. pl. -конь, f. *dress*

сума, -и, f. *sum*

сумка, -и, dat. & loc. sg. -мці, gen. pl. -мок, f. *bag*

сумнів, -у, m. *doubt*

сумний, -а, -е; -і, adj. *sad*

сумувати, 1, vb. impf., -ую, -уєш *be sad*

суп, -у, m. *soup*

сусід, -а, m. *neighbour (m.)*

сусідка, -и, dat. & loc. sg. -дці, gen. pl. -док, f. *neighbour (f)*

сухий, -á, -é; -і, adj. *dry*

сучасний, -а, -е; -і, adj. *modern*

суша, -і, f. *dry land*

сфотографувати, 1, vb. pf., -ую, -уєш *photograph*

схвилювати, 1, vb. pf., -юю, -юєш *move (emotionally)*

схід, сходу, m. *east*

східці, -ів, pl. *staircase*

схожий, -а, -е; -і, adj. (на + acc.) *like, similar (to)*

сьогодні *today*

сьомий, -а, -е; -і, ord. num. *seventh*

сюди *here, hither*

сюрприз, -у, m. *surprise*

та *and*

таблетка, -и, dat. & loc. sg. -тці, gen. pl. -ток, f. *tablet*

табличка, -и, dat. & loc. sg. -чці, gen. pol. -чок, f. *notice, board*

так *yes*

так і *just precisely*

так собі! *so-so!*

такий ж, ... *same*

такий самий, ... *similar*

такий, -á, -é; -і, adj. *such (a)* (in exclamations followed by an adjective)

також *also*

таксі, n. indecl. *taxi*

таланити, 2, vb. impf. (impers. + dat.) *be lucky*

талон, -a, m. *ticket (urban transport)*

там *there*

тарілка, -и dat. & loc. sg. -лці, gen. pl.

-ло́к, f. *plate*

тарі́лочка, -и, dat. & loc. sg. -чці, gen. pl. -чо́к, f. *small plate*

та́то, -a, m. *daddy*

твій, m., твоя́, f., тво́є, n.; твої́, pl., poss. pron. *your (sg. familiar)*

теж *also*

те́ка, -и, dat. & loc. sg., те́ці, f. *file, folder*

тексти́льний, -a, -e; -i, adj. *textile (adj.)*

телеба́чення, -я, n. *television*

телеві́зор, -a, m. *television (set)*

телегра́ма, -и, f. *telegram*

телефо́н, -y, m. *telephone, telephone number*

телефонува́ти, 1, vb. impf., -у́ю, -у́єш *phone*

те́мний, -a, -e; -i, adj. *dark*

те́ніс, -y, m. *tennis*

те́плий, -a, -e; -i, adj. *warm*

термі́но́вий, -a, -e; -i, adj. *urgent*

термі́но́во *urgently*

термо́метр, -a, m. *thermometer*

техноло́гія, -ї, f. *technology*

ти, pers. pron., acc. & gen. тебе́, dat. & loc. тобі́, inst. тобо́ю *you* (sg. familiar)

ти́ждень, -жня, m. *week*

типо́вий, -a, -e; -i, adj. *typical*

ти́сяча, -и, f., card. num. *thousand*

ти́сячний, -a, -e; -i, ord. num. *thousandth*

ти́хий, -a, -e; -i, adj. *quiet, peaceful*

ти́хо *it is quiet*

тісни́й, -á, -é; -í, adj. *narrow, tight*

тісте́чко, -a, n. *cake*

ті́тка, -и, dat. & loc. sg. -ці, f. *aunt*

ткани́на, -и, f. *cloth, fabric, material*

то *that is, those are*

то́бто *in other words, i.e.*

това́р, -y, m. *goods*

товари́ство, -a, n. *club, society; folks*

това́риш, -a, m. *companion, workmate*

това́ришка, -и, dat. & loc. sg. -шці, gen. pl. -шо́к f. *companion (female)*

товаришува́ти, 1, vb. impf., -у́ю, -у́єш *be friends*

тоді́ *then, in that case*

той, m., та, f., те, n.; ті, pl., dem. pron. *that*

тому́ *therefore; ago (in time phrases)*

тому́ що *because*

тонки́й, -á, -é; -í, adj. *slender, slim*

торгі́вля, -i, f. *trade*

тост, -y, m. *toast (drinking)*

то́чно *certainly*

то́що *and so on, etc.*

трава́, -и́, f. *grass, herb*

тра́вень, -вня, m. *May*

тра́вма, -и, f. *injury*

травматологі́чний пункт *accident & emergency dept (of a hospital)*

традиці́йний, -a, -e; -i, adj. *traditional*

тради́ція, -ї, f. *tradition*

трамва́й, -áя, m. *tram*

тра́нспорт, -y, m. *transport*

транспорте́р, -a, m. *conveyor*

транспортува́ння, -я, n. *transportation*

тра́питися, 2, vb. pf., 3rd sg. -питься, 3rd pl. -пляться *happen*

тре́ба *(it is) necessary*

тре́тій, -я, -є; -і, ord. num. *third*

три, card. num. *three*

трива́лість, -лості, inst. sg. -лістю *length, duration*

тридця́тий, -a, -e; -i, ord. num. *thirtieth*

три́дцять, card. num. *thirty*

трикімна́тний, -a, -e; -i, adj. *three-roomed*

трина́дцятий, -a, -e; -i, ord. num. *thirteenth*

трина́дцять, card. num. *thirteen*

триста, card. num. *three hundred*

тріска́, -и́, dat. & loc. sg. -сці, f. *cod*

тріско́вий, -a, -e; -i, adj. *cod (adj.)*

тро́є, coll. num. *three*

троле́йбус, -a, m. *trolleybus*

тропі́чний, -a, -e; -i, adj. *tropical*

тро́шки *a bit, a little*

тро́янда, -и, f. *rose*

трьохсо́тий, -a, -e; -i, ord. num. *three hundredth*

туале́т, -y, m. *toilet*

туди́ *there, thither*

турбо́та, -и, f. *trouble*

турбува́ти, 1, vb. impf., -у́ю, -у́єш *trouble, disturb*

турбува́тися, 1, vb. impf., -у́юся, -у́єшся *trouble oneself*

тури́ст, -а, m. *tourist*
тут *here*

у (в), prep. (+ acc.) *to, into*
у (в), prep. (+ loc.) *in*
убра́ний (вбра́ний), adj. *dressed*
ува́га, -и, dat. & loc. sg. -зі, f. *attention*
уважа́ти (вважа́ти), 1, vb. impf.
 consider
уве́сь, m.; уся́, f.; усе́, n.; усі́, pl. (ввесь,
 вся, все; всі) *all*
уве́чері (вве́чері) *in the evening*
увійти́, 1, vb. pf., -йду́, -йде́ш, past tense
 -йшо́в, -йшла *enter, go into*
Уго́рщина, -и, f. *Hungary*
удво́х (вдвох) *the two of us together*
уде́нь (вдень) *in the daytime*
удо́ма (вдо́ма) *at home*
удру́ге (вдру́ге) *for the second time*
уже́ (вже) *already*
узві́з, -во́зу, m. *hill*
узи́мку (взи́мку) *in winter*
указа́ти (вказа́ти), 1, vb. pf., -ажу́,
 -а́жеш *indicate, point out*
уключи́ти (включи́ти), 2, vb. pf.,
 (до + gen.) *include (in)*
Украї́на, -и, f. *Ukraine*
украї́нець, -нця, m. *Ukrainian (m.)*
украї́нка, -и, dat. & loc. sg. -ці, f.
 Ukrainian (f.)
украї́нський, -а, -е; -і, adj. *Ukrainian*
улі́тку (влі́тку) *in summer*
умива́ти (вмива́ти), 1, vb. impf. *wash*
умива́тися (вмива́тися), 1, vb. impf.
 wash oneself
умі́лий, -а, -е; -і, adj. *skilled*
умі́ння, -я, n. *ability*
умі́ти (вмі́ти), 1, vb. impf., -і́ю, -і́єш *be
 able, know how*
університе́т, -у, m. *university*
уночі́ (вночі́) *at night*
упе́рше *for the first time*
 co{уража́ти (вража́ти), 1, vb. impf. *amaze*
ура́ження, -я, (вра́ження) n. *impression*
ура́нці (вра́нці) *in the morning*
у́спіх, -у, m. (usually pl. у́спіхи, -ів)
 success
уста́вити (вста́вити), 2, vb. pf., -влю,
 -виш, -влять *insert*

уставля́ти (вставля́ти), 1, vb. impf.
 insert
усти́гнути (всти́гнути), 1, vb. pf., -ну,
 -неш *manage, succeed*
учи́тель (вчи́тель), -я, m. *teacher*
учи́телька (вчи́телька), -и dat. & loc. sg.
 -льці, gen. pl. -льок, f. *teacher (f.)*
учо́ра (вчо́ра) *yesterday*
уявля́ти, 1, vb. impf. (собі́) *imagine (to
 oneself)*

фа́брика, -и, dat. & loc. sg. -иці, f.
 factory
факс, -у, m. *fax*
фарширо́ваний, -а, -е; -і, adj. *stuffed*
фах, -у, m. *profession*
фахіве́ць, -вця́, m. *specialist*
філе́, n. indecl. *fillet*
фіна́нси, -ів, pl. *finances*
фіна́нсовий, -а, -е; -і, adj. *financial*
фінансува́ння, -я, n. *financing*
фіоле́товий, -а, -е; -і, adj. *violet (colour)*
фіра́нка, -и, dat. & loc. sg. -нці, gen. pl.
 -нок, f. *curtain, window-blind*
фі́рма, -и, f. *firm*
фі́рмовий, -а, -е; -і, adj. *firm's*
фо́рма, -и, f. *form, condition*
фортепіа́но, n. indecl. *piano*
фо́то, n. indecl. *photograph*
фотомоде́ль, -і, inst. sg. -деллю, f.
 model
Фра́нція, -ї, f. *France*
францу́женка, -и, dat. & loc. sg. -нці,
 gen. pl. -нок *Frenchwoman*
францу́з, -а, m. *Frenchman*
фрукт, -а, m. (usually pl. – фру́кти, -ів)
 fruit
фрукто́вий, -а, -е; -і, adj. *fruit (adj.)*
фуже́р, -а, m. *glass (for wine)*
фунікуле́р, -а, m. *funicular railway*
функціонува́ти, 1, vb. impf., -у́ю, -у́єш
 function
футбо́лка, -и, dat. & loc. sg. -пці, gen. pl.
 -лок, f. *sports shirt*
хай... *may...*
хара́ктер, -у, m. *character*
хвили́на, -и, f. *minute, moment*
хвилюва́тися, 1, v. impf., -ю́юся,
 -ю́єшся *worry (intransitive), be worried*

хвиля́стий, -а, -е: -і, adj. *wavy*
хвіст, -воста́, m. *tail*
хво́рий, -а, -е; -і, adj. & noun *sick;* [as noun] *patient*
хворі́ти, vb. impf., -і́ю, -і́єш *be ill*
хе́рес, -у, m. *sherry*
хло́пчик, -а, m. *boy*
хма́рно *it is cloudy*
ходи́ти, 2, vb. impf., -джу́, -диш *go (on foot)*
ході́мо! *let's go!*
хол, -у, m. *hall*
хо́лод, -у, m. *cold*
холо́дний, -а, -е; -і, adj. *cold*
хо́лодно *it is cold*
хоті́ти, 1, vb. impf., хо́чу, хо́чеш *want*
хоча́ *although*
хоча́ б *even if only*
хто?, interrog. pron., acc. & gen. кого́, dat. кому́, inst. ким, loc. кому́ *who?*
хто-не́будь, indef. pron. *anyone, someone*
хтось, indef. pron. acc. & gen. когось, dat. комусь, inst. ки́мось, loc. кому́сь (кі́мось) *someone*
худо́жник, -а, m. *artist*
худо́жник-модельє́р *fashion designer*
худо́жній, -я, -є; -і, adj. *artistic, art (adj.)*

це *this is, there are*
цей, m., ця, f., це, n.; ці, pl., dem. pron. *this*
це́рква, -и, gen. pl. -ко́в, f. *church*
цибу́ля, -і, f. *onion*
цирк, -у, m. *circus*
ціка́вий, -а, -еп -і, adj. *interesting*
ціка́вити, 2, vb. impf., -влю, -виш, -влять *interest*
ціка́витися, 2, vb. impf., -влюся, -вишся, -вляться *be interested in, wonder*
ціка́вість, -вості, inst. sg. -вістю, f. *curiosity*
ці́лий, -а, -е; -і, adj. *whole*
цілува́ти, 1 vb. impf., -у́ю, -у́єш *kiss*
ціна́, -и́, f. *price*
цінува́ти, 1, vb. impf., -у́ю, -у́єш *appreciate*

цуке́рка, -и, dat. & loc. sg. -рці, gen. pl. -рок, f. *sweet, candy*
цу́кор, -кру, m. *sugar*
чай, -ю, m. *tea*
ча́йна ло́жка *teaspoon*
чарівни́й, -а́, -є́; -і, adj. *enchanting*
ча́рка, -и, dat. & loc. sg. -рці, gen. pl. -ро́к, f. *glass (for spirits)*
час, -у, m. *time*
части́на, -и, f. *part*
ча́сто *often*
ча́шка, -и, dat. & loc. sg. -шці, gen. pl. -шо́к, f. *cup*
чверть, -і, f. *quarter*
чек, -а, m. *cheque*
чека́ти, 1, vb. impf. (на + acc.) *expect, wait (for)*
че́рвень, -вня, m. *June*
черво́ний, -а, -е; -і, adj. *red*
че́рга, -и, dat. & loc. sg. -рзі, f. *queue*
чергови́й, -а́, -є́; -і, adj. & n. *successive, next;* [as noun] *person on duty*
че́рез, prep. (+ acc.) *via, through, because of*
Чернівці́, -ів, pl. *Czernowitz*
Черні́гів, -гова, m. *Chernihiv*
че́сно *honestly*
че́сний, -а -е; -і, adj. *honest*
честь, -і, inst. sg. -тю, f. *honour*
четве́р, -рга́, m. *Thursday*
че́тверо, coll. num. *four*
четве́ртий, -а, -е; -і, ord. num. *fourth*
чи *or; whether* (word introducing a question)
чий, -я́, -є́; -і́? interrog. pron. *whose?*
чи́мось *in some way*
число́, -а́, n. *number, date*
чи́стий, -а, -е; -і, adj. *clean*
чита́ти, 1, vb. impf. *read*
чо́вен, -вна, m. *boat*
чолові́к, -а, m. *man, husband*
чолові́чий, -а, -е; -і, adj. *male*
чому́? *why?*
чому́сь *for some reason*
чо́рний, -а, -е; -і, adj. *black*
чорно́слив, -у, m. *prunes*
чорт, -а, m. *devil*
чоти́ри, card. num. *four*

чотирнáдятий, -а, -е: -i ord. num.
fourteenth

чотирнáдцять, card. num. fourteen

чотúриста, card. num. four hundred

чотирьохсóтий, -а, -е; -i, ord. num. four
hundredth

чудóвий, -а, -е; -i, adj. wonderful

чудóво! great! fine!

чýти, 1, vb. impf. hear

шампáнське, -ого, adj. functioning as n.
noun champagne

шанóвний, -а, -е; -i, adj. esteemed,
respected

шáпка, -и, dat. & loc. sg. -пцi gen. pl.
-пóк, f. hat

шатéнка, -и dat. & loc. sg. -цi, gen. pl.
-нок, f. woman with chestnut hair

шáфа, -и, f. cupboard

шáхи, -iв, pl. chess

шашлúк, -ý, m. kebab

швидкúй, -á, -é; -i, adj. quick, fast

швúдко quickly

швúдший, -а, -е; -i, comp. adj. quicker,
faster

шéстеро, coll. num. six

шестисóтий, -а, -е; -i, ord. num. six
hundredth

широ́кий, -а, -е; -i, adj. wide, broad

шúрший, -а, -е; -i, comp. adj. wider,
broader

шúти, 1, vb. impf. йю, -йєш sew

шістдеся́т, card. num. sixty

шістдеся́тий, -а, -е; -i, ord. num. sixtieth

шістнáдцятий, -а, -е; -i, ord. num.
sixteenth

шістнáдцять, card. num. sixteen

шістсóт, card. num. six hundred

шість, card. num. six

шкарпéтка, -и dat. & loc. sg. -тцi, gen.
pl. -ток, f. sock

шкíра, -и f. skin

шкíряний, -á, -é; -i, adj. leather (adj.)

шкодá! It's a pity!

менí шкодá I'm sorry

шоколáд, -у, m. chocolate

шóрти, -iв, pl. shorts

шóстий, -а, -е; -i, ord. num. sixth

Шотлáндія, -ї, f. Scotland

шпрóти, -iв, pl. sprats

штамп, -а, m. cancellation stamp

штанú, -iв, pl. trousers

штраф, -у, m. fine

щаслúвий, -а, -е; -i, adj. happy,
fortunate

щаслúво! cheerio!

щáсний, -а, -е; -i, adj. happy, fortunate

щастúти, 2, vb. impf. (impers. + dat.) be
lucky

менí щастúть I am in luck

щáстя, -я, n. happiness

ще yet, still, also, as well

щúрий, -а, -е; -i, adj. sincere

щúро sincerely

що?, interr. pron., acc. що, gen. чогó, dat.
чомý, inst. чим, loc. чомý what?

що-нéбудь, indef. pron. anything,
something

щоб in order to

щодня́ every day

щóдо (prep. + gen.) as for, as to

щóйно just

щокá, -и, dat. & loc. sg -щоцí, gen. pl.
щік, f. cheek

щоправда indeed

щось, indef. pron., acc. щось, gen.
чогóсь, dat. чомýсь, inst. чúмось, loc.
чомýсь something

ювелíрний, -а, -е; -i, adj. jewellery (adj.)

юнáк, -á, m. young man

юрúст, -а, m. lawyer

ю́шка, -и, dat. & loc. sg. -щцi, f.
yooshka (a kind of soup)

я, pers. pron., acc. & gen. менé, dat. &
loc. менí, inst. мнóю I

я́блуко, -а, n. apple

я́блучний, -а, -е; -i, adj. apple (adj.)

я́года, -и, gen. pl. я́гiд, f. berry

язúк, -á, m. tongue

яйцé, -я́, gen. pl. яéць, n. egg

як? how?

як тíльки as soon as

якбú if

якúй, -á, -é; -i, adj. how, what (a)! (in
exclamations, followed by adj.)

якúй, -á, -é; -i, relative pron. which, that

який? interrogative adj. *what kind of?*

якийсь, -ась, -есь; -ісь, indef. adj. *some kind of*

якісний, -a, -e; -i adj. *high-quality*

якість, -кості, inst. sg. -кістю, f. *quality*

якомога (+ comparative adv.) *as ... as possible*

якщо *if*

яловичий, -a, -e; -i, adj. *beef* (adj.)

Ялта, -и, f. *Yalta*

японець, -ця, m. *Japanese* (m.)

Японія, -ї, f. *Japan*

японка, -и, dat. & loc. sg. -нці, gen. pl. -нок *Japanese* (f.)

яскравий, -a, -e; -i, adj. *bright*

GRAMMATICAL INDEX

The numbers in bold are the numbers of the units which include the material.